创新法治人才培养系列教材

总主编：金明浩

本书为湖北省教育厅教学改革项目“习近平法治思想融入‘德法兼修’高素质法治人才培养模式改革研究与实践探索（项目编号：2021314）”、武汉工程大学教学研究项目“新时代实践型卓越法律人才培养模式改革研究（项目编号：X202037）”、武汉工程大学教学研究项目“面向新文科建设的‘互联网+’情景构建式案例教学法研究（项目编号：X2023035）”阶段性研究成果

知识产权基础与前沿

主　编　代江龙

副主编　董　维　骆　严　马秋芬　罗嘉航

辅助编写及文稿校对

胡　暾　郑皓中　李柯薇　段小开　侯昊君　肖晴月
赵梦琪　薛　亮　刘雨晴　冯　康　王玉环　王　静
张培芮　孙志恒　龙佳馨　王秋月　陈　灿　黄晓玲
贺政哲　彭梓钧　王晓泽　黎媛青　谢　安　曾文骏
郑越亭　王湘利　柯　晓

WUHAN UNIVERSITY PRESS
武汉大学出版社

图书在版编目(CIP)数据

知识产权基础与前沿/代江龙主编．—武汉：武汉大学出版社，2024.5(2025.5 重印)
创新法治人才培养系列教材/金明浩总主编
ISBN 978-7-307-23988-3

Ⅰ.知…　Ⅱ.代…　Ⅲ. 知识产权法—中国—教材　Ⅳ.D923.4

中国国家版本馆 CIP 数据核字(2023)第 176875 号

责任编辑:胡　荣　　责任校对:李孟潇　　版式设计:马　佳

出版发行:**武汉大学出版社**　(430072　武昌　珞珈山)
(电子邮箱:cbs22@ whu.edu.cn 网址:www.wdp.com.cn)
印刷:湖北云景数字印刷有限公司
开本:787×1092　1/16　印张:14　字数:328 千字　插页:1
版次:2024 年 5 月第 1 版　2025 年 5 月第 2 次印刷
ISBN 978-7-307-23988-3　定价:45.00 元

编写说明

党的二十大报告指出，加快实施创新驱动发展战略，坚持面向世界科技前沿、面向经济主战场、面向国家重大需求、面向人民生命健康，加快实现高水平科技自立自强。当前，我国社会经济发展的内外部环境正发生深刻变化，全球产业链、价值链重构进入关键时期。创新驱动发展是我国迈上全面建设社会主义现代化国家新征程、向第二个百年奋斗目标进军的关键力量，也是面对当前国际国内挑战必须做出的战略转型。知识产权制度作为保护创新的重要手段，在当前人工智能、大数据、生命科学等新技术变革的背景下，也面临着重塑与挑战。《知识产权基础与前沿》教材的编写聚焦于知识产权制度的基础理论以及相关前沿问题，为知识产权领域的通识类教材，主要目标在于让阅读者了解知识产权制度全貌，以及知识产权所面临的新问题新挑战。按照《中华人民共和国民法典》第 123 条的界定，知识产权客体涵盖了著作权、专利权、商标权、地理标志、商业秘密、集成电路布图设计、植物新品种等。作为一本通识类教材，本书的编写主要关注最重要且占据知识产权制度核心地位的著作权、专利、商标三大部分，分别从基础和前沿两个方面展开。

本书包括对知识产权基础理论与实践的总结，一共分为七章。第一章是总论部分，分别介绍了知识产权的保护对象、知识产权的性质与特征、知识产权的法律保护手段。第二章是著作权法基础，介绍了著作权法律制度的历史发展、著作权法的概念与法律渊源、版权与作者权两大体系比较，并从作品独创性判定的理论基础以及著作权的权利客体予以阐述。第三章是专利法基础，首先从专利制度的历史发展以及专利制度的目的入手，再通过比较专利权与其他类型知识产权的异同，对包括发明、实用新型、外观设计在内的专利权授予范围展开介绍，针对专利申请人与专利权人，专利取得的条件，专利申请、授权和确权程序，专利权的内容，专利权的侵权保护，专利实施许可等方面，详述了专利法的基本制度与基础理论。第四章是商标法基础，本章内容首先从商标制度的历史发展、商标的概念、商标的分类、商标的功能开始介绍，然后通过对商标的分类、商标权的取得、商标权的内容、对商标权的限制、商标侵权及法律责任、驰名商标的法律保护等方面的讨论，全面展示了商标制度的基本理论框架。第五章是著作权法前沿，通过对技术发展与著作权变革的背景，尤其针对人工智能、数字技术背景下的著作权制度挑战予以回应，同时在新的创作与传播环境下，探讨思想与表达二分法的实践运用，并进一步就著作权的侵权判定法律适用、“避风港”规则面临的挑战与新发展，以及直播兴起后的著作权保护难题等方面，描绘了新技术发展背景下的著作权前沿发展态势。第六章是专利法前沿，从我国《专利法》2020 年修订背景及内容出发，介绍了目前在国际国内新发展环境下方兴未艾的专利开放许可制度，以及专利间接侵权制度、标准必要专利的保护等问题。第七章是商标法前沿，从《商标法》2019年的修订内容及其背景着手，重点探讨了不以使用为目的商标恶意注册、商标侵权判定规则的演进、商标法与反不正当竞争法的竞合等前沿问题。

本书的编写大纲由武汉工程大学法商学院(知识产权学院)院长金明浩教授审定。本书的体系得益于金明浩教授以及其主编代江龙副教授多年来在武汉工程大学面向理工科本科生、硕士研究生所开设的知识产权基础与前沿公共选修课，以及面向法学、知识产权本科生、硕士生所开设的知识产权法课程，通过对授课内容的不断调整适应，逐步形成本书的编写体例。本书由金明浩教授拟定框架体系并全面指导，第一章知识产权法总论由代江龙老师、罗嘉航老师负责编写；第二章著作权法基础主要由马秋芬老师、代江龙老师负责编写；第三章专利法基础主要由骆严老师负责编写；第四章商标法基础主要由董维老师、罗嘉航老师负责编写；第五章著作权法前沿主要由代江龙老师负责编写；第六章专利法前沿主要由骆严老师、马秋芬老师负责编写；第七章商标法前沿主要由董维老师负责编写。本书的统稿校对工作主要由代江龙老师、董维老师完成，武汉工程大学硕士研究生胡瞰、郑皓中、李柯薇、段小开、侯昊君、赵梦琪、薛亮、刘雨晴、冯康、王玉环、王静、张培芮、肖晴月、孙志恒、龙佳馨、王秋月、陈灿、黄晓玲、贺政哲、彭梓钧、王晓泽、黎媛青、谢安、曾文骏、郑越亭、王湘利、柯晓等同学参与了本书的资料收集、协助编写、校对等工作，付出了辛勤劳动，在此一并向各位老师和同学们表示感谢。

《知识产权基础与前沿》的出版，是深入贯彻党的二十大精神，坚持为党育人、为国育才，落实立德树人根本任务的实际行动，也是主动服务知识产权强国建设战略部署的务实之举，更是积极应对知识产权全球治理挑战、培养高素质创新人才的固本之策。本书立足于面向本科生、硕士研究生开设的知识产权通识课程，注重知识导向和实务导向，注重将理论深度与生活实际相结合，注重科学性与趣味性相融合。本书通过对知识产权法中最重要的著作权、商标权、专利权相关基础理论与实务前沿问题展开体系化阐述与分析，着力培养学生的知识产权意识、提升其知识产权素养及与知识产权相关知识认知水平。

期待本书的出版能够为知识产权创新人才培养助添新力。

金明浩
武汉工程大学法商学院(知识产权学院)院长

目　录

第一章　知识产权法总论

【学习目标】

1. 了解知识产权所保护的对象
2. 掌握知识产权的基本特性
3. 熟悉知识产品的主要分类

第一节　知识产权的保护对象

党的二十大报告提出，“教育、科技、人才是全面建设社会主义现代化国家的基础性、战略性支撑”，“必须坚持科技是第一生产力、人才是第一资源、创新是第一动力，深入实施科教兴国战略、人才强国战略、创新驱动发展战略，开辟发展新领域新赛道，不断塑造发展新动能新优势”，要“加强知识产权法治保障，形成支持全面创新的基础制度”。创新发展与知识产权保护是我国新发展阶段科教兴国战略的重要着力点，也是习近平新时代中国特色社会主义思想关于构建新发展格局，推动高质量发展的重要内涵。2021年9月，中共中央、国务院印发《知识产权强国建设纲要(2021—2035年)》指出，“创新是引领发展的第一动力，知识产权作为国家发展战略性资源和国际竞争力核心要素的作用更加凸显”。在中国共产党带领全国各族人民迈上全面建设社会主义现代化国家新征程、向第二个百年奋斗目标进军的关键阶段，创新引领与经济高质量发展相辅相成，知识产权保护愈发凸显其关键性作用。尽管知识产权的重要性毋庸置疑，但无论在学理还是实践中，对于知识产权及其保护边界仍存有一定的争议。

目前，关于知识产权的客体与对象是否等同的问题，学术界存有一定争议。对知识产权的客体和对象概念的不同理解导致在定义知识产权的客体时存在差异。刘春田教授认为，知识产权的对象是以“形式、结构、符号系统”等为存在方式的知识，是指借由对它进行控制、利用、支配而产生法律关系的事物，其是第一性的，是产生、变更和消灭法律关系的前提；而知识产权的客体指的是权利人在对象上施加的并产生利益关系的行为，其是第二性的，没有对象，所实施的行为方式和内容就没有针对性和确定性。① 以房屋权利作为例子来说明对象和客体的差异，他认为房屋作为物是对象，而对房屋所实施的一系列行为，例如，休憩、拆除、出租、买卖等行为属于客体。与此同时，也有一些学者持有不同观点。他们认为，在知识产权领域，知识产权的对象和客体具有相同的含义，没有必要

---

① 参见刘春田：《知识产权法》(第六版)，中国人民大学出版社2022年版，第10~11页。

对两者进行严格区分。吴汉东教授认为，可以在同等概念意义上来认识知识产权的客体与对象①，并认为“知识产权的对象就是知识本身”，这种理论将客体看作是抽象的、理性的范畴，而把对象看作是具体的、客观的范畴。作为民事客体的事物具有客观性、对象性和可支配性，一般都不将抽象的理性的社会关系作为客体看待。在多数民法著作中，权利的客体、标的、对象都是作为同一概念来使用的。

基于此，学者们对知识产权的客体进行了不同的概括，较有代表性的说法有“智力成果”“知识产品”“知识信息”等。持“智力成果”说法的有刘春茂教授，他认为知识产权的客体属于智力成果的类别，是无形的财富，无形主要是指知识产权没有特定的形态，人们无法从客观的角度来控制它。郑成思教授也赞同上述观点，他还认为从智力成果的角度来看，知识产权客体的本质是一种信息。当然我们无法否认智力成果能够成为知识产权的保护客体，但并非所有的智力成果都能受到知识产权的保护，比如疾病的治疗和诊断方法，同时也并非所有的非智力成果都不能得到知识产权的保护，例如商标。吴汉东教授主张建立“知识产品”的理论范畴，他认为，一方面，知识产品可以更好地描述知识产权的客体，因为知识产品是指在各个领域由人们创造的产品，这样的表述可以更好地总结知识产权的客体特性；另一方面，知识产品理论可以表现出知识产权客体的商品属性和性质。因此，相较于物和智力成果，知识产品更能够概括知识产权的客体的本质特征。智力成果无法囊括受知识产权保护的所有对象，也无法揭示非物质财富具有价值和使用价值的商品形态。

本书中所指的知识产权的保护对象又被称为知识产权的客体，其指的是人们在科学、技术、文化等领域中创造出来的知识产品。知识产品是指人们在科学、文化、技术等领域创造出来的产品，具有发明创造、文学艺术创作等各种表现形式，其是区别于物质产品而独立存在的客体范畴。② 知识产品概括知识形态产品的本质含义，强调这类客体产生于科学、技术、文化等精神领域，是人类知识的创造物，明显地表现出客体的非物质性。同时，知识产品的内涵突出了它在商品生产条件下的商品属性和财产性质，反映了著作权、商标权、专利权等权利中的财产权利内容。需要特别说明的是，知识产权的保护对象在立法中涵盖了作品、发明、实用新型、外观设计、商标、地理标志、商业秘密、集成电路布图设计、植物新品种等③；广义上还包括《反不正当竞争法》的附加保护④。但根据本书的适用目标，对知识产权的保护对象的探讨主要针对作品、专利、商标三个最常见，也最具代表性的类型。

知识产品包括以下基本特征：

一是创造性或独创性。创造性是知识产品取得法律保护的条件之一，其指的是与现有技术和作品相比，知识产品是否作出创新或者改进。受保护的对象不同，对知识产品的创造性的要求也有所不同。一般来说，对专利的创造性要求是最高的，它要求在某一个技术领域作出了实质性的进步或者是突出性的贡献。对著作权作品的创造性要求次之，其要求

① 参见吴汉东：《知识产权总论》（第四版），中国人民大学出版社 2020 年版，第 91 页。

② 参见吴汉东：《知识产权总论》（第四版），中国人民大学出版社 2020 年版，第 94 页。

③ 参见《中华人民共和国民法典》第 123 条。

④ 参见郑成思：《知识产权论》，法律出版社 2003 年版，第 261～271 页。

作品是作者独立构思和创作出来的具有原创性和创造性的劳动成果。只要是作者独立创作的，不论最终呈现的作品是否与他人的作品构成相似，都能够取得著作权。而商标的创造性只要求达到能够区别不同产品或服务的程度即可。

二是非物质性。非物质性是知识产权区别于有形财产所有权的本质特征，其是指知识产品没有形态，不占空间，且可以被不同主体同时占有和使用的性质。知识产品虽然具有非物质性的特点，但总是要通过一定的客观形式表现出来，使知识产品创造者以外的人能够感知和了解，而这种客观表现形式是对其进行知识产权保护的条件之一。如果该知识产品没有以一定的形式表现并被人们感知和认识，那么就不能界定保护范围而无法得到知识产权的保护。例如，作品表现为文字、音乐、建筑、照片、绘画等，发明表现为技术方案、形状和构造，商标表现为图案、色彩和符号等。必须明确的是，这些客观形式的载体，是知识产品的物化，其作为知识产品表现形式的载体，绝不是知识产权本身。例如，小说家出版了一本小说，这本书以及书上的文字都不是知识产品，这本小说所呈现的故事情节和内容才是知识产品。

三是公开性。公开性是知识产权所有人必须将知识产品公之于众的要求。发明创造者要划定自己的权利范围，就必须公布专利的技术内容；尽管作品完成之时即可获得著作权，但是如果作品不公开，那么就不能得到传播，作者也无法在传播的过程中行使权利、获得利益；如果商标不公开，便无法与他人的商品和服务相区分。但是需要指出的是，具有知识形态产品的技术秘密并不具有公开性，其是通过维持保密状态来享有专有权利的，需要根据权利人保密时间的长短来维持享有的权利。技术秘密并不受传统知识产权的保护，仅由合同法、侵权法、反不正当竞争法加以调整；但技术秘密具有无体财产的本质特征，现代立法包括我国《民法典》的立法表明，技术秘密现已成为知识产权法的保护对象。例如，可口可乐的配方不具有公开性，但是其作为商业秘密得到知识产权的保护。

知识产品大致分为三类：一是创造性成果，包括作品、传播媒介和工业技术。其中，作品泛指文学艺术领域中具有原创性并能够以不同表现形式出现的创造成果(著作权客体)，传播媒介是在作品传播过程中产生的与原创作品相关的各种产品、成果(邻接权客体)；工业技术一般是指在工业、农业、商业等产业领域中能够呈现在一定的物质载体上的知识和技术技能。二是经营标记，即在工业、农业、商业等产业领域中能够表明其产品来源和质量或者其他能够体现商家特定人格的商标、商号等区别性标记。三是经营性资信，即工商企业在经营活动中具有的经营资格、经营优势以及在社会上所获得的特许专营资格、特许交易资格、信用及商誉等。①

一、著作权保护对象

著作权是基于文学、艺术、科学领域作品所产生的权利，也即著作权的保护对象就是作品。何为作品？通过一定的文字、艺术等形式，比如语言、图像、声音等方式加以表达，使他人能够感知、了解、欣赏，这种将自己的内心思想通过一定的符号转化为语言文字、艺术形式和科学成果并被人熟知和感知的过程被称为“创作”。而通过这种“创作”所

① 参见吴汉东：《知识产权总论》(第四版)，中国人民大学出版社2020年版，第6~12页。

形成的文学、艺术和科学领域内具有独创性、富有美感的智力成果就是作品。我国《著作权法》第3条对“作品”所下的定义是：“本法所称的作品，是指文学、艺术和科学领域内具有独创性并能以一定形式表现的智力成果。”

对于作品应当从以下几个方面来理解。首先，作品必须是人的智力成果，因此鬼斧神工的大自然杰作以及动物的“自拍”并不属于作品，不受到著作权法的保护。其次，作品必须以一定的形式表现出来，单纯停留在内心世界的想法和感情并不能够被人所感知、欣赏。思想并不属于作品，著作权法也不能约束思想，因此没有表现出来的感情和想法不受著作权法的保护。关于思想和表达在后文中有详细阐述，此处不做过多阐述。再次，作品必须是文学、艺术、科学领域内的智力成果。王迁老师认为，著作权法对“文学、艺术、科学领域”的限定，实际上是要求作品作为智力创造成果，必须是对思想、观点、情感具有一定美感的表达。① 例如，技术方法和实用技能当然是属于智力成果，其具有功能性，但不受著作权法的保护，而有可能会受到专利法的保护。最后，作品必须具有独创性。“独创性”是“作品”区别于其他人类劳动成果的关键，具体包含“独”(独立性)和“创”(创造性)两个条件。关于作品的“独创性”在本书的著作权部分将会具体阐述。

著作权的对象是文学艺术作品，因此，只要具备了一定的文学艺术形式，就有可能成为著作权法的保护对象。我国《著作权法》详细列举了多种作品类型，就法理而言，除非法律明文规定的排除，只要是在法律上符合作品的特征，就能够成为著作权的保护对象。我国《著作权法》所列举的作品类型起到的是一个示例的作用，并非完全囊括了全部的作品类型。当然随着社会的发展，未来有可能突破现有作品分类，出现更多的新作品形式。因此，法律的列举只是便于公众认识自己的权利以及在司法活动中查找到依据。② 世界上大多数法域都认为作品类型的举例仅具有示例性。《伯尔尼公约》第2条第1款规定，“‘文学艺术作品’一词包括文学、科学和艺术领域内的一切作品，不论其表现形式和方式如何”。目前，我国《著作权法》所列明的作品有九种，分别是文字作品，口述作品，音乐、戏剧、曲艺、舞蹈、杂技艺术作品，美术、建筑作品，摄影作品，视听作品，工程设计图、产品设计图、地图、示意图等图形作品和模型作品，计算机软件，符合作品特征的其他智力成果。③ 此外，我国《著作权法》还列举了不受著作权法保护的对象。在这些对象中，有些是因为不符合作品的特征而无法得到著作权法的保护；有些是符合作品的要件，但是基于社会公共利益或者其他的考量，不予著作权法的保护。

二、商标权保护对象

商标权的保护对象顾名思义就是商标。何为商标？《与贸易有关的知识产权协定》(*Agreement on Trade-Related Aspects of Intellectual Property Rights*，缩写为TRIPs，本书简称TRIPs协议)第15条关于商标的定义如下：“任何标记和标记的组合，只要能够将一企业的商品和服务与其他企业的商品和服务相区别，即能够构成商标。”本书也采此定义。理

① 参见王迁：《知识产权教程》(第七版)，中国人民大学出版社2021年版，第56页。

② 参见刘春田：《知识产权产权法》(第六版)，中国人民大学出版社2022年版，第60页。

③ 参见我国《著作权法》第3条。

论上一般认为：商标是商品的生产者和经营者用来标明自己、区别他人同类商品的标识。这一表述从一般意义上揭示了商标最基本的特征。

《法国知识产权法典》规定：制造、商业或服务商标是指用以区别自然人或法人的商品或服务并可用书面表达的标记。尤其可以构成以下标记：(a)各种形式的文字，如字、字的搭配、姓氏、地名、假名、字母、数字、缩写词；(b)音响标记，如声音、乐句；(c)图形标记，如图画、标签、戳记、边纹、全息图像、徽标、合成图像；外形，尤其是商品及其包装的外形和表示服务特征的外形；颜色的排列、组合或色调。①

德国法律对商标的定义：任何能够将一企业的商品或服务与其他企业的商品或服务区别开来的标志，可以作为商标获得保护，尤其是文字(包括人名)、图样、字母、数字、声音标志、三维图形(包括商品或其包装的形状)以及其他包装(包括色彩或色彩的组合)。②

《日本商标法》对商标的定义：本法中"商标"，是指文字、图形、符号、立体图形或其组合，或它们与色彩的结合，以供生产、证明或转让商品为业者在其商品上所使用的标志，或者以供提供服务或证明为业者就其服务所使用之标志。③

我国《商标法》对商标的定义如下：商标是指商品的生产者、经营者或者服务的提供者为了标明自己、区别他人而在自己的商品或者服务上使用的标志，它可以由文字、图形、字母、数字、三维标志、颜色组合和声音以及上述要素的组合所构成。这一定义涵盖了以下几方面的内容：(1)商标的所有者或使用者只能是商品的生产者、经营者或服务的提供者。(2)商标是在商品或服务上使用的标记。其标志的对象是商品或服务，标志的目的在于出售自己的商品或向消费者提供某项服务。(3)商标是标明商品或服务的来源并区别同类商品或服务的标志，这是商标最主要的功能。在商品或服务上使用的标志不一定就是商标，只有用以标明这一商品或服务并区别于他人同类商品或服务的标志才是商标。正是商标的这种鲜明的个性，决定了它在标明商品或服务来源的同时具有区别同类商品或服务的其他生产者或经营者的特性。(4)商标的构成要素可以是文字、图形、字母、数字、三维标志、颜色组合和声音，也可以是上述这些要素的组合。我国《商标法》对于商标构成要素的规定，是一个逐步变化的过程。在1982年最早制定《商标法》时，商标要素仅指平面可视性标志，即文字、字母、数字、图形以及它们的组合。在2001年第二次修改《商标法》时，增加了三维标志和颜色组合为商标的构成要素。这是与TRIPs协议关于成员可以将视觉可感知的标记作为商标注册要求的规定相符的。2013年第三次修改《商标法》时，增加规定声音等可以作为商标的构成要素，从而大大扩展了商标构成要素的范围。当然，相比于最为常见的文字商标和图形商标，立体商标、颜色商标、声音商标等通常被称为非传统商标。

三、专利权保护对象

专利法的保护对象即专利权的客体。多数国家的专利法只保护发明，而对实用新型和

① 参见《法国知识产权法典》(法律部分)第L711-1条。

② 参见《德国商标和其他标志保护法》第3条。

③ 参见《日本商标法》第2条。

外观设计通过单独立法加以保护。我国《专利法》同时将发明、实用新型和外观设计列为保护对象。这就意味着在我国存在着发明专利、实用新型专利和外观设计专利。

对于发明的概念，各国法律和学术界都有各自的定义。《日本专利法》第 2 条规定："发明是指利用自然规律的具有高度创造性的技术构思。"①《美国专利法》第 101 条称发明为"任何新颖而实用制法、机器、制造品和物质的组合，或者任何新颖而实用的改进方案"。② 而我国《专利法》第 2 条第 1 款规定："本法所称的发明创造是指发明、实用新型和外观设计。"第 2 条第 2 款规定："发明，是指对产品、方法或者其改进所提出的新的技术方案。"并且该发明必须是正确利用自然规律所形成的能够较为稳定重复使用的一种技术方案，这才是符合专利法意义上的发明。因此，违背自然规律的创造不是发明，比如永动机不能获得专利权；自然规律本身也不是发明，比如爱因斯坦发现光电效应和提出狭义相对论，光电效应属于自然现象，狭义相对论属于科学理论，均属自然规律，并不能够获得专利保护。

《专利法》第 2 条第 3 款规定："实用新型，是指对产品的形状、构造或者其结合所提出的适于实用的新的技术方案。"实用新型在技术的创造性上低于发明，一般只用于解决实用技术问题，因此也称之为"小发明"。与发明专利制度相比，实用新型制度在世界上的普及程度尚不够广泛。据不完全统计，除中国以外，目前世界上有实用新型制度的国家包括德国、日本、西班牙、波兰、意大利、葡萄牙、巴西、菲律宾、韩国、马来西亚、澳大利亚、法国、秘鲁、摩洛哥、墨西哥、希腊、危地马拉等。其中德国、日本、韩国等国家采用专门立法的形式来保护实用新型，其他国家多将其在专利法中予以规定，也有少数国家将实用新型保护制度与外观设计法合并，如意大利、乌拉圭等国。尽管实用新型专利与发明专利一样都是保护技术方案的途径，但实用新型制度有其自身的特点，故其存在亦有特别意义，尤其是对于一些发展中国家来说，设立实用新型制度或许更适合其国情。我国《专利法》第 2 条第 4 款规定："外观设计，是指对产品的整体或者局部的形状、图案或者其结合以及色彩与形状、图案的结合所作出的富有美感并适于工业应用的新设计。"外观设计不考虑使用目的，其所解决的也不是技术问题，而是美学上的问题。因此外观设计主要是以产品作为依托，以产品的形状、图案和色彩等为构成要素，以视觉美感为目的，适用于工业应用的设计。

第二节　知识产权的性质与特征

一、知识产权的性质

权利的属性取决于它所反映和调整的社会关系的性质。知识产权是一种民事权利，也是一种私权。其主要调整平等主体之间，包括自然人之间、法人之间以及自然人和法人之间，围绕智力成果等非物质性成果所形成的财产关系。其具备了民事权利最本质的特征，

① 参见《日本专利法》第 2 条。

② 参见《美国专利法》第 101 条。

所以知识产权是一种民事权利。民事权利是一种私权，民法又称之为“私法”，其调整的是平等主体之间的人身和财产关系，与主体的地位、性质没有任何关系。即使是国家机关在实施“私”的事务，比如国家机关从事市场交易时，也应当是作为“私行为”的主体，适用的也是民法规则。因此，知识产权的私法属性源于它所体现和调整的法律关系，而无关主体的地位和性质。并且，在世界贸易组织 TRIPs 协议前言中，明确了各个成员的共识之一就是承认知识产权是私权。①

近年来，有的学者鉴于现代知识产权制度的发展与变革，在肯定知识产权私权属性的同时，提出了知识产权公权化的问题，认为知识产权已经蜕变为“私权公权化的权利”，或是“兼具私权属性和公权属性”。关于私权公权化的问题，描述的是现代私权发展的一种趋向，即传统私法的权利本位、个人本位的理念有所动摇。私法的公法化缘于国家对经济生活的干预。具体而言，所谓私法的公法化，一是“外化”为新的法律部门、法律制度的出现。例如，国家对雇主与雇员关系的干预产生了劳动法；国家对企业活动的支持与调节产生了反垄断法、反不正当竞争法；国家对生产经营者与消费者关系的干预产生了产品责任法、消费者权益保护法；国家对企业与自然环境的协调产生了能源法、环境法等。二是“内化”为对私法自治原则的限制。私法自治的本意是，私人享有权利、设定义务，实施一切民事行为取决于当事人自己的意思，不受国家和他人的干预。私法自治原则贯穿于各项民事权利制度，它具体表现为财产自主、合同自由、婚姻自由、遗嘱自由、团体设立自由等。私法的公法化导致私法自治原则受到限制，但这并没有影响民法即私法的本质。

知识产权属于私权但同时也会受到公权力的调整和干预。私法的运行机制中离不开公权力的辅助。特别是在知识产权领域，公权力对其干预可能更多，知识产权在权利形成、权利确认、权利行使、权利请求和权利救济中，往往需要公权力的介入。例如，我国《著作权法》规定了合理使用和法定许可制度，《专利法》中规定了强制许可，《商标法》中规定了指示性使用，这都是公权力介入知识产权法形式的典型例证。正因如此，才使公众对知识产权的属性产生疑问。需要指出的是，知识产权的私权属性仅仅取决于其所反映和调整的社会关系，在其运行机制中，公权力的作用再突出也不可能改变其私权属性。例如，结婚需要到民政部门进行登记，只有取得结婚证书之后，婚姻关系才能合法有效地成立。但是不能因为有民政部门的介入就认为婚姻关系带有行政权的属性。在知识产权领域中，尽管存在着公权力的干预，但权利的行使主要取决于当事人之间的意思自治，所以知识产权属于私权毋庸置疑。

二、知识产权的特征

知识产权的特征指的是知识产权相对于物权所具备的特点。物权和知识产权都是财产权和绝对权，但是两者之间有重大的差别。知识产权与物权，特别是与物权中的所有权相比，具有以下特征。

① 参见 TRIPs 协议前言部分。

（一）专有性

知识产权的专有性是指非经知识产权人的许可或者法律的特别规定，任何人都不能实施受知识产权的专有权利控制的行为。其专有性主要表现在两个方面：一是知识产权为权利人独占享有，并且受到法律的保护，任何人未经权利人许可或者法律授权而利用该知识产权的行为，都构成侵权。二是对同一项知识产品，不允许两个或两个以上同一属性的知识产权并存。例如，我国《专利法》规定两个相同的发明只能对其中在先申请专利的发明授予专利权。具体来说，两个相同的发明物，根据法律程序只能将专利权授予其中一个，而以后的发明与已有的技术相比，如果无突出的实质性特点和显著的进步，就不能取得相应的权利。

知识产权的专有性又被称为排他性，其在表现上与所有权的专有性相同，不同之处在于所有权的专有性是随着交易习惯自然产生的，即使在物权出现之前，所有权人对自己的所有物享有排除他人占有使用的权利也是约定俗成的。但是知识产权不一样，因为知识产权的非物质性，从而导致人们难以像占据有体物一样独占作品或者发明创造。因此，人们也难以自然地产生作品、发明创造应当由创作者排他使用的观念。例如，当偷窃或者抢夺了别人所有的书，我们能够明确知晓此书系归他人所有，该偷窃或者抢夺行为是在侵犯他人对这本书的专有权。但是如果在网上下载破解版软件或者是在网上找原本需要收费的免费版资源的时候，多数人并不会产生与偷窃、抢夺他人书籍相同的罪恶感和愧疚感，甚至还会因为节约一笔钱而窃喜。因此，如果没有法律的强制性规定，创造者对非物质性成果的专有性控制将无从谈起。只有通过法律的强制性规定将非物质性成果的特定使用权归属于创造者，明确他人未经许可的使用行为构成侵权，才能够确定创造者对其智力成果享有排他权利，进而能够鼓励创新。

此外，专有性就不同类型的知识产权所表现的形式和内容也不尽相同。著作权的专有性表现为权利人对其作品的专有使用权，包括采用复制、发行、展览、表演、广播、摄制、演绎等各种形式独占使用作品的权利。除了某些特殊情况外，作品的再次使用，都只能由著作权人授权。著作权人可以分别拥有并使用每一项权利。每次使用作品，都要根据相应权利取得著作权人的同意。专利权从其字义上说就是权利人对“利”的独占权，即发明创造的专有实施权，包括使用、制造、销售、许诺销售、进口专利产品的权利。发明专利所有者可以阻止他人利用专利发明。这种阻止并不需要专利所有者主动采取措施，只要他不给予许可，他人的利用行为就是违法的。发明专利所有者阻止他人利用专利发明的权利被称为“专有”权。商标权亦称为商标专用权，其权利人的独占使用权和排除他人使用的禁止权构成该类专有权的完整内容。保护知识产权联合国际局起草的《发展中国家商标、商号和不正当竞争行为示范法》将注册商标所取得的权利称为商标专用权（第4条），并规定了注册商标所有人享有阻止第三人实施下列行为的权利：一是在有关商品或服务上使用与注册商标相同或近似的标记，而使公众误解的行为；二是无正当理由而对类似注册商标进行其他使用，并造成注册商标所有人利益损害的行为。

（二）客体的非物质性

知识产权最突出的特征就是客体的非物质性。有学者认为，知识产权与其他财产权利的根本区别在于其本身的无形性，而其他法律特征，即独占性、时间性、地域性等皆由此派生而成。① 有观点指出，财产权之有形或无形，并非指权利而言，而系权利控有之生活资源，即客体究竟有无外形。例如，房屋所有权，其权利本身并无有形、无形之说，问题在于房屋系有体物；作为著作权，同样也不产生有形、无形问题，关键在于作品是智力成果，为非物质形态。

知识产品的无形是相对于动产、不动产的有形而言的，它具有不同的存在、利用、处分形态：第一，不发生有形控制的占有。由于知识产品不具有物质形态，不占有一定的空间，人们对它的占有不是一种实在而具体的占据，而是表现为对某种知识、经验的认识与感受。知识产品虽具有非物质性特征，但它总要通过一定的客观形式表现出来，作为其表现形式的物化载体是有形财产权而不是知识产权。第二，不发生有形损耗的使用。知识产品的公开性是知识产权产生的前提条件。由于知识产品必须向社会公示、公布，人们从中得到有关知识即可使用，而且在一定时空条件下，可以被若干主体共同使用。上述使用不会像有形物的使用那样发生损耗，如果无权使用人擅自利用了他人的知识产品，亦无法适用恢复原状的民事责任形式。第三，不发生消灭知识产品的事实处分与有形交付的法律处分。② 知识产品不可能发生因实物形态的消费而导致其本身消灭之情形，它的存在仅会因期间（即法定保护期）届满而产生专有财产与社会公共财富的区别。同时，有形交付与法律处分并无联系，也就是说，非权利人有可能不通过法律途径去“处分”属于他人而自己并未实际“占有”的知识产品，并且这种行为在网络发达的今天更是频繁发生。

物权的客体一般是有形物，但是知识产权的客体是非物质性的作品、发明或者商标等。正是因为知识产权的客体一般是智力成果（非智力成果也能够成为知识产权的客体），其往往是依附于一定的物质载体才能够使人感知。但是这并不意味着知识产权的客体就是该物质载体本身，知识产权的客体是这些载体所承载的非物质性成果。比如，一个画家的画作，该幅画整体是有形的物质载体，属于物权的客体，如果只是单纯地偷窃或者抢夺该画作，则侵犯了所有权人的专有权，并没有侵犯对该美术作品的专有权。但是由画家构思最终呈现出来的富有艺术感的画面则能够成为知识产权的客体，该画家创作完成时就自动对这幅画享有著作权，任何人未经许可在画上署名或者是将画作用于其他商品的外包装都会侵犯创作者的专有权。其原因在于所有权和著作权是可以分离的，例如小说作者出版了一部小说并印刷 1000 本，该作品有 1000 个物质载体，但是这 1000 个物质载体只有一个作品，如果这 1000 本书都归属于不同的人，那么这 1000 个人都享有对该书的所有权，但是只有小说的作者才享有著作权。如果小偷偷窃了其中一本书侵犯的是所有权并没有侵犯著作权，但是如果他人在网络上免费提供该小说的电子版或者是未经许可自行复制出售，该行为则是侵犯著作权的行为。

---

① 曾世雄：《民法总则之现在与未来》，中国政法大学出版社 2001 年版，第 151 页。

② 参见吴汉东：《知识产权法》（第四版），法律出版社 2021 年版，第 21 页。

典型案例 1-1

《赤壁之战》壁画案

某饭店委托湖北省美术院为新建的饭店创作壁画《赤壁之战》，湖北省美术院的四位画家完成了长 17 米、高 3 米的大型壁画，并安装在饭店宴会厅的墙壁上。十余年后，在饭店翻修过程中，该壁画被拆毁。四位画家认为饭店的行为属于“其他侵犯著作权益的行为”。

法院认为：美术作品原件所有权的转移，不视为作品著作权的转移。由于画家与饭店没有就壁画《赤壁之战》之著作权的归属作出约定，该壁画的著作权属于画家，饭店则取得了壁画原件的所有权及展览该原件的权利。饭店如何行使或是否行使上述两项权利既无合同约定，也无相关的法律规定，饭店作为美术作品原件的所有人，在法律规定范围内全面行使支配美术作品原件的权利时，可排除他人干涉。反之，在作品原件所有权转移后，著作权人对作品原件的利用受到作品原件所有权的限制。饭店在委托湖北省美术院创作《赤壁之战》时，双方并未就将来拆卸该画时是否要履行告知的义务进行约定，《著作权法》也未对美术作品的拆毁、更换等问题作出特殊保护规定，同时也无其他相关法律对此义务加以特殊规定。因此，饭店拆毁作为属于自己财产的美术作品原件，是对自己合法拥有的财产行使处分权，该行为不属于侵犯著作权的行为。① 在作品原件所有权转移之后，所有权人并没有获得著作权，著作权人也丧失了原件所有权，不能干涉所有权人行使所有权。因此根据我国《著作权法》相关规定，美术作品原件的所有权人拆毁原件的行为并没有侵犯著作权。

（三）时间性

知识产权的时间性是指知识产权的保护会受到保护期限的限制，一旦超出法律规定的保护期限就不再受到保护。时间性这一特点是知识产权与所有权的主要区别之一。众所周知，所有权不受时间限制，只要其客体物没有灭失，权利即受到法律保护。关于所有权的这一特征，罗马法学家将其概括为“永续性”，实际上，该项权利的永续状态以其标的物的存在为前提，倘若该物发生灭失、毁损之情形，权利将消失。但与之相反的是，知识产权的客体即知识产品，作为一种非物质形态的智力产物不可能发生毁损、灭失，即具有事实意义上的“永续性”，但法律断然限定该类权利只在一定期间内有效。② 正如我国《著作权法》对自然人作品的保护期限是作者的有生之年及其死后 50 年，50 年之后，该作品的著作财产权将不再受到《著作权法》的保护，其他人可以自由使用该作品，其他作者也可以自由将该作品改编成其他形式。同样，我国《专利法》规定了对发明专利权的保护期限为 20 年，实用新型专利权的保护期为 10 年，外观设计专利权的期限为 15 年，等到该法定期限结束（依法可以延长保护期的除外），该项专利就进入公有领域，任何人都可以自

① 参见湖北省高级人民法院〔2003〕鄂民三终字第 18 号民事判决书。

② 郑成思：《知识产权论》，法律出版社 1998 年版，第 88 页。

由使用。

为什么知识产权不像所有权那样具有“永久性”反而具有时间性呢？其原因主要在于知识产权是法律根据公共政策而创造出来的财产权，其根本目的是保护发明创造者对其智力成果的人身权利和财产权利，从而激励人们进行文艺创作和发明创造。知识产权的客体是能够进行传播和使用的，如果法律规定创造者永远享有知识产权，将会对知识产权形成过度保护，反而会阻碍人们根据前人的智力成果进行新的创作和发明创造，这与知识产权制度的宗旨是相悖的。因此，对于公开的智力成果而言，其知识产权的保护期限是受到限制的。对于商业标志、商业秘密等非智力创造成果或者非公开性信息而言，其本身就不是他人进行创造发明的基础或者本身就不能为公众所知悉，上述限制知识产权保护期的理由并不存在，因此它们可以一直延续性地受到保护。

（四）地域性

知识产权的地域性，是指除非有国际条约、双边或者多边条约的特别规定，知识产权只在该国或者该区域范围内发生效力。也即是说，如果没有国际公约或者双边互惠条约的规定，知识产权没有域外效力，其他国家对该权利没有保护义务，任何人均可在自己的国家内自由使用该知识产品，无须取得权利人的同意，也不必向权利人支付任何报酬。这一点与所有权形成了鲜明的对比，其原因在于：其一，知识产权的非物质性决定了权利人无法对其进行实质性的占有，也不能像其他有形财产一样占有而适用“权利推定”。其二，知识产权是法定权利，必须要通过法律的强制性规定才能取得，因此其权利的范围和内容也完全取决于法律的规定，而各国对知识产权的取得和保护的规定各不相同，因此一国的知识产权并不是自动在其他国家获得保护。

一些国际条约、双边或者多边条约的签订使得各个成员国在知识产权的某些方面突破了地域的限制。比如，《伯尔尼公约》规定了“自动保护”原则，也即作品一旦完成就自动享有著作权，无须进行登记或发表。并且该公约还规定，各成员国要保护其他成员国的作品。也就是说，签订《伯尔尼公约》的各个成员国的作品将在其他成员国自动受到保护，进而大大削弱了著作权的地域性。当然，商标权和专利权的地域性特征仍然突出。其主要原因在于，专利权和商标权并不是像著作权一样在创作完成时就自动产生，而是需要经过国家法定机关的授权或注册，而各个国家对专利权和商标权的授权或者注册标准是各不相同的，因此，在一国获得的专利权和商标权只能在本国受到保护。

知识产权的上述特征，是与其他财产权利特别是所有权相比较而言的。这并不意味着各类知识产权都具备以上全部特征，或者可以说每一项基本特征都存在着若干“例外”。例如，地理标志权不具有完整意义上的专有性，商号权的地域性具有自己的特殊规定，商业秘密不受时间的限制等。从本质上说，只有客体的非物质性才是知识产权类权利的共同法律特征。

第三节 知识产权的法律保护

对知识产权的保护，其本质在于维系知识产权的权利人对知识产权客体的排他性控制，确保他人在以受专有权利规制的方式利用知识产权客体时，向权利人寻求许可并支付许可使用费，使权利人从中获得合理回报，从而鼓励、刺激更多的人从事创作、创造和诚信经营并对此进行投资。知识产权法为知识产权的权利人规定了一系列受保护的权利，这些权利的作用是使知识产权的权利人能够对知识产权客体实施排他性控制，并且强制性地规定未经许可他人不得以特定方式利用知识产权客体，否则将受到法律的制裁。

然而，知识产权的成果一经公开，任何人都可以获取，无法如有体物那样为知识产权的权利人所占有，因此，知识产权被未经许可而以专有权利规制的方式加以利用的风险，较有体物被他人盗窃和抢夺的风险要大得多。由此可见，对知识产权的保护极为重要，如果没有对侵权行为的界定、对法律责任的规定及严格实施，知识产权只是名义上的财产权，知识产权的权利人将无从实现对知识产权客体的排他性控制，知识产权法的鼓励和刺激作用将难以发挥。知识产权的侵权行为可以在理论上被分为直接侵权和间接侵权，这种区分与知识产权法中的核心——专有权利密不可分。构成直接侵权的行为都落入了专有权利的规制范围，而构成间接侵权的行为不受专有权利的直接规制。

直接侵权与知识产权专有权利之间存在密切关系。每一项专有权利都规制一种特定行为，如《著作权法》中著作权人的复制权、表演权和信息网络传播权分别规制对作品的复制行为、公开表演行为和交互式传播行为；《专利法》中的制造权、销售权和进口权分别规制以生产经营为目的对专利产品的制造行为、销售行为和进口行为。如果未经知识产权人许可，又缺乏权利限制等抗辩理由，而实施受专有权利规制的行为，将构成对知识产权的直接侵害。例如，一个公司的程序员明知市场上出售的一本《计算机软件手册》是盗版书，却故意前去购买、阅读，用以为公司编写商业软件，是否构成直接侵权行为？如果这名程序员明知市场上出售的一份软件是盗版的，却故意前去购买并在公司的计算机上安装运行，以提供商业服务，是否构成直接侵权行为？这两种看似类似的行为其实具有完全不同的法律性质。在《著作权法》明确赋予著作权人的专有权利中，没有规定能够控制购买和阅读盗版书籍的行为。购买和阅读盗版书籍，并不构成对文字作品的复制、发行、表演等受专有权利规制的行为，因此，故意购买和阅读盗版书籍的行为并不构成对著作权的直接侵害。但是，“安装”计算机软件则是一个将软件从其他物质载体(如光盘)“复制”到计算机硬盘的过程，且“安装”的最终结果是在硬盘这一物质载体之上形成软件的永久性复制件，因此，“安装”是一个典型的复制行为，受到复制权的控制。安装盗版软件当然是未经软件著作权人许可的复制行为，同时，商业性复制也不属于《著作权法》规定的权利限制范围，因此，商业性使用(安装)盗版软件构成对软件著作权的直接侵害。①

同样道理，如果某超市购买了一批货架用于摆放商品，但该货架是侵害他人外观设计专利权的产品，也就是他人外观设计专利产品的侵权复制品，试问：该超市使用侵权外观设计专利产品(未经许可使用外观设计专利产品)的行为是否侵害他人的外观设计专利权？回答是否定的，因为《专利法》根本没有给外观设计专利权人规定“使用权”，这意味着外观设计专利权人不能控制他人未经许可使用其外观设计专利产品的行为。

---

① 参见王迁：《知识产权法教程》(第七版)，中国人民大学出版社 2021 年版，第 14 页。

超市购买侵权外观设计专利产品并使用的行为，相当于上文所述的购买盗版书并阅读的行为，即使是故意实施的，该行为也不构成侵权。再如，某餐厅购买了假冒名牌的调味品，在烹饪菜肴时使用，试问：该餐厅的行为是否侵害他人的注册商标专用权？回答是否定的，受注册商标专用权规制的"使用"行为有其特定含义和要求，只限于以相关商标识别商品或服务来源的行为。该餐厅显然不是在向前来就餐的客人销售假冒品牌的调味品(如有些餐厅顺便单独售卖食品或调味品)，而是向客人出售菜肴，消费者无法从调味品上的商标来识别调味品的来源，因此，餐厅的行为尽管可能危害食品安全，但与商标侵权无关。①

典型案例 1-2

侵占装有软件的电脑并不侵害软件的著作权

某公司员工为完成公司分配的任务开发了一套计算机软件，该软件的著作权依法归属于该公司，后该员工因与公司发生劳动纠纷而离职。公司指称该员工离职后侵占装有涉案软件的电脑，致使公司无法对涉案软件进行后续开发，并交付给第三方终端用户，因此侵害了公司对该软件所享有的修改权与发行权。

最高人民法院审理此案后指出：根据《著作权法》对侵权行为的规定，侵害软件修改权与发行权均以"未经著作权许可擅自修改和发行"为基本行为模式，修改权与发行权所规制的行为主体是未经著作权人授权的其他民事主体，而非著作权人自身。换言之，被诉侵权语境下的"修改"与"发行"行为应指向被诉侵权方，而非享有著作权的一方。本案中该公司主张该员工离职后占有涉案软件致使该公司不能行使修改和发行涉案软件的权利，该被诉侵权行为与《著作权法》及《计算机软件保护条例》所规定的侵害修改权与发行权的行为模式存在根本区别，不能将二者混为一谈。也因此，最高人民法院没有支持该公司有关该员工侵害其修改权和发行权的诉讼请求。②

间接侵权是相对于直接侵权而言的，它是指即使行为人并未直接实施受专有权利规制的行为，其行为如果与他人的直接侵权行为之间存在特定关系，也可基于公共政策原因而被法律规定为侵权行为。这类行为被规定为侵权行为，并非因为其直接侵犯了专有权，因此被称为"间接侵权"。

在知识产权制度发展的早期，间接侵权并未受到重视。在当时的技术条件下，只有那些具备一定财力、有固定经营场所的经济实体才有可能实施严重损害知识产权人利益的直接侵权行为。要查实这种侵权行为是较为容易的，通过追究直接侵权者的责任，往往足以使权利人获得充分的救济。例如，如果一家印刷厂未经许可印刷他人著作，一家书店出售盗版书籍，著作权人容易借助司法的力量查实印刷厂和书店的侵权行为，也能通过处置其财产获得损害赔偿。因此，各国早期知识产权立法和执法的重点都在于制止那些直接侵害

① 参见王迁：《知识产权法教程》(第七版)，中国人民大学出版社2021年版，第15页。

② 参见最高人民法院民事判决书〔2020〕最高法知民终4号民事判决书。

知识产权人的专有权利的行为。

但是，直接侵权行为并不是孤立进行的，它经常需要借助第三人的帮助、参与和支持，同时它也存在着准备和实施的不同阶段。在一个复制和传播技术十分发达且社会分工日益精细的时代，侵权的形态也在发生变化。如对于著作权侵权而言，个人侵权能力已经大大提高，其损害后果也可能十分严重。著作权人追究个人侵权者责任费时费力，而且很难得到充分补偿。同时，如果等到直接侵权行为发生之后再追究侵权者的责任，其造成的损害可能无法弥补；如果某些扩大他人侵权损害后果的行为不被及时制止，知识产权人会继续蒙受损失。出于保护知识产权的需要，各国在司法实践中普遍将某些不构成直接侵权的行为在特定条件下认定为侵权行为，即间接侵权。①

间接侵权，是指行为人的行为并非直接实施，但该行为与他人可能发生的直接侵权行为之间存在特定联系，基于公共政策等因素考量，法律法规将之认定为一种独立的侵权行为。间接侵权分为两大类，一类是教唆、引诱他人侵权和故意帮助他人侵权，另一类是直接侵权的预备行为或重要步骤。可以说，构成间接侵权的各种行为都不在知识产权“专有权利”的控制范围以内，将其界定为侵权行为在客观上扩大了知识产权保护范围。在英美法系国家，关于知识产权间接侵权已经形成诸多判例，相应的判定规则也较为成熟。② 但在我国，无论是《著作权法》还是《专利法》，均未有间接侵权判定的明确规定。《商标法》虽未直接说明，但实际上存在间接侵权的规定。《商标法》第 57 条规定：“……(四)伪造、擅自制造他人注册商标标识或者销售伪造、擅自制造的注册商标标识的。”③《商标法实施条例》第 75 条对商标间接侵权也作了原则性规定，即“为侵犯他人商标专用权提供仓储、运输、邮寄、印刷、隐匿、经营场所、网络商品交易平台等”，属于《商标法》第 57 条第 6 项规定的“侵犯注册商标专用权的行为”。④ 另外，《计算机软件保护条例》第 24 条明确规定了侵犯著作权的间接侵权行为：“……(三)故意避开或者破坏著作权人为保护其软件著作权而采取的技术措施的；(四)故意删除或者改变软件权利管理电子信息的。”

侵犯知识产权的人依法应承担法律责任。一般情况下侵权人应视情况承担停止侵权和支付损害赔偿金的民事责任，如果侵害了知识产权中的人身权利，侵权人还应视情况承担消除影响和赔礼道歉的民事责任。部分侵权行为可导致行政处罚，严重侵害著作权和注册商标专用权的行为构成刑事犯罪，侵权人可被追究刑事责任。

一、知识产权的民事保护

“无救济则无权利”，对知识产权的保护是知识产权制度中最重要的部分。知识产权的保护体系由民事保护、行政保护和刑事保护构成。在整个保护体系中，知识产权的民事保护最重要，因为知识产权在本质上是一项私权，是一种市场竞争工具，它关涉的是“私”利益。一般而言，只有在侵害“私”利益情节严重，以至于威胁到市场竞争秩序等公

① 参见王迁：《知识产权法教程》(第七版)，中国人民大学出版社 2021 年版，第 22 页。

② 参见康添雄、田晓玲：《美国专利间接侵权的判定与抗辩》，载《知识产权》2006 年第 6 期。

③ 参见《中华人民共和国商标法》第 57 条。

④ 参见《中华人民共和国商标法实施条例》第 75 条。

共利益时，才有必要启动行政程序和刑事程序。所以，知识产权的民事保护是知识产权保护的基础，如果不构成知识产权侵权，侵权人一般不承担侵害知识产权的行政责任和刑事责任。

知识产权的民事保护主要通过追究侵权人侵犯知识产权的民事责任来体现。侵害知识产权的民事责任，是指侵害知识产权一方应当承担的民事法律后果。根据《民法典》第179条的规定，承担民事责任的方式主要有：(1)停止侵害；(2)排除妨碍；(3)消除危险；(4)返还财产；(5)恢复原状；(6)修理、重作、更换；(7)继续履行；(8)赔偿损失；(9)支付违约金；(10)消除影响、恢复名誉；(11)赔礼道歉。以上承担侵权责任的方式，可以单独适用，也可以合并适用。《著作权法》第52条规定："有下列侵权行为的，应当根据情况，承担停止侵害、消除影响、赔礼道歉、赔偿损失等民事责任：(一)未经著作权人许可，发表其作品的；(二)未经合作作者许可，将与他人合作创作的作品当作自己单独创作的作品发表的；(三)没有参加创作，为谋取个人名利，在他人作品上署名的；(四)歪曲、篡改他人作品的；(五)剽窃他人作品的；(六)未经著作权人许可，以展览、摄制视听作品的方法使用作品，或者以改编、翻译、注释等方式使用作品的，本法另有规定的除外；(七)使用他人作品，应当支付报酬而未支付的；(八)未经视听作品、计算机软件、录音录像制品的著作权人、表演者或者录音录像制作者许可，出租其作品或者录音录像制品的原件或者复制件的，本法另有规定的除外；(九)未经出版者许可，使用其出版的图书、期刊的版式设计的；(十)未经表演者许可，从现场直播或者公开传送其现场表演，或者录制其表演的；(十一)其他侵犯著作权以及与著作权有关的权利的行为。"《商标法》和《专利法》同样规定了相对应的侵权责任承担方式。

针对知识产权侵权行为，法院一般采取填平原则，对侵权者施加民事责任应当达到三个基本目标：一是停止侵害行为，防止损害后果的进一步扩大；二是使知识产权人所蒙受的损失获得充分的补偿；三是防止侵权者今后继续从事侵权行为。

(一)停止侵权

知识产权的客体是特定的信息，信息具有无限可复制性，而知识产权侵权行为一般具有延续性，因此，停止侵害成为知识产权权利人最重要的保护措施之一。为及时制止正在实施或即将实施的可能侵害权利人的知识产权的行为，知识产权权利人可以在起诉前或诉讼过程中，请求法院判令被告停止侵害。如果在法院下达判决时被诉侵权行为仍在继续，那么停止侵权将是法院要求侵权人首先应当承担的民事责任。

如上文所述，知识产权由一系列专有权利构成，在未经许可或缺乏法律依据的情况下擅自实施受专有权利规制的行为，构成直接侵权。此时无论其主观状态如何，侵权人都应承担立即停止侵权行为的民事责任。如一网站未经许可将他人享有著作权的歌曲置于网上供网友在线点播或下载，只要在法院判决时，这些歌曲仍然没有被删除，不特定的公众就仍然可以在网上获得这些歌曲，侵害信息网络传播权的行为就仍然处于持续状态。此时法院应当判令该网站承担停止侵害的民事责任，也就是立即删除这些歌曲。需要指出的是，基于比例原则或出于对其他公共政策因素的考量，对于特定的侵权行为，法院可以不判决停止侵权。假设在著作权侵权纠纷中法院认定，被诉侵权的小说的作者和出版社在百万字长篇小说中抄袭了一首几十字的诗歌，其行为构成侵权，那么，此时法院判决小说的作者和出版社停止侵权，包括停止销售已经印刷待售的几万本小说书，显然是不合理的。此时法院应判决小说的作者和出版社支付赔偿金，以及出版社再版时删除其中的侵权诗歌。再如，被告构成对专利权的侵犯，权利人请求判令其停止侵权行为的，人民法院应予支持，但基于国家利益、公共利益的考量，人民法院可以不判令被告停止被诉行为，而判令其支付相应的合理费用。①

对于责令停止侵害之例外规定，美国法院的做法值得肯定。美国联邦最高法院在2006年对“eBay”案作出的终审判决中，确定权利人的永久性禁令请求是否能够得到支持必须同时考虑以下四个因素：权利人遭受不可恢复的损害；金钱赔偿等现有法律手段不足以救济权利人；从平衡当事人利益的角度看，衡平救济具有正当性；不侵害公共利益。②

（二）消除影响、赔礼道歉

赔礼道歉，是指加害人向受害人道歉，以取得其谅解的侵权责任形式。赔礼道歉可以为侵权人的悔过提供一个表达的场域，将有助于个人德行广泛而持久地施行，同时也有利于“促成全部人民都能促进于正义和善德的制度”之法律目标的实现。③ 一般认为，赔礼道歉具有极为浓厚的人身性色彩，只能适用于人身权利受到侵害的情形，只适用于著作人身权、发明权和发现权等人身权利，且权利主体只能是自然人。但也有一些判例认为，因商标侵权导致权利人商誉受到损害，可以要求侵权人赔礼道歉。赔礼道歉，可以公开，也可以私下进行；可以是口头方式，也可以是书面等方式。为弥补赔礼道歉责任形式强制力之不足，知识产权案件判决中经常要求被告向权利人公开致歉，声明的内容须经法院审核，如被告逾期不履行，法院将公开判决的主要内容，费用由被告负担。

消除影响，是指侵权行为给权利人造成不利影响的，法院判令侵权人承担的以一定方式消除该不良影响的民事责任。其适用条件是侵权行为给权利人造成了不良影响，不论是对原告的商誉造成的不良影响，还是蒙蔽、误导了消费者而形成的不良影响。当然，任何侵权行为都可能产生一定的不良影响，如果这种不良影响未达到一定的程度，法院不应当判定消除影响，否则就是对消除影响的滥用。原则上被告在多大范围内造成了不良影响，其便负有在该范围内消除该不良影响的责任。消除影响不同于赔礼道歉，应当采取公开方式，如在报纸、网站、电视等媒体上刊登或发布声明的方式来消除不良影响。如果侵权人拒不执行，法院可将判决主要内容和有关情况通过登报等方式公之于众，费用由侵权人承担。

消除影响和赔礼道歉属于侵害人身权利的法律责任。由于专利权人并不具有知识产权法意义上的人身权利，因此消除影响和赔礼道歉并不属于侵害专利权的法律责任。但《著作权法》为著作权人规定的专有权利中包含人身权利，当侵权行为侵犯了著作人身权，导

① 参见《最高人民法院关于审理侵犯专利权纠纷案件应用法律若干问题的解释（二）》第26条。

② 参见董美根：《美国专利永久禁令适用之例外对我国强制许可的启示》，载《电子知识产权》2009年第1期。

③ 参见黄忠：《赔礼道歉的法律化：何以可能及如何实践》，载《法制与社会发展》2009年第2期。

致著作权人的人格利益受到损害时，就无法单纯通过经济赔偿挽回对著作权人造成的损害，法院就应当判令侵权人通过完成某些必要的行为来消除对著作权人的声誉造成的不良影响或者对著作权人进行精神抚慰。例如，报刊登载他人作品时因疏忽大意未能正确署名的，应当通过在显著位置登载声明而加以更正。而篡改、歪曲他人作品的，则应当根据作者的声誉受损的程度和范围，以适当的方式向作者赔礼道歉。《著作权法》第 52 条规定了"未经著作权人许可，发表其作品""未经合作作者许可，将与他人合作创作的作品当作自己单独创作的作品发表""没有参加创作，为谋取个人名利，在他人作品上署名的""歪曲、篡改他人作品的""剽窃他人作品"等侵害著作权人人身权利，应承担消除影响和赔礼道歉法律责任的行为。《著作权司法解释》第 17 条也针对转载者的责任指出：报刊转载未注明被转载作品的作者和最初登载的报刊出处的，应当承担消除影响、赔礼道歉等民事责任。①

(三)赔偿损失

赔偿损失是指行为人应赔偿因其违约行为或侵权行为导致的他人损失。传统民法理论认为，损害赔偿应以恢复原状为原则，金钱赔偿为例外。但知识产权侵权行为不会导致知识产权客体本身的耗损，故金钱赔偿便成为知识产权损害赔偿的基本责任形式。对侵害知识产权进行损害赔偿，我国的基本司法政策是增强损害赔偿的补偿、惩罚和威慑效果，降低维权成本，提高侵权代价。知识产权侵权损害赔偿的范围，原则上以权利人因侵权所遭受的实际损失为准，另外还包括权利人为制止侵权行为所支付的合理开支。

当侵权人具有过错，且导致知识产权人蒙受经济损失时，侵权人应承担赔偿损失的民事责任。传统的损害赔偿制度仅具有弥补知识产权人之实际损失的功能，即使权利人的状况恢复到侵权行为发生之前。相应的损害赔偿被称为补偿性赔偿，用于填平权利人因侵权行为而遭受的损失。然而，知识产权侵权行为针对无形成果，与主要针对有体物的侵害物权的行为相比，知识产权侵权行为导致的损失往往不易计算。根据《著作权法》第 54 条第 1 款、《专利法》第 71 条第 1 款和《商标法》第 63 条第 1 款的规定，对于侵权行为，侵权人应进行赔偿。赔偿数额按照权利人因被侵权所受到的实际损失或者侵权人因侵权所获得的利益(违法所得)确定，权利人的损失或者侵权人获得的利益(违法所得)难以确定的，参照许可使用费或其倍数合理地确定。权利人的实际损失，当然是指权利人因侵权行为造成的相关作品复制品或产品(商品)销量下降而遭受的损失。

二、知识产权的行政保护

知识产权的行政保护是知识产权民事、刑事保护的重要补充，是指由国家行政机关主动或应投诉对涉嫌侵犯知识产权的行为进行行政处罚或行政调解的措施。其范围主要包括著作权行政保护、专利权行政保护和商标权行政保护等。侵犯著作权的行政查处是著作权行政保护的核心内容。

当侵权人的特定侵权行为同时损害公共利益时，侵权人除了要根据权利人的诉讼请求

① 张耕、蒙洪勇：《知识产权法实务教程》，中国人民大学出版社 2012 年版，第 175 页。

和法院的判决向权利人承担民事责任，还可能要承担行政责任，即由相应的行政管理部门对侵权人予以行政处罚。需要注意的是，世界上绝大多数国家对知识产权侵权只规定了民事责任和刑事责任，而没有规定行政责任。其原因主要是知识产权是私权，动用以全体纳税人的税金支撑的国家行政力量维护权利人的私利似乎有失社会公平。只有当知识产权侵权严重威胁到了社会公共利益，以致达到了构成刑事犯罪的程度，才需要国家动用司法力量加以主动干预。但鉴于我国知识产权侵权现象较为普遍和严重，加上我国有依靠行政力量解决社会问题的传统，现阶段我国知识产权法中仍然保留了对行政责任的规定。但《著作权法》《专利法》《商标法》规定的行政责任也有很大的差别。

三、知识产权的刑事保护

知识产权作为一种民事权利、一种私权，在社会生活中起着十分重要的作用，但在给权利人带来巨大经济利益的同时，也可能因对其不当利用而构成刑事犯罪。知识产权侵权行为在多数情况下只导致民事责任，但某些严重侵犯知识产权的行为，不仅会给权利人带来惨重的经济损失，还会扰乱市场经营秩序和竞争秩序，助长藐视知识产权的不良心理和社会风气，导致对社会公共利益的严重损害。对此，许多国家对特定知识产权侵权行为设置了刑事责任。尽管世界各国都通过立法严厉打击侵犯知识产权的犯罪行为，但因知识产权的应用存在着巨大的经济利益和社会利益，侵犯知识产权的犯罪活动仍然客观存在。在我国，《著作权法》和《商标法》对严重侵害著作权和注册商标专用权的行为规定了刑事责任，但《专利法》没有针对侵害专利权的行为规定刑事责任，只对假冒专利的行为规定了刑事责任。知识产权侵权行为与一般民事侵权相比，具有侵权行为实施较为便捷、成本低廉、侵权行为难以查实和损害后果极易扩大等特点，因此，许多国家的知识产权立法对知识产权侵权诉讼作出了一些特殊规定，以从程序上保障权利人得到及时救济。

(一)侵犯著作权罪

著作权有广义与狭义之分，狭义上的著作权仅指著作人身权和著作财产权；而广义上的著作权不仅包括狭义上的著作权，还包括保护作品传播者权利以及其他相关权利的邻接权。[①]《刑法》规定的侵犯著作权罪中的"著作权"是指广义的著作权。侵犯著作权罪，是指以营利为目的，违反《著作权法》的规定，未经著作权人许可，侵犯他人著作权，违法所得数额较大或者有其他严重情节的行为。

侵犯著作权罪的犯罪对象与犯罪客体相互关联。犯罪对象是犯罪行为所指向的标的物，包括人或物。侵犯著作权罪的犯罪对象通常体现为著作权的客体即作品。受刑法保护的著作权客体必须属于文学、艺术或科学领域的智力成果，并具有独创性和可复制性。具体而言，下列作品属于著作权法所保护的对象，也是侵犯著作权罪的犯罪客体：以文字、数字、符号等形式而创作的文学作品，如小说、散文、著作、译著、工具书等；以口头语言创作，未以任何物质载体固定的口述作品，如演说、授课、法庭辩论、会议报告等；以

① 杜国强、廖梅、王明星：《侵犯知识产权罪比较研究》，中国人民公安大学出版社2005年版，第87页。

乐谱形式或未以乐谱形式表现的，能够演唱或演奏的带词或不带词的音乐作品；将人体连续动作同人的说唱表白有机地编排在一起，在舞台上进行表演的戏剧作品，如话剧、戏曲等；通过人体连续动作、姿态、表情表现的舞蹈作品，如芭蕾、哑剧、马戏等；以线条、色彩或者其他方式构成的，有审美意义的书画或立体的造型艺术美术作品，如绘画、雕刻、建筑等；以摄影技术或者类似摄影技术而完成的摄影作品，如图片、照片等；反映地理概貌、说明事物原理或者结构的图形或者模型的地图、示意图、线路图等；摄制在一定物质上，由一系列有伴音或无伴音的画面组成，并借助适当装置放映、播放的电影、电视和录像作品；为施工和生产绘制的图样及其文字说明的工程设计、产品图纸及其说明；以语言形式、音乐形式、动作形式以及使用物质材料而表现的民间文学艺术作品，以及计算机程序及其文档、数据库等作品。①

（二）侵犯注册商标权的犯罪

商标是指商品生产者、经营者或者服务提供者为了标明自己，区别于他人而在自己的商品或者服务上使用的，由文字、图形、字母、数字、三维标志和颜色组合，以及上述要素的组合构成的可视性标志。注册商标是指经国家商标行政管理部门核准登记注册的商标。按照《刑法》第 213、214、215 条的规定，只有侵犯注册商标及其标识，且达到刑法规定的入罪标准的行为，才会被认定为犯罪行为。而对商标的一般侵权行为，则不被认定为犯罪行为。我国《刑法》规定的有关侵犯商标权的犯罪行为有：假冒注册商标罪、销售假冒注册商标的商品罪和非法制造、销售非法制造的注册商标标识罪。②

（三）假冒他人专利罪

假冒他人专利罪是指行为人违反《专利法》的管理规定，在自己的产品、方法或者外观设计上标明他人已经取得的专利标识和专利号，冒充他人专利的产品、方法或者外观设计，情节严重的行为。依照我国《刑法》第 216 条的规定，刑法所惩处的侵犯专利权的犯罪行为就是假冒他人专利的犯罪行为。相对于国外有关侵犯专利权犯罪的立法而言，我国《刑法》有关打击侵犯专利权犯罪的规定则是较为狭窄的，我国《刑法》规定的“假冒专利罪”本质上是指“假冒他人专利罪”，而非国外刑事立法规定的“假冒专利罪（冒充专利罪）”。

（四）侵犯商业秘密罪

商业秘密，是指不为公众所知悉，能为权利人带来经济利益，具有实用性并经权利人采取保密措施的技术信息和经营信息。侵犯商业秘密罪，是指行为人以盗窃、利诱、胁迫或者其他不正当手段获取权利人的商业秘密，或披露、使用以及允许他人使用以盗窃、利诱、胁迫或者其他不正当手段获取的权利人的商业秘密，或者违反约定或违反权利人有关保守商业秘密的要求，披露、使用以及允许他人使用其掌握的商业秘密，给权利人造成重大损失的行为。侵犯商业秘密的行为达到一定的严重程度，即可构成侵犯商业秘密犯罪。

① 张耕、蒙洪勇：《知识产权法实务教程》，中国人民大学出版社 2012 年版，第 214 页。

② 参见《中华人民共和国刑法》第 213、214、215 条。

第二章　著作权法基础

【学习目标】

1. 理解著作权的概念
2. 了解我国著作权制度的发展历史
3. 掌握大陆法系著作权制度和英美法系版权制度的差别
4. 掌握著作权法保护的作品类型

第一节　著作权法律制度概述

著作权是作者或其他著作权人对作品及相关客体所享有的各项专有权利的总称，是基于文学、艺术、科学创造所产生的权利，文学艺术作品和科学作品是著作权法律关系产生的前提与基础。著作权是一种民事权利，是根据特定的客体产生的权利，是具体的而并非抽象的。著作权制度在知识产权体系中发挥着重要的作用。著作权包括人身权利和财产权利两方面的内容。其中人身权利与人身利益相关，主要包括署名权、发表权、保护作品完整权和修改权；著作财产权是指具有财产内容的权利，包括复制权、表演权、广播权、发行权、出租权等权利。

一、著作权制度的历史发展

得益于印刷技术革命及其不断应用，著作权制度应运而生。15 世纪中叶，欧洲商业迅速发展，在利益驱动之下，活字印刷技术不断向其他地域传播，这一技术使图书突破了“精英集团”和“贵族”专有的限制，依靠该技术打破了文化垄断，书籍和知识得以走入千万百姓家庭。面对这一快速增长的需求，图书贸易迅速成为 15 世纪中后期最具竞争力的行业，这为图书印刷业带来极大的利润空间。图书出版商为了确保回收成本以及固定利润的增长，想要限制同行其他出版商对于图书的印刷。同时，由于英国王室尊崇天主教，而市面上流传的大量关于新教的图书，其中不乏一些异端言论，给政府对宗教方面的控制带来挑战，对此，英国政府采用了垄断出版的方式来应对。

1557 年，英女王玛丽一世在异端言论屡禁不止的情况之下，正式准予成立伦敦书商公会，由英国政府颁布特许令，授予公会特许出版权，对于违禁图书可以直接查收和销毁。①

---

① Lyman Ray Patterson, Copyright in Historical Perspective, Nashville: Vanderbilt University Press, 1968, p. 112.

这一权利使公会帮助政府加强了言论控制，获得丰厚的税费，同时对于公会自身而言，也夯实了其地位和话语权。伦敦书商公会为了维护图书贸易的运行秩序，制定了“书商版权”这一图书出版制度，而这一制度也被认为是成文法上版权制度的前身。

17世纪中叶，伦敦书商公会的处境已经大不如前，面临着来自反垄断势力的批评和压力，但公会始终想利用政府支持来为自己在行业中的垄断寻求合法生存的土壤。面对种种舆论压力，1710年，英国议会为了谋求图书贸易中各方利益的平衡，提出了有关图书出版的新议案，主要包括三个诉求：第一，所有存量书籍的保护期限为21年，而新书则规定了14年的保护期限，并且有可能顺延14年。如果侵权人侵犯此项权利将会受到罚款的处罚。第二，对图书的价格要保持合理的控制。第三，新书和修订版出版后，应当向指定的图书馆预留定额的数量。1710年4月4日，议会通过了《为鼓励知识创作而授予作者及购买者就其已印刷成册的图书在一定期限内之权利法》(又称《安娜法令》《安娜女王法令》等)，并得到了皇室的批准，于6日后正式生效。该法废除了皇家颁发许可证的制度，直接确认了作者权利和出版者权利。

随着经济的发展和技术的进步，版权法的保护范围也逐步扩大，保护对象也在不断扩张。例如，19世纪开始，雕刻、雕塑、戏剧和音乐作品成为版权保护的对象；20世纪，照相、音像技术、摄影作品、录音作品成为版权保护的对象。与此同时，版权的权利内容也在不断扩张。例如，《安娜法令》中仅仅赋予版权人禁止他人印刷出版的权利，而1911年《版权法》和1956年《版权法》分别增加了禁止他人摄影、录音和进行电台、电视广播的权利。①

美国的版权法是以《安娜法令》为蓝本，并基于与版权有利害关系的商人利益推动而颁布实施。因此，版权法极大地满足了出版商的需求，是行业妥协的产物，其重点在于对作者权利和公共利益的强调与保护。

中国清朝政府在1910年颁布的《大清著作权律》是我国历史上首部以保护著作权为中心的律例。② 这部法律就保护方式、保护期限、著作权的归属和继承、作品合理使用的范围、著作权的侵权行为类型以及处罚方式都作出了明确规定。在存续了15年之后，该法律被北洋政府废止，但是《大清著作权律》对北洋政府后续制定著作权法起到了重要的作用。

1979年改革开放以后，在版权法制定报告获得国务院的批准后，国家版权局正式开始了版权法的起草工作。版权研究小组通过培训班和座谈会的形式陆续开展了著作权的设立与保护相关立法交流工作，并组织专员赴国外进行调研和考察，与美国和日本等政府代表团的专家进行互动和访问。经过近十年的打磨，1990年9月7日，《中华人民共和国著作权法》(下文简称《著作权法》)在第七届全国人民代表大会常务委员会第十五次会议上获得通过，这是继1982年《商标法》和1984年《专利法》之后的第三部保护知识产权的单行立法，该法的颁布标志着我国知识产权制度核心框架基本构建完成。

---

① Copyright Act 1911, Section 1 (2)(c)。

② 杨明：《制度与文本：〈大清著作权律〉的历史审视》，载《华中科技大学学报(社会科学版)》2013年第5期。

信息技术革命和数字化革命后，作品的生产方式和传播手段也因此得以变更，贸易形式不断发生改变，相关利益主体和利益格局出现变迁，这都推动着著作权制度的发展和进步。在现代技术催生之下，出现了以短视频、元宇宙、Web3.0为主的新作品形式载体，信息与知识的创作、传播、影响和迭代也受到了前所未有的颠覆，使作者和读者之间的界限逐渐模糊，著作权法需要不断对此作出回应。

第十三届全国人民代表大会常务委员会第二十三次会议决定对《著作权法》进行修改，2021年6月1日，第三次修改的《中华人民共和国著作权法》开始施行。《著作权法》的第三次修改对于新技术发展、新产业以及新业态出现的新问题作出了回应，紧扣经济社会文化发展的当前需要，解决了著作权人取证困难、侵权成本低、维权成本高等一系列问题。此外，第三次修改重点围绕着作品的定义、网络空间的著作权保护、落实相关国际条约的义务、强化行政执法的力度、知识产权惩罚性赔偿、技术的保护应用等多个维度进行修改与完善。此次修改对于加快知识产权强国建设有着深远的影响，促进推动创新驱动发展战略，为建设法治中国、保护知识产权创造了条件。

二、著作权法的概念与法律渊源

在我国，经常有学者将“著作权”称为“版权”，并将二者混用，但是这两个概念在词根上存在着一定区别。“版权”在英文中为“Copyright”，是英美法系的概念，可以理解为“复制权”，即未经权利人许可不得复制其作品，不得损害其权益。英美法系国家通过版权制度来激励公众创新，鼓励大家进行创作。与作者的人格利益相比，英美法系国家更加注重保护作者的经济权利，因此在英美法系国家，版权经常被视为一种有形的财产在民事主体之间自由转让。“著作权”的英文为“Author's Right”一词，是大陆法系的概念，可以理解为“作者权”。相比于英美法系国家的版权法，大陆法系国家的著作权法更加注重保护作者的人身权利，这些国家将著作权视为天赋人权，视为人自然享有的权利，并且认为作品是权利人人格与精神的反映和延伸。著作权制度可以分为作者权体系和版权体系两大体系，由于各个国家的历史背景不同、法律的理念不同以及哲学基础不同，因此两大体系存在较大的区别①。

著作权法是指调整因作品的创造和支配而产生的人身关系与财产关系的法律规范总称。著作权法、邻接权法和调整国家间著作权的国际条约以及其他各种相关的法律规范共同构成了广义的著作权法。此外，在我国的《宪法》《民法典》《刑法》《著作权法》和相关行政法规中都有著作权相关法律规范的体现，这些都是著作权法的法律渊源。例如我国《宪法》规定，我国公民可以自由进行科学文化研究、文学艺术创作等，国家也应鼓励、帮助和支持从事创造性工作的公民。

三、版权与作者权两大体系比较

英美法系国家所主张的版权体系与大陆法系国家所主张的作者权体系，在理念与制度方面都存在一定的差别。版权体系认为，作品属于财产，作品和其他客体是一样的，都能

① 刘春田：《知识产权法》(第六版)，中国人民大学出版社2022年版，第52页。

够成为财产权的对象。版权体系更加看重著作权的经济价值，这种观念源于英国的哲学和法律理念，并且借鉴了洛克的“劳动财产权说”。英国和美国是比较典型的版权体系国家。作者权体系更注重著作权的人身价值，认为著作权是一种自然权利，是天赋人权。康德、黑格尔等大家对作品的主张是作者权体系的哲学基础。德国和法国是典型的作者权体系国家。

版权体系国家侧重权利的经济价值，因此比较重视权利的公示，原则上著作权产生需要进行公示或标记。作者权体系国家认为著作权是一种天然的权利，是天赋人权，因此采用自动产生的原则，即只要作者完成作品就自动生成著作权，不需要经过公示或者登记。

在判断权利限制时，版权体系基于工具主义，认为限制著作权是正常的，允许法官进行扩大解释，法官有较大的自由裁量权，通常采用“合理使用”或“合理利用”等表达来限制著作权。作者权体系基于天赋人权，认为除例外情形外，一般不得限制著作权，习惯采用“权利例外”来表述，不允许法官对此进行自由裁量。

尽管两大法系之间存在较大的差别，但近些年来，版权体系和作者权体系的差别也正在缩小。原因是两大法系中的很多国家加入国际公约，以及国家之间的相互借鉴与交流增多，例如，为了响应《伯尔尼公约》的要求，采用版权体系的英美法系国家在立法中规定了作者的人身权利。一些采用作者权体系的大陆法系国家在某些客体上也承认了雇主可以原始取得著作权。尽管如此，两大法系的差别也会继续存在。

版权体系的传统理论由于深受洛克“劳动财产权说”的影响，因此在早期判断独创性时把劳动作为主要的考虑因素。早期的版权体系国家甚至采用“额头流汗”原则(sweat of one’s brow)，顾名思义即通过冥思苦想来达到额头出汗，根据作者对作品付出的辛勤程度和该行为所耗费的脑力及体力来判断作品有无独创性。而作者权体系国家的独创性标准是通过体现的人身价值、人格印记来判断的。近年来，由于“额头流汗”原则的弊端逐渐显露，受到了一些学者的强烈批判，同时“额头流汗”原则也违背了《伯尔尼公约》的实质精神，因此很多国家已经明确放弃了这一判断标准。

版权体系国家崇尚自由，更追求契约自由，因此在版权法中没有专门设置相关规定。在规定有人格权的版权体系的国家，对人格权不加过多限制，通常不禁止权利人对人格权的放弃。而作者权体系往往出于维护作者的权益，偏重人格精神，因此会在著作权法中专门规定合同有关规范。更有一些国家在著作权法中规定作者享有收回权，即在作者通过合同转让作品使用权后可以某种人格原因收回使用权。此外，作者权体系国家认为著作人格权具有专属性，不允许权利人放弃或转让人格权。版权体系国家不单独设立邻接权，而是把表演、录音录像、广播节目、版式设计等纳入狭义的著作权中去保护。作者权体系则单独设立邻接权，将表演、录音录像、广播节目、版式设计等排除在著作权保护范围之外，因为作者权体系国家认为表演、录音录像、广播节目等不是作品，只是单纯的技术性劳动，不能体现创作主体的人格精神。

版权体系认为版权是财产权，权利归属就是财产的分配，为了财产利益的需求与平衡，版权体系国家会把非创作者当作作者。比如雇员为了完成工作任务创造的作品，在版权体系国家该作品的版权会归属于雇主而非雇员。作者权体系制度设计没有版权体系灵活，由于要考虑到人身利益的专属性，因此通常只有作品的实际创作者才能成为作者，享有著作权。在作者权体系国家，雇员为了完成工作任务创造的作品的著作权人是雇员而非雇主，雇主只能通过其他方式来受让财产权或者使用作品。

由于版权体系更注重版权的经济价值，因此传统的版权体系认为版权就是财产权，不承认人格权。而作者权体系认为著作权的内容包含财产权和人格权两个方面。在作者权体系国家内部，又分为两大阵营，以德国为代表的国家认为著作权中的财产和人格是同种属性同种因素，联邦德国最高法院的法官曾在一则案例中指出：美术作品要想受到著作权法的保护，必须具有一定的艺术水平，达到一定的艺术高度①。一些国家，如法国，认为不能把财产和人格混为一谈，认为财产权和人格权具有不同的特性②。法国在司法实践中认为，作品只有体现作者的个性，才能满足独创性的标准，独创性的认定更加注重作者在创作过程中有辨识度、具有创造性的独特选择③。

我国自清末引入“著作权”概念后，一直使用“著作权”这一表述。我国著作权法在总体上比较接近作者权体系，并设置了著作人身权与邻接权等概念。但这并不代表着我国完全背离了版权体系，我国著作权法中规定有“法人作品”，法人和非法人组织在某些条件下可以成为作者，这些都在一定程度上借鉴了英美法系版权法，而这一点在传统的作者权体系国家是不被承认的。但由于我国同时兼采版权体系和作者权体系，因此我国著作权法既有处理实务方面的优势，又有制度兼容上的不足。

第二节　作品独创性判定的理论基础

独创性理论在著作权领域具有重要的地位，独创性问题是著作权中的核心问题，著作权法意义上的作品必须具备独创性。“独创性”也被称为原创性，英文为“Originality”，通过文义解释可以看出，独创性包含“独”和“创”两部分，也即独立创作，源于本人。

一、独创性的含义

纵观世界各国关于独创性的规定，不难发现分别以德国和美国为代表的大陆法系和英美法系对独创性有不同的理解。

（一）大陆法系独创性之内涵——以德国为例

德国著作权法中专门规定了著作的概念：“本法所称之著作，仅指人格的、精神的创作。”德国联邦最高法院曾在一则判例中明确指出，美术作品如果只是通过简单的劳动或者通过技巧创作出来的，不能被认定为著作权法上的作品。美术作品必须达到一定的水平高度，才能被著作权法保护。平均水准之创作人能力、单纯的手工、机械性技术串连形成、材料组成、按一定模型而成者，则在著作权保护范围之外④。由此可知德国将“创作

① 李伟文：《论著作权客体之独创性》，载《法学评论》2020 年第 1 期。

② 刘春田：《知识产权法》(第六版)，中国人民大学出版社 2022 年版，第 52 页。

③ 马治国等：《用户原创短视频的独创性》，载《大连理工大学学报(社会科学版)》2020 年第 5 期。

④ 参见蔡明诚：《论著作权之原创性与创作性要件》，载《台湾大学法学论丛》第 26 卷第 1 期。

高度”作为作品的构成要件。

在1985年“Inkasso-Programm案”中，德国对计算机程序的保护也要求严格的创作高度，此案受到德国学术界的广泛批评。德国受到了欧盟关于计算机程序规则的影响，在1993年修正1965年《著作权及邻接保护权法》时增列第69条之第1款规定，计算机程序是作者独特的智力创造和个人表达。计算机程序受到保护，特别是保护能力的确定不适用于其他标准，尤其是质量或美观的标准①。此后，德国著作权法依著作权客体不同，有时不要求特别“创作高度”，而依“小铜币”(klenie muenze)理论只要求适度的创作水准，如电脑程式、商品说明书、表格、目录等②。“小铜币”理论的核心意义是想告诉我们对于不同的著作、作品，可以用不同的创作高度来判断，要具体问题具体分析。

(二)英美法系独创性之内涵——以美国为例

在美国关于独创性内涵的说法大致又可以分为两种，分别在1903年的Bleistein案中和1991年的Feist案中有所体现。

第一种观点是在Bleistein案中，法院首次对独创性所作的规定：只要一件作品是由作者独立完成的，它就具有独创性，而“独立完成”则为“个性，总之包含了某种独特的东西……某些不可约减的东西③”。由此可见，该观点认为作品只要不存在抄袭行为，是通过自己独立创作完成的，就具有独创性，并且对创作高度没有任何要求。这样“创作”的概念就有着非常广阔的外延，既包括具有较高艺术价值的文学艺术作品，又包括几乎没有创作性的事实作品(factual work)和功能性作品(functional work)④。这种观点大大地扩展了著作权的保护范围，能够给计算机程序、多媒体、数据库等信息时代的作品提供充足的保护，符合时代的发展需要，但同时由于过低的独创性要求，也存在一定的弊端。

通过Feist案可以总结出另一种观点：独创性包括“独立”和“创造”。法官在该案判决中指出，独创性作为版权使用的术语，不仅指作品是作者独立创作的，还指作品至少具有最低限度的创造性。当然，必要的创造性要求较低，即使是很小的数量也能得到满足。大多数作品都可以轻松达到这个水平，因为它们闪耀着一些创造性的火花，而不是多么不成熟、低水平⑤。从这一判例中可以推知：独创性应包含独立创作(independent creation)与少量创作性(a modicum of creativity)，如果缺乏独创性之定量，如片段的字或词语、标语口号、音乐作品的微小变奏等，会因不符合低度标准而排除在著作权的保护之外；对于事实作品的编辑，不以“额头流汗”而辛勤收集与否作为判断标准，而必须具备所要求的恰好微量度创作性⑥。总之，Feist案对美国版权制度的发展产生了重要的意义，推动版权独创性标准的历史性转折。

---

① 参见蔡明诚：《论著作权之原创性与创作性要件》，载《台湾大学法学论丛》第26卷第1期。

② 参见蔡明诚：《论著作权之原创性与创作性要件》，载《台湾大学法学论丛》第26卷第1期。

③ M. B. Nimmer, Cases and Materials on Copyright, West Publishing Co. 1985, p. 14.

④ Slephen. M. Stewar & Hamish Sandison, International Copyright and Neighbouring Right Butterwrths, 1989, p. 6.

⑤ Feist Publication. Inc. v. Rural Telephone Service Co. Inc., 499US(1991).

⑥ 参见蔡明诚：《论著作权之原创性与创作性要件》，载《台湾大学法学论丛》第26卷第1期。

（三）我国著作权法独创性之内涵

事实上，我国著作权法中对独创性没有明确的规定。在司法实践中，我国首例运用独创性判断劳动成果是否受著作权法保护的案例，源于广西广播电视报社起诉广西煤工报社侵犯其发布的电视节目通知一案①。终审法院认为，涉案的电视节目预告表不具有著作权法意义上的独创性，因而不能被著作权法所保护。本案中，法院肯定了制作电视节目预告表过程中投入的劳动，但是对其独创性表示否认，由此可见，我国法院在作出裁判时的独创性判断标准既未采纳英美法系的“额头流汗”标准，也没采纳大陆法系要求的“创作高度”的标准，而是趋于二者中间的一个状态。在该案之后，我国法院在审理有关著作权纠纷的案件中，独创性标准的问题成为法院裁判和法庭辩论的核心问题。

截至目前，无论是在立法上还是司法实践中，都没有对独创性如何定义达成统一的看法，理论界对独创性的标准问题也争议不断。在立法上，我国《著作权法实施条例》在第 2 条对“作品”的定义中引入了“独创性”的概念。而且在第 3 条中对“创作”概念作了定义。这里存在一个逻辑上的恶性循环，也就是必须先明确独创性的含义才能对作品进行定义，而独创性又要根据创作来规定，但创作概念只有在作品概念确定后才能有其规定性②。由此可见，我国对独创性的标准没有明确的规定，可以在考虑本国的时代背景与社会环境下，研究借鉴世界各国比较成熟的著作权理论。我国虽属大陆法国家，但结合我国国情，绝不能直接照搬德国关于创作高度的严格规定，但为鼓励创新和创作，也必须具备一定的独创性。

二、独创性的实质要件

纵观各国理论与实践研究，不难发现，独创性的实质要件有“独”和“创”两个方面，必须同时满足这两个要求才能具备独创性，才会受到著作权法的保护。

（一）独创性中的“独”

独创性中的“独”是指“独立创作，源于本人”的意思③。在技术领域中，经常有此说法，但是在技术领域中，独创往往指之前没有设计过，某种技术必须是首次发明的，才具有独创性。但在著作权法中，独创性并不要求必须是首次发明创造，只要是本人独立完成的，不存在任何抄袭，那么就满足“独”的要求。独创性中的“独”具有两种情形，一种是作者从无到有的独立创作出智力成果；另一种是在原有成果的基础上进行二次创作，创造出的新成果与原有成果具有实质性的差异。

关于从无到有的创作，只要是作者本人独自创作的劳动成果，即使恰巧与其他人的创

---

① 参见一审广西壮族自治区合山市人民法院〔1991〕合法民判字第 46 号民事判决书；二审广州壮族自治区柳州地区人民法院〔1994〕柳地法民终字第 127 号，本案入选《最高人民法院公报》1996 年第 1 期案例。

② 参见金谕林：《论作品的独创性》，载《法学研究》1995 年第 4 期。

③ 王迁：《知识产权法教程》(第七版)，中国人民大学出版社 2021 年版，第 59 页。

作结果一样，那也可以满足“独”的要求。例如，小张和小王都是画家，两人不约而同地到某一著名景点写生，小张从未见过小王的画作，小王也从未见过小张的作品，两人恰巧选取了同一角度，采用了同一画法，运用了同种线条上了同样的色彩，创作了几乎一模一样的画，非专业人士很难看出其中的差别。那么，二人的画作是否符合独创性，答案是肯定的。因为画作由二人独立创作，不存在任何抄袭和剽窃行为，很明显符合“独”的要求，如果该画作同时满足独创性中的“创”的要求，那么该画作就可以构成著作权法意义上的作品，得到著作权的保护。但值得注意的是，由于每个人的想法不同、感情不同、认知也不同，因此出现完全雷同的概率极低。

对于以他人原创成果为基础的二次创作，只要保留原作基本表达的成果与原作之间存在客观可识别的、不太细微的差异，这种差异在“独创性”中仍然符合“独”的要求①。例如，某国画家在世界著名画作“蒙娜丽莎”的基础上，通过自己的技术以及对美感的理解，在蒙娜丽莎的面部以及手部进行了线条与色彩的改造和创新，改动的部分存在着肉眼可见的差别，即使剩余未变动的部分与原画完全相同，但其改动的面部以及手部就是与原画的差别所在，那么新画作显而易见符合“独”的要求，也符合“创”的要求，因此，新画作无疑可以构成著作权法意义上的作品，得到著作权的保护。反之，如果在他人原有成果的基础上进行再次创作的结果与原有成果几乎没有区别，这种再次创作的结果实质是通过“复制”得来的，就显然不能满足独创性中的“独”的要求，不能构成作品，而是复制品。

（二）独创性中的“创”

1.“智力创作”是否为独创性必备条件

在研究独创性中“创”的含义之前，需要先了解清楚一个问题：在认定独创性时是否必须包含智力创作，智力创作是否为独创性必备条件。对于该问题的回答，世界各国著作权法存在差异。

以英国和美国为主要代表的英美法系国家认为，劳动成果只需要作者付出体力劳动并且具有实际价值，经过艰苦劳作和付出汗水创作出来的，即使没有产生任何智力成果，也符合版权法意义上独创性的要求。这就是著名的“额头流汗”理论，是早期的英美法系国家判断独创性的标准。英国版权法权威著作《现代版权与设计法》指出，独创性只是指作者没有抄袭原作……技能和知识可以弥补脑力劳动的不足②。

例如，A 公司想要获取某地村民的电话号码簿，派员工大街小巷地上门询问并记录，收集到当地全体村民的电话号码后，又按照村民姓名的首字母顺序进行了编排，整个过程耗费了大量的人力、物力和时间。如果 B 公司剽窃抄袭了 A 公司的电话号码簿，那么 A 公司的著作权是否有被 B 公司侵犯呢？这个案例中，由于电话号码本身不是受著作权保护的对象，A 公司虽花费了大量的精力，付出了辛勤的劳动，并对电话号码进行了编排，但是整个过程没有付出任何智力劳动，没有创造出智力成果。但在早期的英美法系国家会

① 王迁：《知识产权法教程》（第七版），中国人民大学出版社 2021 年版，第 60 页。

② Hugh Laddie, etc., The Modern Law of Copyright and Designs (3rd edition), Butterworths, 2000, p. 5, 7.

认可这种所谓的跑腿收集电话号码的行为。这些国家认为电话号码簿具有实际的价值并且凝聚了创作者辛勤独立的劳动与汗水，因此该种电话号码簿符合独创性的要求，可以受到版权法的保护，即符合“额头流汗”标准。

根据“额头流汗”理论，电话号码簿的编排只需要创作者付出体力劳动并且具有实际价值，经过艰苦劳作和付出汗水创作出来的，即使在编排和选择上没有产生任何智力成果，也符合版权法意义上独创性的要求而构成作品。虽然“额头流汗”标准在一定程度上防止了劳动成果被他人不公平地加以免费利用，但会阻碍他人利用前人劳动成果中的事实和数据进行创作，违背了鼓励后人“站在前人的肩膀上”创作新作品的基本宗旨①。《伯尔尼公约》虽然没有直接使用“独创性” 一词，却将作者的“智力创造”(intellectual creations)成果作为保护对象②。由此可见，“额头流汗”标准与《伯尔尼公约》的要求相违背。如今，英美法系中已经有很多国家放弃了“额头流汗”标准。而在大陆法系国家，独创性不但要求作品是通过独立创作的，还要求创作必须具备一定的高度，具有智力创作的成分，不能仅凭“额头流汗”来判断。

2. 独创性中的“创”的含义

对于独创性而言，“独”和“创”是两个必不可少的条件。如前面所述，“独”是指独立创作，源于本人。“独”是创作出原本没有的东西，或者在原有成果的基础上创造出新的东西。因此，“独”可以理解为一种“有和无”的判断，即对“量”的判断③。只要作者创作出原本没有的东西或者在原有成果基础上创造的新劳动成果与原有的成果存在实质区别，那么就满足独立创作的条件，符合“独”的要求。而独创性中的“创”是指作品必须是智力创作成果，是一种“高与低”的判断，即对“质”的要求④。“独”和“创”是独创性必不可少的条件，也是构成作品的必备要件。有时候，一项劳动成果满足独立创作的条件，但是没有达到一定的创作高度，那么也不符合独创性的要求，不能成为受著作权法保护的作品。最高人民法院在相关案例中也指出：“《著作权法》保护的具有独创性的作品必须同时符合‘独立创作’和‘具有最低限度创造性’两个方面的条件才可能成为《著作权法》意义上的作品。受《著作权法》保护的作品不仅要求独立完成，还需达到一定水准的智力创造高度，智力创造性能够体现作者独特的智力判断与选择、展示作者的个性并达到一定创作高度要求，‘独’与‘创’缺一不可。”⑤

著作权与专利权都是知识产权的重要组成部分，独创性是构成作品的要件之一，创造性是发明获得专利权的不可或缺的条件。创造性要求创作成果比原有技术先进，而独创性中的“创”只要求具有一定智力成分。

独创性中的“创”对作品的长度是有一定要求的。作品是作者对感情和美感的一种表达，如果一种表达缺乏最起码的长度，仅仅是个别字词之间的简单组合，不但很难符合

① 王迁：《知识产权法教程》(第七版)，中国人民大学出版社 2021 年版，第 61 页。

② 参见《伯尔尼公约》(1971 年巴黎文本)第 2 条第 5 款。

③ 王迁：《知识产权法教程》(第七版)，中国人民大学出版社 2021 年版，第 66 页。

④ 王迁：《知识产权法教程》(第七版)，中国人民大学出版社 2021 年版，第 66 页。

⑤ 参见最高人民法院〔2012〕知行字第 38 号行政判决书。

“独”的要求，也难以表达作者的感情①。此时，字词的简单组合很难满足独创性中的“创”的要求。例如，随着信息网络的快速发展，网络流行语在互联网上出现得越来越多，这些词汇之前从未出现过，如果不是冲浪达人或者通过百度查询，很多人都不知道具体意思，那么这些网络热词是否构成作品呢？毫无疑问，这些新鲜词汇的诞生存在智力劳动，但并不是所有的智力成果都可以成为作品受到著作权保护，这些文字作品需要满足一定的长度要求。

此外，关于独创性中“创”的高度问题，英美法系国家对“创”的高度要求远远低于大陆法系国家。美国联邦最高法院在 Feist 案中指出：“独创性中创造性的要求是极端低的，即使是一点点也足够了②。”美国版权法学者尼摩尔也认为：“即使是由最普通和陈腐的独立努力的结果都可能受到版权保护，只要这种独立努力不是微不足道的③。”以照片为例，由于摄影不可避免地会涉及个性化的选择与判断，英美法系国家普遍认为：只要照片不是完全由机器自动拍摄的，以及不是纯粹翻拍他人的照片，都是符合“独创性”的作品④。

大陆法系国家对独创性的要求比英美法系国家高，因此，某些劳动成果在英美法系国家可以受到保护，但是在大陆法系国家却不一定受到保护。此时，在大陆法系国家，只能通过邻接权对这些劳动成果进行保护。德国著作权法专家雷炳德指出：“创作必须更多地属于在自己的作品类型领域比人们所期待的普通的智力劳动能带来更多的活动。”⑤同样以照片为例，德国著作权法是区别“摄影作品”与“照片”的，只有表达了摄影师的艺术观点与创造力的照片才会被认为属于摄影作品，而那些业余爱好者们所摄制的照片，以及在企业中如应付公事制作出来的照片由于“创造性”较低，并不能作为摄影作品受到狭义著作权法保护，而只能作为作品之外的其他客体受到有关邻接权的规定的保护⑥。我国《著作权法》中没有明确规定独创性高度的问题，只规定了具有独创性是构成作品的必要条件，且是受到著作权法保护的核心要件。英美法系和大陆法系同时被我国著作权法借鉴，由于在立法层面对独创性标准的判定一直缺乏，以至于在实践中判断标准也无法统一⑦。

三、独创性理论与侵权认定

独创性是劳动成果成为作品受到著作权法保护的前提条件，被诉侵权作品具有独创性一般不影响对其进行侵权认定。实践中，一种成果具有独创性不能成为被告在侵权诉讼中的抗辩理由，其完全可能既构成作品又侵犯他人的著作权，故而具有独创性不能成为认定作品是否侵权的标准⑧。例如，一位导演把某小说拍摄成电影，把小说的情节完整展现出

① 王迁：《知识产权法教程》(第七版)，中国人民大学出版社 2021 年版，第 73 页。

② Feist Publications v. Rural Telephone Service, 499 U. S. 340, at 345(1991).

③ Melvile B. Nimmer & David Nimmer, Nimmer on Copyright, Matthew Bender & Company Inc., 2003, p. 2.

④ Burrow-Giles Lithographic Co. v. Sarony, 111 U. S. 53(1884).

⑤ 雷炳德：《著作权法》，张恩民译，法律出版社 2004 年版，第 117 页。

⑥ 雷炳德：《著作权法》，张恩民译，法律出版社 2004 年版。

⑦ 姜颖：《作品独创性判定标准的比较研究》，载《知识产权》2004 年第 3 期。

⑧ 王迁：《知识产权法教程》(第七版)，中国人民大学出版社 2021 年版，第 80 页。

来，无疑具有独创性，但是未经小说作者许可就将电影上映，必然会侵犯小说作者的著作权。如果一名画家未经小说作者同意把该小说改编为漫画并出版，也同样侵犯了小说作者的著作权。美国著名版权法专家保罗·戈斯汀对此评论说："如果后来的作者实质性地重组了济慈的《希腊古瓮颂》，他对新的排列有权主张版权。如果后来的作者用他自己的语言对济慈的颂歌做了实质性的言辞变换，那么他对自己完整的诗篇也有权主张版权。然而，独创性和侵权判定却是两回事。对早先作品的言辞变换或许可以符合独创性，但对避免侵权而言却往往并不足够。对在先作品新内容的添加，尽管可以支持独创性，但却不能免除侵权责任承担。"①

对于侵权作品的判定，国际上有个公认的侵权判定公式：接触+实质性相似。简单来说就是，如果被控侵权人曾经接触过权利人作品，并且被控告的侵权作品与权利人作品构成实质性相似，那么除非有法定的抗辩理由，否则被控侵权人会被认定为侵权。关于具体侵犯了权利人哪种权利，需要通过个案分析。

独创性虽然不能成为认定作品是否侵权的标准，但可以作为侵权权项的判断基准。假设与权利人作品相比，被控侵权作品不具有独创性，那么该被控侵权作品只能是权利人作品的复制品，此时侵犯的是权利人的复制权。反之，如果被控侵权作品具有独创性，那么该被控侵权作品可能是权利人作品的演绎作品，此时会侵犯权利人的演绎权。上文中提到的，一位导演把某小说拍摄成电影，但是未经小说作者许可就将电影上映，侵犯的是小说作者的摄制权。同样，画家未经小说作者同意把小说改编为漫画并出版，侵犯的专有权利是改编权。

第三节　著作权的权利客体

一、作品的概念

著作权的权利客体，通俗地讲就是受《著作权法》保护的对象，著作权保护的对象又被称为作品，是著作权法的核心概念。《汉语大词典》对"作品"的解释为"文学艺术创作的成品"。作品是他人经过创作后，通过一定的文字、艺术等形式所呈现的成果，这种成果应当能够被他人客观地阅读、欣赏和感知。为了鼓励他人进行创作，保护他人的智力成果，法律规定了著作权。

最新修改的《中华人民共和国著作权法》第 3 条对"作品"所下的定义："本法所称的作品，是指文学、艺术和科学领域内具有独创性并能以一定形式表现的智力成果。"根据《著作权法》对"作品"的定义，作品应当具备以下三个基本特征：一是作品必须有一定的表现形式；二是作品应当具有独创性；三是作品应当属于文学、艺术和科学领域。

① Paul Goldstein, Goldstein on Copyright (Third Edition), Published by Aspen Publishers, 2008, pp. 9-10.

（一）作品必须有一定的表现形式

2020年修订的《著作权法》首次使用“能以一定形式表现”的文字表述，从法律层面明确作品的定义，更加深刻体现了《著作权法》只保护表达，不保护思想的原则。“能以一定形式表现”，顾名思义，所创作的智力成果必须具有外在表现性。作品应当是思想或情感的表达，就创作而言，思想和情感属于主观层面，表达属于客观层面。文学、艺术和科学作品的创作就是一个从主观到客观的过程，最后所呈现的成果必须以一定形式表现，为他人所感知、阅读或欣赏。无论主观层面的思想或者情感处于构思阶段，还是仅存于他人的思绪中，这些都是属于无形的，不能被人所感知、侵害的，无形的思想不受保护。作品的实质是表达，必须借助特定的形式进行表达才能获得“可感知性”。思想者必须借助物质媒介，例如文字、声音、符号等，将思想和情感以一定形式表现出来，把主观转为客观，将无形的思想感情化为外在的有形形式。例如，一位作家已经在脑海中构思出一篇精彩的文章，只有当作者将他脑海中构思的文章通过口述、写作等其他方式外在化，形成了可供他人理解、欣赏的文章、演讲时，这篇文章才能成为作品。

作品中抽象的思想本身是不受著作权保护的，只有对思维的具体表现才受到保护，即著作权“思想表达二分法”。通过各种形态所体现出的思想不能成为作品，否则造成思想垄断，人们无法正常创作，限制创新。如作品中以“皇室争夺”“仇敌相爱”为题材和情节，这些都仅是“思想”而已，不能作为作品中的“表现”，前人所创造的梁山伯和祝英台的故事情节，并不能阻止后世人再以家庭宿怨和忠贞爱恋相互交织的题材来撰写小说。而只要小说中的重要角色设置以及人物相互之间的关联演绎存在特定的独创性，都可以归类为“表达”，受著作权法保护。如颇具影响力的陈喆（琼瑶）诉于正案中，琼瑶的《梅花烙》与于正的《宫锁连城》，在重要逻辑的枢纽性桥段、人物设定以及特定情节串联等方面，法院认定有14处构成“实质性相似”，因此判定于正侵害了琼瑶小说的改编权①。

（二）作品应当具有独创性

独创性标准首先要求作品系作者自己完成，属于创造而不是抄袭。著作权法允许作品之间存在偶合的情况。如果二位作家的确是相互独立地写作了小说，但由于巧合两部作品存在相同或相似，不影响作品的独创性，可以各自产生独立的著作权。这一点和通常实行在先申报原则的工业产权有所不同，因为创作者不必对在先产品加以检索，而只要本人没有抄袭他人且是自己的创造，即取得了版权。这是关于作品独创性的概述，本书前文已对著作权的独创性进行了详细阐述，这里不再赘述。

（三）作品应当属于文学、艺术和科学领域

作品必须是文学、艺术和科学领域的智力成果。作品的表现形式多种多样，例如文字、画面、雕塑等，但也不是所有能以一定形式表现出来的智力成果都能构成著作权法意

① 参见一审北京市第三中级人民法院〔2014〕三中民初字第7916号民事判决书；二审北京市高级人民法院〔2015〕高民（知）终字第1039号民事判决书。

义上的作品。《著作权法》将作品限定在文学、艺术和科学领域，实际上是要求作品在表达思想或者情感时，应当具有一定美感、可欣赏性。除此之外的创作或表达形式不能成为法律保护的对象。比如竞技体操活动，不管其动作是否为世界首创，都不属于文学艺术和科学领域范畴，不能构成著作权意义上的作品，不能受到著作权法保护。当然，在竞技体育活动中蕴藏了各种体育技巧，如在一些精彩的比赛过程中，跳水选手在高空翻滚的弧线、体操选手行云流水的动作等，观者有时从中也可以得到美的体验，但这种美是在同时展现人体能力和竞赛技巧过程中所附带产生的，无法和竞赛技巧分开，因此亦无法获得著作权法保护。

典型案例 2-1

第九套广播体操案

我国体育总局创编了第九套广播体操，并将“制作、印刷、发布和信息传播权独家赠予了中国体育报业总社(人民体育运动出版社)”。某家影音公司所发行的第九套广播体操的示范课程 DVD，内容分为全套正面示范、分解的教学示范、全套背面演示等 10 段影像。中国体育报业总社起诉该音像公司侵犯著作权。

法院认为：广播体操是一项具备锻炼作用的运动项目，由屈伸、举振、转体、平衡、跳跃等各种基本的身体运动所构成，但和同样涉及身体运动的舞剧作品有所不同，它并不是利用运动表达思想、感情，而是利用身体运动所带来的运动冲击来增强对身体各关节的敏感性，从而增强大肌群的运动能力等，总之，广播体操的运动内容只有强身健体的功能，并没有对思维、情感的表现，故既不表现文学艺术之美，也不表现自然科学之美，故不能构成在文化、艺术和自然科学范围内的智力成果。运动是一项带有特殊功效的人体锻炼活动，包括一组连续的肢体动作，当这一组动作依照规定的方法进行时，就形成一定的体育锻炼功效。所以，广播体操实质上属于某种健身方式、步骤或程式，但并非著作权法所保障的创作。①

法院的判决体现了《著作权法》对作品的界定。第九套广播体操的动作设计或对已有动作的选择和编排是独立完成的，也属于智力成果，但并非所有“独创”的成果都是作品。广播体操与舞蹈不同，舞蹈动作设计的目的在于展示艺术美感和表达思想、情感，健身只是附带的效果。而广播体操动作设计首先要达到强身健体的实用效果，不是为了展示艺术美感和表达思想、情感，其作为一种健身方法，故被排除出著作权法的保护范围。

二、著作权法保护的作品类型

著作权保护的对象是文学艺术作品，我国《著作权法》第 3 条以表达形式为区分，详细列举了八类作品类型以及一项兜底条款。

---

① 参见北京市西城区人民法院〔2012〕西民初字第 14070 号民事判决书。

（一）文字作品

文字是人类用语言符号或代号进行视觉交际的系统，是人类历史最重要的文明成果之一。同时，文字也是表达人们思维方式和沟通感情的最主要手段，既可以跨越空间，使两个地域的人交流沟通，也可以突破时间，能够让今天的我们知晓过去的故事。

通常，文字作品是指通过小说、诗歌、散文、论文等以文字形式表现的作品①。但文字作品并不同于文学作品，因为文字作品的范畴远比文学作品的范畴更广。而文学作品之外富有原创性的文章依然属于文字作品，比如理工科领域的研究论文等。此外，文学作品也不仅仅是包含着用世界各国语言写成的文学作品，也包含用数学、符号表达的文学作品。尽管中国《著作权法》把计算机软件独立界定为一种作品，但国际上有观点认为计算机软件属于文字作品范畴。因为所有计算机软件都是以编程语言作为表达工具，在其中，源代码是指程序设计者可以使用的编程语言，而目标程序则是指可以被计算机所读写的编程语言。同理，盲文也是文字作品。

（二）口述作品

口述作品也称为口头作品，是指即兴的演说、授课、法庭辩论等以口头语言形式表现的作品②。口述创作和以口头形式表达创作全然不同。口述创作的关键，在于它是在演讲等社会活动中通过即兴创作而形成的，在以演讲等口述方法创造作品之前，作品并不存在。假如在演讲、讲座或者法庭辩护时，事前预备好演讲稿开始讲演，演讲稿是具有原创性的书面创作，而按照演讲稿来讲授是这种书面创作的表现，演讲中并没有创造出新作品，而只是对已有作品的表演。

另外，《著作权法实施条例》列举了“演说、授课、法庭辩论”三种典型的口述作品。任何受著作权法保护的作品都必须符合独创性要求。日常生活中的口头交际，简单如“今天天气真好”“好好学习天天向上”等，一般为生活中重复的表达，无法达到独创性要求。只有当口头表述达到一定长度和复杂程度时，才有可能展现出个人的思想或个性。“演说、授课、法庭辩论”等呈现形式，都无法用简单或者简短的口述完成，只有当口头表述成为一个整体，能够完整表达作者的思想情感并反映作者的个性时，才可能构成口述作品。

（三）音乐、戏剧、曲艺、舞蹈、杂技艺术作品

1. 音乐作品

音乐作品的核心是旋律、音调的组合等。旋律是音乐作品独创性的最主要来源，音乐最主要的魅力和诱人的力量就在旋律之中。《著作权法实施条例》规定，音乐作品是指歌曲、交响乐等能够演唱或者演奏的带词或者不带词的作品③。没有词的曲可以构成音乐作

① 参见《著作权法实施条例》第 4 条第 1 项。

② 参见《著作权法实施条例》第 4 条第 2 项。

③ 参见《著作权法实施条例》第 4 条第 3 项。

品，但没有曲的词只能是文字作品。带词的作品往往和文学作品之间在创作形式上存在着某种交叉，由于歌曲本来便是书面创作，甚至有的作品直接就采用了既有的文字作品，比如影视剧《知否知否，应是绿肥红瘦》里的主题曲《知否》的唱词，就以宋代词人李清照《如梦令·昨夜雨疏风骤》的内容作词。必须说明的是，不管作为歌曲，或是作为小说，歌曲受著作权法的保护都是一样的。另外，音乐作品也可以用即兴方式表现，曲谱记录形式并非音乐作品的前置条件，音乐作品也可以在即兴演奏完后诞生。因此，同样也存在没有曲谱的音乐作品。

2. 戏剧作品

《著作权法实施条例》界定的戏剧作品，是指话剧、歌剧、地方戏等供舞台演出的作品①。戏剧作品要通过演员在舞台上精彩的表演将故事展现在观众面前。霍姆斯大法官曾指出：戏剧是我们看到的活的故事和事件。对戏剧小说的演绎一般分为叙述、对话等类型，但不能仅仅有叙述而没有其他任何可以被称为“表演”的行为。因为单纯文字叙述无异于即兴创作文字作品或对已有文字作品的表演，而与表演“活的故事”无关。

对于究竟哪些才是“戏剧作品”，法律界和文艺界人士有不同的认识。部分法律界人士认为话剧作品指的是戏剧，而文艺界人士则认为话剧作品是一种通过舞台形式所产生的艺术综合作品，即“一整台戏”。因此，首先必须注意的是，在文艺理论中的“戏剧作品”与著作权法上的“戏剧作品”具有相当差异。在文艺界人士眼里，剧本应当是由多种人，如剧本作者、编导、演员、灯光师、化妆师、舞蹈设计师等，创造性地创作或劳动的综合产品。而在著作权法上，需要通过区分不同人、不同性质的劳动，来确定什么劳动成果才能得到保护，以及归入哪一种类型的作品。演员在舞台上的表演虽然非常关键，但演员只能作为戏剧作品的表演者享有表演者权，而非狭义的著作权。灯光师和化妆师虽然辛苦，但其付出的是技术性而非智力创造性劳动，不可能符合独创性的要求，因此在著作权法上并不能享受任何权利。同样，按剧本的描述或要求对舞台场景加以布置，也并非创作作品的智力劳动，相关人员也不能在著作权法上享有权利。单纯的舞蹈设计如果无法使观众欣赏到“活的故事”，只能作为舞蹈作品而非戏剧作品受到保护。

所以，著作权法意义上的“剧本创作”与戏台上演的“一整台戏”存在差别。在被演出的艺术作品本体上，戏剧作品往往是借助于由对话、旁白、配词等所组成的戏剧形式进行表达的。不同的表演小组可能在不同的时期和场所上演过这些戏剧作品，但不管上演了多少遍，所上演的戏剧作品永远只是一个。如曹禺的《雷雨》、老舍的《茶馆》、莎士比亚的《罗密欧与朱丽叶》等，都是话剧作品。当然，并不能绝对地将戏剧作品与写出来的剧本画等号，因为有时戏剧不需要，甚至不能够通过剧本来加以表现。比如，一个戏剧大师对创作的一部简短戏剧熟记于心，对于场景如何布置，故事如何开始、发展、达到高潮和结局，以及演员应当有怎样的表情、动作和对话，都心中有数，不需要通过文字记载下来，由其指导表演人员在舞台上表演该戏剧。此作品仍然为著作权法上的戏剧作品（但此类较为罕见）。再如，哑剧，主要通过动作、神态和表情来表现，较难用文字记载。而哑剧只要得以表演，即使没有写好的剧本，也是戏剧作品。

① 参见《著作权法实施条例》第4条第4项。

3. 曲艺作品

曲艺作品也被称为说唱艺术，是我国传统艺术形式。目前中国曲艺的品种有四百余种，内容大致包括中国相声、数来宝、快板、评书、琴书等。我国《著作权法实施条例》对曲艺作品的定义：以相声、快书、大鼓、评书等以说唱为主要形式表演的作品①。

有学者质疑“曲艺作品”单独作为作品类型的意义，认为曲艺作品是通过书面方式创作，再由演员在舞台上进行表演。在这种情形下，以“文字作品”就可以保护这一类艺术作品的版权，表演者也就拥有了表演者权利。即便是表演者在舞台上对作品进行即兴的改编、创作，也能构成“口述作品”，甚至加入乐器等演奏形式，也可以作为文字作品、口述作品与音乐作品的结合。而将这类作品单列出来，却没有得到任何特殊的著作权法保护，这种分类的意义和价值值得怀疑。

但是，曲艺作品是我国独有的传统艺术表演形式。以相声为例，传统的相声是在老艺人们即兴编词，当场抓梗，琢磨出一个段子、一块活的基础上，在每天的表演中不断丰富完善而形成的。相声的传承是靠师徒口传心授，因此，一段相声几代人传下来，已经很难找到最初的创作者，也更谈不上对创作者权利的保护。行业内并没有形成对相声创作者知识产权的保护意识。久而久之，曲艺类作品的创作者因为经济收入入不敷出，创作热情减弱，为了生计不得不“另谋出路”。在此背景下，保护曲艺作品十分必要。

我国传统相声、数来宝、快板、琴书等以说唱艺术为主要表现形式的，均被归为“曲艺作品”范畴。针对质疑，应当从曲艺作品的精髓来理解。以相声为例，其精髓在于“包袱”，对“包袱”的酝酿、铺垫可以不尽相同，但最终抖响的“包袱”往往就是那一句话或者几个字。而“文字作品”中的一句话或者几个字的雷同，恐怕很难算是抄袭、侵权。因此，“曲艺作品”在表达形式上有其特殊性。

4. 舞蹈作品

舞蹈作品是指通过连续的动作、姿态、表情等表现思想情感的作品②。因此，舞蹈创作就是利用舞蹈家的肢体动作表达出思想的艺术作品。但舞蹈创作并不仅仅指舞者在舞台上的动作表现，而是泛指对被表现的舞者动作的艺术设计。舞蹈作品的表现形式可以多种多样，可以用文字描述，也可以用动作标记下来或者是绘图、录制等方式。当然，舞蹈作品被编舞者熟记于心，即使没有通过上述任一方式记录下来，却能够由自己或者指导他人表演，也能受到著作权法的保护。

5. 杂技艺术作品

根据《著作权法实施条例》的解释，杂技艺术作品是指杂技、魔术、马戏等通过形体动作和技巧表现的作品③。杂技包含蹬技、手技、顶技、踩技、口技、车技、拳术、爬杆、走索以至各类民俗杂耍等，往往也把戏法、幻术、驯兽包含在内。杂技技术作品也是我国所特有的一类作品类型。

---

① 参见《著作权法实施条例》第4条第5项。

② 参见《著作权法实施条例》第4条第6项。

③ 参见《著作权法实施条例》第4条第7项。

（四）美术、建筑作品

1. 美术作品

美术作品是指绘画、书法、雕塑等以线条、色彩或者其他方式构成的有审美意义的平面或者立体的造型艺术作品①。美术作品表现形态并不仅仅包含平面美术，如水墨画、素描、绘画等，还包含各类立体形态的雕刻、雕塑作品，如用木雕等不同材质所创造出来的立体形象。我们所在的三维世界，任何物品都具备长、宽、高三个维度。平面艺术作品就是指只需借助于两个维度，也就是长度和宽度就可以表达、展现的艺术作品，比如艺术家在完成一幅画作时，只需用纸张的两个维度（长度和宽度）就可以表达该幅画作，而不需借助于纸张的第三个维度。立体美术作品则是指具有了长、宽、高三种维度的载体，并且需要通过三个维度来展现。

以引起争议的“音乐喷泉案”为例，音乐喷泉是否构成美术作品，存在着不同的答案。该案的原告方认为，其设定了配合音符、光线与色彩而舞动的喷泉，该喷泉在与某些乐器配合下所产生的喷射艺术效应，是具有独特的视觉效果的，应当受到保护。二审法院指出：法律中对“美术创作”规定的条件中“并非故意排斥动态的、维持期限较短的造型艺术表现”；“涉案音乐作品喷泉飞溅效应的表现是一个由美妙的声音、绚烂的光线、瑰丽的颜色、美艳的水型等包括曲线、颜色等的各种因素联合组成的动感立体”。《著作权法实施条例》中关于美术作品的概念中的“美术作品是平面或者立体的造型艺术创作”，“平面或者立体”这类限定词必然是有意义的，二审法院也是认识到了这点，其认为涉案音乐喷泉含有“水型三维立体形式”，符合“动态立体造型表现”，这是将水柱在高空喷出的瞬间形状当成了“立体绘画创作”。音乐喷泉，无论是水流的喷射、光线的映射，还是与音响的配合，都是稍纵即逝的，无法固定在物质载体上。有学者指出，二审法院误把是否存在“立体视觉效果”当作了区别平面文艺工作与立体美术作品的重要依据。②

2. 建筑作品

我国《著作权法实施条例》规定，建筑作品是指以建筑物或者构筑物形式表现的有审美意义的作品③。这一概念和国际上对建筑设计艺术作品的规定有所不同。世界知识产权组织对建筑设计艺术作品的释义是：建筑设计文学作品是艺术范畴内的一个建造建筑的作品。这种作品一般被理解为包括建筑效果图、草稿和模型，以及已完成的建筑设计。但依照我国现行法律，建筑作品仅指建筑物本身，而建筑图、建筑模型分别属于图形作品和模型作品。

建筑物和构筑物能够成为艺术品，得到著作权法保护的重要基础是其工艺审美能够自立于其实用功能，从而反映出其设计师的独特风格和艺术审美价值，如上海东方明珠塔、广州“小蛮腰”商业大厦、悉尼歌剧院等。这些建筑都因其别具一格的外形，给人以美的享受。没有原创性，也缺乏艺术美感的建筑物，无法称之为著作权法意义上的作品，例

① 参见《著作权法实施条例》第 4 条第 8 项。

② 参见王迁：《知识产权法教程》（第七版），中国人民大学出版社 2021 年版，第 113 页。

③ 参见《著作权法实施条例》第 4 条第 9 项。

如，常规的楼房或者临时搭建的工棚一般都不具有艺术美感，不能称之为建筑作品。另外，如果建筑作品的设计虽然具有一定的艺术美感，但该设计主要是出于功能性而不是美观性，亦不能称之为作品。

（五）摄影作品

摄影作品是指借助器械在感光材料或者其他介质上记录客观物体形象的艺术作品。①摄影本身就是一种科学技术，是记录事物影像的一种技术手段，是建立在机械、化学、光学等许多现代科技基础上的应用科学技术。在摄影创作中，根据创作人所能够运用光线的不同、角度的变换以及背景的选择，加之自身的理解而完成作品的拍摄，最终呈现的作品能够体现创作者具有独创性的选择、处理，就能构成摄影作品。如果图片的拍摄内容并不是摄影师对拍摄的场景和人物作出特殊设置的结果，那么摄影师就不能禁止别人使用对同一个场景和人物的摄影，而只能就其对该场景或人物的独创性表达——照片影像本身获得保护。比如第一位摄影师拍摄了模特的全身照，其他摄影师也可以自由地用同一位模特，独立地拍摄照片。

（六）视听作品

视听作品是指由一系列有伴音或无伴音的画面组成，并借助适当装置放映或者以其他方式传播的作品。"视听作品"一词给人的印象是此类作品必须能够被"听"见，但没有声音的连续画面，比如无声电影，也属于视听作品，而仅有声音没有连续画面的作品，则不属于视听作品。

2001 年修订的《著作权法》第 3 条第 6 项将"电影、电视、录像作品"修改为"电影作品和以类似摄制电影的方法创作的作品"。该界定来源于《伯尔尼公约》，由于《伯尔尼公约》的制定时间较早，尚未涉及数字化技术。现如今的视听作品已经不一定需要通过"摄制"方式产生，用电脑等技术就能合成。对作品的描述不应局限于作品创作过程，而应当注重作品的表达形式。实际上，《伯尔尼公约》所界定的"影视艺术作品和以此类摄制影片的方式表达的艺术作品"，正是为了适应技术发展，使某些创作过程有别于电影作品的视听表达也可以被纳入"类似电影的艺术作品"。伴随着技术的发展，《著作权法》于 2020 年修订时，以"视听作品"取代了"电影作品和以类似摄制电影的方法创作的作品。"

（七）图形作品和模型作品

1. 图形作品

图形作品是指"为施工、生产绘制的工程设计图、产品设计图，以及反映地理现象、说明事物原理或者结构的地图、示意图等作品"。美术作品也主要以图画表现，其与图形作品存在着区别。图形作品多指工程设计图、商品设计图等，此时的绘图作品属于科学范畴，尽管带有某种美感和艺术性，其主要功用还是在于其实用价值，例如建筑工程设计图

① 参见《著作权法实施条例》第 4 条第 10 项。

和商品设计图可以用来构造富有实用价值的建筑工程或商品，而地图和示意图可以供公众认识地理现状或事实原理和构造，但美术作品则完全归属于艺术范畴，主要功用在于美学上的体验。

著作权法对图形作品的保护主要在于其艺术美感，而非其实用价值。所以，不管工程设计图或者产品设计图所反映的工艺方法是超前或者滞后，所对应的工程设计方法或者产品质量是优良或者低劣，都不能改变设计图作为创作成果的作品价值。而建筑设计图之所以能构成作品，与其设计方案以及与其对具体的建筑工程和产品的设计应用并无直接关系。而是因为，由点、线、面以及各种几何图形所构成的工程设计与商品建筑效果图，承载了在设计师眼中严密、细致、简约、平衡与对称的设计之美。因此，中国《著作权法》把建筑设计图当成艺术作品进行保护仅仅是因为图形“看上去美”，而并非在于将其变成建筑或物品之后的美观或实用功能。

地图和示意图都是反映客观存在的地理事实，说明原理或结构的事物，给予地图和示意图以著作权法上保护的缘由在于以下因素：首先，不同的地图绘制者所选取绘制的对象、地点可能不同，地图上所要标注和突出的重点也完全取决于绘图者，比如美食地图会侧重于标注街道上的美食店，购物地图会更倾向于在地图上标注购物中心等，旅游地图则会更多标注文化古迹、历史景点等。其次，在绘制地图时绘制者也会使用不同的标注和绘制方式，比如对某些地点的标注方式是选用文字还是图案，都能反映出绘制者个人对图形色彩搭配的美学观念。同理，示意图也是如此，示意图也包含着绘制者个性化的选择、取舍和处理。虽然绘制者不能改变应当反映的客观事实，但在如何反映这个客观事实上，绘制者具有创作、选择的空间。因此，地图和示意图都能成为作品。

2. 模型作品

模型作品是指为展示、试验或者观测等用途，根据物体的形状和结构，按照一定比例制成的立体作品。我们生活中常见的模型，包括汽车模型、玩偶模型等按照比例精确缩小的模型，会被误认为“模型作品”。但实际上如果仅仅根据某种比例对实体加以扩大、缩小或原尺寸制作的模型，仅为该实体的复制品，并不具有独创性，也不能区别于原物，无论此类模型的制作是机械的复制过程还是需要高超的技巧，都不属于“模型作品”。另外还要注意模型作品的用途，有些模型在形式上与原物有着明显区别，比如按照人像比例做成的雕塑，雕像的脸部造型就通过制作者的创意，形成了嘲讽、搞笑的视觉效果；又比如以波音客机为基础而制成的儿童玩具，这类玩具并不是客机的精确缩小版本，而是为了符合孩子的审美心理，对客机各个组成部分的造型进行了重新创造的美术处理。虽然这些模型具有一定原创性，但由于其主要作用并非“为展示、试验或者观察等用途”而制作的，因此属于立体艺术作品，而并非模型作品。

《著作权法》所规定的“模型作品”，源于《伯尔尼公约》第 2 条第 1 款“与地理、地形、建筑或科学有关的设计图、草图及造型作品”，也就是“科学模型”。例如，为了向学生介绍人类结构和山川构成所作出的建模，以及地形地貌模拟图等。在制作此类模型时，为了达到教学效果，通常不会精确地按照实物进行等比例缩小，而是在不违反科学性的前提下在造型和色彩等方面进行适度夸张和改变，从而使其具备了独创性。

(八)计算机软件

根据《计算机软件保护条例》第 2 条和第 3 条的规定，计算机软件“是指计算机程序及其有关文档”。计算机系统程式，是指为获取特定结果而能够由电子计算机等具备数据处理能力的设备所进行的代码化命令序列，或者说能够被自动地转换成代码化命令序列中的字符化命令序列，或是字符化语言系列。一个计算机系统程式的源程序与实现过程都是同一个工作。文件，是指用于阐明文档的内涵、构造、设置、功能规格、开发情况、试验成果和应用方案等的文本资料和图纸等，如程序设计说明书、设计流程图、应用指南等。文档与一般的文字作品没有区别。由于计算机程序有特定的符号特性，在格式上和文字产品相同，许多国家将计算机程序归为文字产品。TRIPs 协议第 10 条之一规定：“无论以源代码或以目标代码表达的计算机程序，均应作为《伯尔尼公约》1971 年文本所指的文字作品给予保护。”因此，如果立法规定了文字作品，就必须将计算机程序视为文字作品而加以保护，无须再单独立法。但这并不妨碍成员国在文字作品之外，把计算机程序作为独立的作品类型。我国《著作权法》把计算机软件单列为一种作品，并制定了专门的《计算机软件保护条例》。当然，从理论上来说，计算机程序并没有以自身的符号形态迎合人类的审美或求知需要，而只是通过指示计算机的实际操作满足人类要求的效果，计算机程序是否适于作为著作权的对象，依然存在争议。

(九)符合作品特征的其他智力成果

“符合作品特征的其他智力成果”是指 2020 年修订的《著作权法》第 3 条所规定的兜底性作品形式。在法律没有明确规定的前提下，此类作品可以在司法审判个案中，依照具体情况认定。但究竟哪些智力成果“符合作品的特征”，恐难达成共识。人类的智慧成果丰富多彩，法律仅列举了其中一部分可保护的作品。故在作品类型上，留下了司法适用的空间。

三、不受著作权法保护的对象

我国《著作权法》列举了不受著作权法保护的对象。这些对象中，有些是不符合作品构成要件，有些虽符合作品构成要件，但基于社会公共利益或者其他的考量，不宜给予著作权保护。

(一)不适宜给予著作权保护的对象

《著作权法》对于虽然具备了构成作品的条件，但为了国家或者公众的利益，规定了两类不予保护的对象。

其一是法律、法规、国家机关的决议、命令和其他属于立法、行政、司法性质的文件及其官方正式译文。此类对象包括：宪法和各全国人大及其常设机构所颁布的法规，国务院政府机构为实施宪法和法律规定所制定的有普遍约束力的政府规章，地方各级国家权力机构、执行机关、人民法院、人民检察院所制定的议案、决定、命令、司法解释、决定和法律文书，以及经中央国家机关承认的上述文献的正式译本。这些正式文本虽然符合构成著作权的要求，但因为这些文本涉及社会公益，属于公有领域。因此，无法得到著作权法的保护。

其二是单纯事实消息。我国《著作权法》第 5 条第 2 项对此作了规定。单纯的客观事实无法得到著作权法保护，因为事实是客观存在的，一经出现不被独占。单纯的对客观事实消息的文字表达一般使用较简洁的语言，但如果在新闻中加入了文学创作，那么其原创性表达成分仍应受到著作权法的保护。

（二）欠缺作品实质要件的对象

此类对象符合创作的基本形式要件，但由于其表达形式具备唯一性，而不能构成著作权法意义上的作品，包括《著作权法》规定的历法、数表、通用图表和公式等。另外，对于作品发行传播的监管，2001 年修订的《著作权法》第 4 条第 1 款规定："依法禁止出版、传播的作品，不受本法保护。"但因我国《著作权法》第 4 条第 1 款违反《伯尔尼条约》和 TRIPs 协议的版权应该自动得到保障的条款，2010 年修订的《著作权法》在第 4 条规定："著作权人行使著作权，不得违反宪法和法律，不得损害公共利益。国家对作品的出版、传播依法进行监督管理。"对于限制或禁止传播的作品，依然享有著作权，但受到国家相关机构的依法监管。

第三章 专利法基础

【学习目标】

1. 掌握专利权授予范围及权利主体
2. 比较发明、实用新型和外观设计取得的实质条件
3. 了解专利申请、授权和确权程序
4. 掌握专利权的具体内容
5. 掌握专利侵权制度及法律责任

第一节 专利与专利权

一、专利制度的历史发展

专利最早出现于欧洲，其制度的构建是由于商人不满足当前的利益分配现状，为获取更多的利益而主张设立。据考证，专利萌芽于意大利南部的古都 Sybaris。当时 Sybaris 本地居民研究了一种烹调方法，这种方法被授予为期一年的独占使用权。① 1474 年 3 月 19 日，世界上最早的专利成文法——《发明人法规》由威尼斯共和国颁布。该法规规定："在本城市制造了以前从未制造过的、精巧的机械装置，经改善可以用于操作和使用的，应当向市政机关进行登记。登记过的机械装置，没有得到原发明人的许可，在 10 年之内不能够生产制造相同或者类似的机械装置。若发现有其他侵权制造人，本发明人有权利向本城市的机关告发，该机关可以责令侵权制造者作出 100 金币的赔偿，并且责令侵权人停止侵权销毁该装置。"

1594 年，意大利科学家伽利略发明了"扬水灌溉机"，并写信向国王请愿，称自己制作的灌溉机是通过简单方法和少量费用发明的，这种灌溉机非常便利，但是这种发明不适合成为全共和国所有人的财产，希望国王规定在接下来的 40 年或者在合理的时间内，不允许其他任何人对该灌溉机进行制造和使用。如果有人违反，希望国王考虑给予违反者一定数额的罚金，罚金的一部分归发明者本人所有。只有如此，才能够不打击发明者的创造热情，发明者才会更加投入地进行更多的生产创造。后来，伽利略获得了灌溉机长达 20 年的专利权，这项专利制度后来被威尼斯商人带到了其他欧洲国家。1623 年，英国颁布了专利法，其目的在于吸引特定行业的工人到英国，并为其设立一定的保护机制，规定了

---

① H. R. Mathys, Patents as a Source of Information, Aslib Proceedings, 1952, 4(2), pp. 69-74.

为工人授予的专利权以及专利权人的一系列完善的权利机制，这些早期的规定成为现代专利制度的雏形，对于日后专利制度的构建和发展产生了深远的影响，并发挥了极大的推动作用。①

工业革命使西方国家经济走在了世界前列，与此同时，专利制度也得以逐渐完善。我国未能赶上工业革命的浪潮，因此在专利制度的构建上也晚于西方工业国家。直到戊戌变法时期，清政府才意识到了发展科技的重要性，所以在技术和制度上学习西方国家的优秀成果，通过专利制度的构建来鼓励发明、鼓励创造。我国历史上出现的第一个专利是1882年由光绪皇帝批准郑观应等人创建的上海机器织布局的机器织布工艺，这项工艺被授予了10年的专有使用权。1898年，我国近代史上第一个有关专利的法规，由光绪皇帝亲自颁布，即《振兴工艺给奖章程》，但由于戊戌变法的失败，该章程也随之夭折。② 直到1912年由北洋政府工商部颁布《给奖工艺品暂行章程》，整个专利制度才真正形成。③ 1944年5月29日，南京国民政府公布的《专利法》，是我国历史上第一部正式的专利法，这部法律在我国台湾地区仍沿用至今。④

中华人民共和国成立以后，政务院在1950年颁布了新中国第一个关于保护发明和专利的规范性法律文件，即《保障发明权与专利权暂行条例》，这部条例明确规定了我国公民享有的有关专利权的内容等。改革开放后，国家高度重视知识产权的建设，展开了推进我国专利制度的一系列措施，国务院批准设立了专利局，并转发国家科委发布的《关于我国建立专利制度的请示报告》，要求各部门加快制定有关专利法的相关规章制度。《中华人民共和国专利法(草案)》由国务院发布并征询各部门地方意见，专利制度的建设在磕磕绊绊中不断进行。经过充分地征求意见⑤，《中华人民共和国专利法》经1984年3月12日第六届全国人民代表大会常务委员会第四次会议审议通过。这部法律的颁布标志着我国专利制度正式建立，为企业专利保护提供了强大的支撑和后盾。同时，《专利法》的颁布实施，还与国际相接轨，有利于开展交流与合作，吸引技术与人才，为国际贸易顺利展开提供制度支持。

自《专利法》颁行以来，知识产权法律制度在科技革新的背景下也在不断完善。然而在数字技术飞速发展的同时，知识产权也面临着诸多新挑战，如权利人维权成本变高、授权许可困难、侵权行为泛滥等。党中央国务院为贯彻落实知识产权强国建设，更是部署了一系列知识产权保护措施，把知识产权保护工作摆在更加突出的位置。党的十九届六中全会将“强化知识产权创造、保护、运用”写入《中共中央关于党的百年奋斗重大成就和历史经验的决议》。党的二十大报告也强调了“加强知识产权法治保障，形成支持全面创新的

---

① 徐海燕：《近代专利制度的起源与建立》，载《科学文化评论》2010年第2期。

② 冯晓青、刘成军：《我国保护发明创造立法和政策文献分析——从〈振兴工艺给奖章程〉到〈中华人民共和国专利法〉》，载《南都学坛》2013年第33卷第1期。

③ 冯晓青、刘成军：《我国保护发明创造立法和政策文献分析——从〈振兴工艺给奖章程〉到〈中华人民共和国专利法〉》，载《南都学坛》2013年第33卷第1期。

④ 张尚策：《清朝末期对专利制度的两种意见》，载《知识产权》1996年第2期。

⑤ 参见《全国人民代表大会常务委员会关于修改〈中华人民共和国专利法〉的决定》，载《中华人民共和国全国人民代表大会常务委员会公报》2020年第五号。

基础制度"。党的纲领性文件为知识产权创造、运用、保护指明了前进的方向。

二、专利制度的目的

在汉语中，"专利"一词最早可见于《国语·周语上·芮良夫论荣夷公专利》中"荣公好专利，而不知大难"①，此处"专利"一词意指"独占财物、利益"。后见《颜氏家训·勉学》中的"人生小幼，精神专利"，其中"专利"则意为"专一而敏锐"。我国古代"专利"一词多有独占利益或品格专一之意。现代意义上的"专利"源于英文"patent"，是"letter patent"一词的缩写，是英国历史上国王对臣民授予包括发明创造在内的各种垄断权和特权的证书。"Patent"在汉语中更准确的对应词语应该是"专利权"。根据国内外主流观点，专利权是国家根据发明人或设计人的申请，以向社会公开发明创造的内容，以及发明创造对社会具有符合法律规定的利益为前提，根据法律程序在一定期限内授予发明人或设计人的一种排他性权利②，具有独占性、时间性和地域性。

日常生活中，专利一词有不同的含义：专利是专利权的简称，指依法定程序确认的专利权人对发明创造享有的专有权；专利也指专利权的证明文件，即专利证书，指记载授予发明创造内容的专利文献(保护内容)；专利是取得了专利权的发明创造，是具有独占权的技术，从而与其他非专利技术相区别。

(一)保护专利权人的合法权益

"专利制度是给天才之火添上利益之油。"我国《专利法》第 11 条第 1 款规定，"发明和实用新型专利权被授予后，除本法另有规定的以外，任何单位或者个人未经专利权人许可，都不得实施其专利"，即在专利权存续期间内，任何单位或者个人需经过专利权人的授权许可才能实施专利权人的专利。专利权人凭借技术创新获得市场竞争优势，为专利权人获得更多的经济利益，从而激励创新。同时，专利制度可以使发明人获得经济利益和精神褒奖，从而鼓励人们激发潜力，投身发明创造。

(二)推动发明创造积极广泛应用

我国《专利法》第 43 条规定："专利权人应当自被授予专利权的当年开始缴纳年费。"第 44 条规定，"没有按照规定缴纳年费的"为专利权终止情形之一，通过提高专利权维持成本促进权利人加快专利应用。同时，我国《专利法》第 53 ~ 56 条规定了强制许可情形，当出现滥用专利权、公共利益需要、公共健康目的、从属专利需要四种情形时，国家行政主管部门对相关专利可以强制许可他人实施，避免了对社会公众具有重大价值的专利被闲置。

(三)促进科技进步和经济社会发展

技术的进步是循序渐进的过程，专利制度可以不断地激发创新创造，通过推动发明创

---

① 闫文军：《专利法》，中国人民大学出版社 2022 年版，第 1 页。

② 王迁：《知识产权法教程》，中国人民大学出版社 2021 年版，第 8 页。

造的实际应用，从而使新技术替代原有技术，带动产业升级换代，以促进产业发展和经济社会进步。

三、专利权与其他类型知识产权的异同

（一）权利取得的途径不同

专利权需要发明人向国家行政机关提出申请，由行政机关审查并授权。著作权遵循“自动产生原则”，即一件作品一经创作完成则自动享有著作权，著作权登记仅作为登记者享有著作权的证明。商标权的取得可以通过使用商标获得，也可以通过商标注册取得，不过我国《商标法》中的“商标权”是注册意义上的商标权。

（二）权利取得的条件不同

专利权的取得以发明人向社会公开其发明创造为前提条件，而著作权不以权利人是否向公众发表其作品为权利取得的要件。通过注册取得商标权对于权利人是否公开商标没有要求，但是通过使用的方式取得商标权也需要权利人长期公开其商标。

（三）权利的客体不同

专利权的客体则包括发明、实用新型以及外观设计。著作权的客体是具有文艺或科学美感和独创性的智力成果①。而商标权的客体则是由文字、图形、字母、数字、三维标志、颜色组合和声音等要素形成的有区别功能的组合。

（四）权利的保护期限不同

我国《专利法》第 42 条规定：“发明专利权的期限为二十年，实用新型专利权的期限为十年，外观设计专利权的期限为十五年，均自申请日起计算。”著作权的保护期限要远长于专利权的保护期限，为著作权人终生及死亡后 50 年②。而注册商标的有效期为 10 年，有效期满需要继续使用的，商标注册人按照规定办理续展手续，每次续展注册的有效期为 10 年。

第二节　专利权授予范围

我国《专利法》第 2 条第 1 款规定：“本法所称的发明创造是指发明、实用新型和外观设计。”发明创造可以给予专利保护的形式包括三种，即发明、实用新型和外观设计。

一、发明

TRIPs 协议第 27 条第 1 款规定：“在遵守第 2 款和第 3 款规定的前提下，专利可授予

① 王迁：《知识产权法教程》，中国人民大学出版社 2021 年版，第 54 页。
② 此处所称的保护期限，不包括两种权利的权利人的人身权利，仅是财产权利的保护期限。

所有技术领域的任何发明，无论是产品还是方法。”同时，我国《专利法》第2条第2款规定：“发明，是指对产品、方法或者其改进所提出的新的技术方案。”《专利审查指南》对“技术方案”予以界定，即“对要解决的技术问题所采用的利用了自然规律的技术手段的集合，其能获得符合自然规律的技术效果”。因此，“发明”作为《专利法》所保护的客体，应同时满足以下要求。

（一）利用了自然规律且符合自然规律

发明必须利用自然规律或自然现象，违背自然规律的创造不是发明，例如永动机违背能量守恒定律，不受《专利法》保护。如果仅仅是发现自然规律则属于科学发现，也不受《专利法》保护。

典型案例 3-1

只有利用了自然规律的技术方案才可被授予专利

在李某诉国家知识产权局发明专利申请驳回复审行政纠纷一案中，李某向北京知识产权法院起诉请求判令撤销国家知识产权局作出的维持驳回发明申请的决议。

在本案中，李某申请的发明专利名称为“一种精神寄托树木委托种养服务方法及系统”，本发明的权利要求：“1. 本系统包括：“人树工程”App平台和“人树工程”PC端平台，平台语言是中英文两种文字。2. 所述林业企业展示模块在平台首页集中展示经过平台审核通过的、具有种植精神寄托树木条件和能力的林业企业。3. 所述林业企业空间模块，在平台上每个林业企业都有自己的网络空间，精神树木寄托人在平台首页点击该企业名称即可进入。4. 树木种养交易模块。5. 精神寄托人管理模块。6. 树木抚育人管理模块。7. 树木种养费存付模块。”

在本案的一审环节，北京知识产权法院认为：“首先，本专利解决的问题是一种服务，不属于专利法中规定的技术问题；流程和规则是根据人的主观意愿制定的人为规则，并未利用自然规律，不属于技术手段；最终达到的效果并非符合自然规律的技术效果。因此，本发明没有利用自然规律的技术手段解决技术问题，也未取得技术效果，故不构成《专利法》意义上的技术方案，亦不属于《专利法》第2条第2款保护的客体。”后李某不服一审判决向最高人民法院提起上诉，最高人民法院与北京知识产权法院持同样的观点，认为李某申请的发明专利仅仅是一种服务，并且其内容也只是人的主观制定的一种规则，既没有利用自然规律，也没有产生一种符合自然规律的技术效果。因此，最高人民法院驳回了李某的上诉，维持了北京知识产权法院的原判①。

在案例3-1中，李某借以申请的发明专利实质上应看作一种利用社会大众某种心理情感而构思而成的商业方案，既没有利用自然规律，其也无法产生符合自然规律的效果。而

① 参见中华人民共和国最高人民法院〔2021〕最高法知行终91号行政判决书。

发明应符合、利用自然规律，并能产生符合自然规律的技术效果，仅仅针对社会大众的某种心理情感产生的商业方案并不能成为《专利法》所保护的“发明”。

（二）发明是具体的技术方案

“技术方案”是为了解决某一技术问题的一系列技术手段的集合，并不能简单等同于“技术”，“技术”比“技术方案”更具体。只要某种方法或某种技巧能产生符合使用人预期的效果，这种方法或技巧就可以被称为“技术”，但其并不一定解决了某种技术问题。有时，甚至正是因为现有技术中存在不足，才会产生技术问题。

（三）能够被较为稳定地重复实施

“技术方案”要想成为专利，必须具备实施的稳定性。只要是具备该技术方案所属领域必要知识的主体，都可以依据该技术方案稳定地实现该技术方案所预期的技术效果。如果某种技术方案的实现，高度依赖于实施主体的个人心理素质和个人感受等主观因素，则不受《专利法》保护。

二、实用新型

我国《专利法》第2条第3款规定：“实用新型，是指对产品的形状、构造或者其结合所提出的适于实用的新的技术方案。”即产品的形状、构造或其结合能够解决技术问题。以图3-1为例，该实用新型专利是一种龙门式立体化自动车库。它包括立体停车库本体、移动机构、底座和控制器，立体停车库本体呈立体排列设于底座上，移动机构设于立体停车库本体的中间位置。本实用新型属于车库技术领域，具体提供了一种实用性高、操作简单、结构稳定、空间利用率高、存取车效率高、使用寿命较长、有效解决车辆停放拥挤问题的龙门式自动化立体车库。①

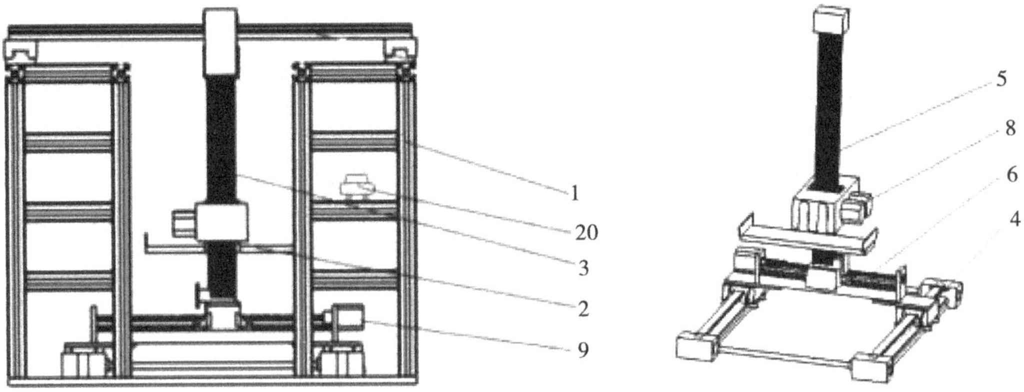

图3-1　一种龙门式立体化自动车库

① 专利公开号：CN208502365U。

实用新型专利与发明专利都是一种“技术方案”，但二者存在一定的差别。发明比实用新型的创造性要求更高，发明专利需要经过实质审查获得授权，实用新型则只需要形式审查即可获得授权。具体详见表 3-1。

表 3-1　**发明与实用新型的比较**

	发明	实用新型
保护范围	产品、方法	产品
审查程序	较高	便捷
保护水平	较高	较低
保护期限	20 年	10 年

三、外观设计

我国《专利法》第 2 条第 4 款规定：“外观设计，是指对产品的整体或者局部的形状、图案或者其结合以及色彩与形状、图案的结合所作出的富有美感并适于工业应用的新设计。”外观设计可以帮助产品在同类产品的竞争中更容易受到消费者的青睐，提高产品的附加值。TRIPs 协议第四节“工业设计”中，通过第 25 条、第 26 条两个条文对外观设计的保护作出了一定的要求。要成为我国《专利法》所保护的外观设计，应具备以下特点：

（一）是对色彩、形状、图案有美感的设计

外观设计可以是单纯的形状或者图案，也可以是色彩、形状、图案三要素两两结合或三者共同组合而成的设计。但是，外观设计不能仅仅只是颜色，否则容易导致先申请了单纯色彩外观设计专利的专利权人产生垄断效果，这显而易见是不公平的。

（二）以工业产品为载体依托

依据《专利法》的规定，脱离工业产品而进行的色彩、形状、图案的组合设计不能被视为外观设计，而应视为一般的美术作品，通过著作权的相关保护措施予以保护。同时，外观设计应是能够通过工业产品的批量化生产手段一并量产的外观设计，如果是通过特定的手工艺人获得的某种手工艺品，即便其最终以工业产品为载体，也不能视为外观设计，因为它无法通过工业手段进行批量化的生产。

（三）整体与局部都受到保护

《专利法》在第四次修正以前，我国《专利法》对工业产品局部的具有独特设计的外观设计不予保护，并且对于产品的不能单独使用且单独出售的零部件也不予保护。所以在过去，外观设计专利的申请都应以产品的整体外观作为权利申请的基础，局部的外观设计很可能因整体上属于现有设计而无法获得外观设计专利权。

但是，随着产品设计日趋精细化、个性化，生活中许多对于产品外观的改善，仅仅只

是产品局部特征的外观改善，比如杯盖、显示屏等。此时，如果不对局部的外观设计予以保护，那么许多能增加产品竞争力、区分产品用户群体、体现产品个性化特征的局部独特的外观设计则无法获得应有的保护。因此，许多国家都陆续修改立法，将符合条件的局部外观设计纳入了本国专利法体系的保护范畴。

我国在《专利法》第四次修正中进行调整，即申请人申请外观设计专利时，在用于说明要求保护范围的附图上，通过将希望获得保护的部分用实线表示，其余部分用虚线表示，即可将产品的某一部分单独申请外观设计专利保护。如图 3-2 所示，即为获得专利权的局部外观设计，该外观设计产品的名称为：移动电源(可收纳式局部)，其用途是用于给电子产品充电的移动电源及收纳①。

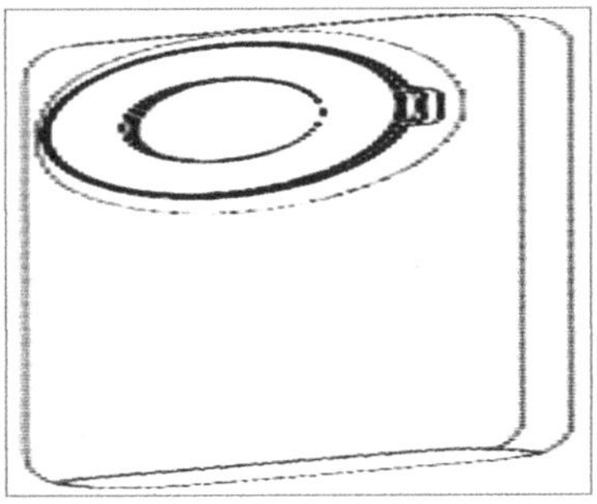

图 3-2　移动电源(可收纳式局部)

四、不授予专利权的客体类型

我国《专利法》第 5 条规定："对违反法律、社会公德或者妨害公共利益的发明创造，不授予专利权。对违反法律、行政法规的规定获取或者利用遗传资源，并依赖该遗传资源完成的发明创造，不授予专利权。"同时《专利法》第 25 条规定了不授予专利权的六种具体类型。

(一)违反法律、社会公德或者妨害公共利益的发明创造

此处"法律"是狭义的法律，仅仅指由全国人民代表大会或全国人民代表大会常务委员会制定及颁布的法律。"违反法律的发明创造"，是指该发明创造本身直接违反法律，而不能理解为该发明创造可以用作非法用途。比如，甲同时就发明 a 和外观设计 b 申请了两项专利，发明 a 是一种专用于制毒的工艺流程方法，外观设计 b 是一种包包的外观设计，甲设计的目的在于在包包内形成一个隐蔽空间用以运毒。此时，甲申请专利的发明 a 是一种专用于制毒的工艺流程方法，其本身就违反了我国《刑法》第 347 条的规定，因此对于发明 a，甲不能获得专利权。而针对外观设计 b，虽然甲的目的是用其所产生的包包

① 专利公开号：CN307026643S。

内的隐蔽空间运毒，但是这只是甲将其用在了违法犯罪的用途之上，这种外观设计本身并不违法，因此对于外观设计 b，甲某可以获得专利权。

社会公德是社会公众普遍认为正当并在一定范围内被广泛接受的伦理道德观念和行为准则，违反社会公德的发明创造，也不能获得专利权受到特殊的保护。公共利益是一定社会条件下或特定范围内不特定多数主体利益相一致的方面，如对环境的破坏、对公众健康的威胁等都是妨害公共利益的行为，会对社会不特定多数的主体的利益造成威胁，因此妨害公共利益的发明创造也不能获得专利权的保护。

典型案例 3-2

违反社会公德应以一定区域内规定与公知常识为认定标准

在城某诉国家知识产权局发明专利申请驳回复审行政纠纷一案中，中华人民共和国国家知识产权局专利复审委员会(简称专利复审委员会)对城某的“获得和维持易于在体外分化成少突胶质细胞谱系细胞的纯化或富集的哺乳动物神经干细胞群和/或神经祖细胞群的培养方法”的专利权于 2017 年 12 月 29 日作出的第 136341 号无效宣告请求审查决定，城某不服向北京知识产权法院提起诉讼。

城某就其专利是否违反社会公德部分辩称：根据专利审查指南的相关规定，在中国境内，涉及人胚胎的工业或商业目的的应用，是违反社会公德的，不能授予专利权。而个人产前期发展分为三个阶段：胚种期(0~2 周)、胚胎期(3~8 周)和胎儿期(9~38 周)。本申请所分离的细胞是从胎儿中获取的，而非胚胎，故本申请不涉及人体胚胎的工业或商业应用，也不存在专利复审委员会所述的违反社会公德的情形。

北京知识产权法院在该专利权是否违反了社会公德的认定部分认为：在中国境内，涉及人胚胎的工业或商业目的的应用，是违反社会公德的，是不能被授予专利权的。而专利复审委员会提交了《人体解剖与组织胚胎学》，该书系 2006 年公开出版发行的本领域专业书籍，该书中对于“人体胚胎”的定义可以作为本领域的公知常识。根据该书对胚胎的定义，从受精后的第 1 周到第 38 周，都属于胚胎学上的胚胎发育时期。本申请权利要求中涉及的人神经细胞，其是从人胎儿脊髓中获得的。根据本申请原申请文件记载的上述信息可以确认，本申请所述的人神经细胞的获得使用了人胚胎，且本申请的目的是在工业或商业上应用所述人神经细胞，因此，属于“人胚胎的工业或商业目的的应用”的情形，进而可以确定，其是违反中国境内社会公德的。①

案例 3-2 说明，在判断某一发明创造是否违反社会公德时，应充分考虑该地区对于社会公德的定义，并以一般的公知常识为认定标准。

(二)依赖以违法方式获取、利用的遗传资源完成的发明创造

我国《专利法》中所指的遗传资源，是指取自人体、动物、植物或者微生物等含有遗

① 参见北京知识产权法院〔2018〕京 73 行初 6088 号行政判决书。

传功能单位并具有实际或者潜在价值的材料。[1] 遗传资源关系到某一区域内的生存的物种的代际遗传，是基因安全的要素。遗传资源不仅包括人类的遗传资源，还包括我国国境范围内的一切其他生物的遗传资源。

(三)科学发现

科学发现是对自然界中可观存在的物质、现象、变化过程及其特性和规律的揭示。纯粹的科学发现并没有提出解决技术问题的技术方案，不能获得专利权。科学发现虽然不能获得专利权，但是科学发现是发明的重要基础，因为每一项新的科学发现，都会促使对其应用的研究。比如，磁铁具有磁性是一种科学发现，基于磁铁的磁性而制造的指南针则是一种发明。

(四)智力活动的规则和方法

智力活动是利用人类思维能力进行的推理、分析、判断等抽象的活动，智力活动的规则和方法是对智力活动起指导作用的规则和方法。它既没有对自然规律进行利用，其结果也没有产生基于自然规律的技术效果，因此不属于《专利法》所保护的对象。体育比赛规则、算术方法、游戏规则、语言语法、商业方法等都属于此类。

(五)疾病的诊断和治疗方法

疾病的诊断和治疗方法，是指以有生命的人体或者动物体为直接实施对象，进行识别、确定或者消除病因或病灶的过程。疾病的诊断和治疗方法不能获得专利权保护，是因为出于对人道主义和社会伦理的考虑，医生在诊断和治疗过程中应当有选择各种方法和条件的自由[2]。有学者认为，对待疾病的诊断和治疗方法，不能直接否定疾病治疗方法的可专利性，而应通过对专利限制制度、反垄断制度、社会保险制度等现有制度的利用和改进解决疾病治疗方法授予专利后出现的特殊问题[3]。

(六)动物和植物新品种

生命的基因变异与进化，是生命在自然界中为了适应环境而自然发生的。随着生命科学技术的发展，尤其是基因技术的发展，动物、植物能否被授予专利权这一过去无可争议的问题有了讨论的土壤。其涉及的不仅仅是单纯的法律规范的问题，还包括国家的整体的伦理观念与道德观念。

TRIPs 协议第 27 条第 3 款规定了两类成员国可不授予专利的客体。其中的 b 项作出了如下规定：“除微生物外的植物和动物，以及除非生物和微生物外的生产植物和动物的主要生物方法。但是，各成员应规定通过专利或一种有效的特殊制度或通过这两者的组合来保护植物品种。”即 TRIPs 协议对动物和植物新品种的可专利性也是抱持着慎重的态度，

---

① 参见《专利法实施细则》第 26 条。

② 参见《专利审查指南(2010)》第二部分第一章第 4.3 条。

③ 毛翔：《诊疗方法的可专利性研究》，载《科技与法律》2018 年第 3 期。

允许成员国对动物和植物新品种在本国内是否可授予专利作出各自的规定。我国《专利法》将动物和植物新品种排除出专利权的保护范围，同时，通过《植物新品种保护条例》对植物新品种予以保护。

值得注意的是，在动物和植物新品种本身之外，对于动物和植物新品种的生产方法，我国《专利法》做了"但书"规定，即动物和植物新品种的生产方法可以获得专利权的保护，是指非生物学的方法，而不是生物学的方法。区别非生物学的方法与生物学的方法，主要是看在该方法中人力的介入达到了何种程度，当人力的介入起到了控制作用或者决定性作用的时候，则该生产方法就不属于生物学的生产方法。比如通过苹果枝条嫁接在山梨上培育而出苹果梨，这一苹果梨的生产方法就不属于生物学的生产方法。

（七）原子核变换方法以及用原子核变换方法获得的物质

原子核变换方法，是指使一个或几个原子核经过分裂或聚合，形成一个或几个新原子核的过程，如实现核裂变的原子反应堆的方法。我国对"原子核变换方法以及用原子核变换方法获得的物质"获得专利权持否定态度，主要原因在于原子核变换方法以及用原子核变换方法获得的物质关系到国家、社会安全、国防利益等重大公共利益，即便是一段时间内的特殊保护也极为危险，不宜让私人或单位对其垄断，因此不能对其授予专利权。

（八）对平面印刷品的图案、色彩或者二者的结合作出的主要起标识作用的设计

平面印刷品主要是指平面包装袋、瓶贴、标贴等附着在产品上的印刷品。这类印刷品在 2008 年第三次《专利法》修正以前，是可以获得外观设计专利的保护的。但是，外观设计被允许获得专利的原因在于产品的外观设计对产品起到了装饰作用，同时外观设计可获得专利有利于促进产品自身外观的设计创新。

第三节　专利申请人与专利权人

在原始取得专利权的情形下，专利申请人即是专利权人，而专利申请人与专利权人一般是发明创造的创造人。但在此之外，还有一些专利申请权与专利权的归属的特殊情形。

一、职务发明创造

（一）职务发明创造的概念

我国《专利法》第 6 条第 1 款规定："执行本单位的任务或者主要是利用本单位的物质技术条件所完成的发明创造为职务发明创造。职务发明创造申请专利的权利属于该单位，申请被批准后，该单位为专利权人。该单位可以依法处置其职务发明创造申请专利的权利和专利权，促进相关发明创造的实施和运用。"

1. 执行单位任务完成的发明创造

根据我国《专利法实施细则》第 12 条第 1 款："专利法第六条所称执行本单位的任务所完成的职务发明创造，是指：（一）在本职工作中作出的发明创造；（二）履行本单位交

付的本职工作之外的任务所作出的发明创造；（三）退休、调离原单位后或者劳动、人事关系终止后1年内作出的，与其在原单位承担的本职工作或者原单位分配的任务有关的发明创造。”具体而言：

第一，在本职工作中作出的发明创造。本职工作是指发明创造人在本单位所担负的工作职责范围内的工作。如，某科技公司中的一名研发人员，其职责是开发一种新型的数据传输设备，如果其最终发明了这一设备，那么这一设备就是其在本职工作中作出的发明创造，属于职务发明创造。

第二，履行本单位交付的本职工作之外的任务所作出的发明创造。完成单位交付的其他任务时，如果其为了任务的履行而进行了发明创造，那么这一发明创造也属于职务发明创造。如，假设有一名工人，其本职工作是从事设备安装后的调试工作，单位要求其在调试过程中对可能出现的问题提出合理的解决方案。如果这名工人在调试时完成了优化设备安装的发明创造，那么这一发明创造也属于职务发明创造。

第三，退休、调离原单位后或者劳动、人事关系终止后1年内作出的，与其在原单位承担的本职工作或者原单位分配的任务有关的发明创造。为避免出现技术人员在完成重大的发明创造之后更换工作单位导致原单位的合法利益受到重大侵害的情形，对技术人员调动1年后内的发明创造作出了归属于原单位的规定。

2. 主要是利用本单位的物质技术条件所完成的发明创造

根据我国《专利法实施细则》第12条第2款规定：“专利法第六条所称本单位的物质技术条件，是指本单位的资金、设备、零部件、原材料或者不对外公开的技术资料等。”同时，“主要利用”是指发明创造完成的基础全部或大部分都是单位的物质技术条件，且单位的物质技术条件对发明创造产生了实质性的影响。同时，如果发明创造是基于单位尚未公开的技术成果或阶段性的技术成果，那么也属于“主要是利用本单位的物质技术条件”。如，某新能源研究所的研究人员的本职工作与材料无关，但其基于兴趣，利用单位的相关资料、设备研发出新的储能材料，那么，这一储能材料也属于职务发明创造。

需要注意，与“为执行单位任务完成的发明创造”的专利申请权与专利权绝对属于单位不同，“主要是利用本单位的物质技术条件所完成的发明创造”可能因单位与职工签订的合同、协议而导致专利申请人与专利权人发生变化。《专利法》第6条第3款规定：“利用本单位的物质技术条件所完成的发明创造，单位与发明人或者设计人订有合同，对申请专利的权利和专利权的归属作出约定的，从其约定。”也就是说，“主要是利用本单位的物质技术条件所完成的发明创造”遵从合同优先的原则，如果单位与职工订立了相关的合同，主要是利用本单位的物质技术条件所完成的发明创造可以是非职务发明创造。

典型案例 3-3

执行单位任务的发明创造属于职务发明

胡某为某科技公司工程师许某的妻子，许某在某科技公司中参与了磁吸式无线充电装置的研发工作。2018年7月12日，许某将磁吸式无线充电装置的研发设计交由其妻子胡某申请专利。2019 年 7 月，某科技公司工作人员在专利检索过程中发现涉案专利，随后与许某电话沟通，其承认将该无线充电设计交由其妻子申请了专利，并同意将该涉案专利转回某科技公司。2019 年 7 月 13 日，某科技公司因许某在职期间违背职业操守，私自将其职务发明交与其妻子申请专利而解除了与许某的劳动合同。2019 年 11 月 21 日，许某向深圳市龙华区劳动人事争议仲裁委员会申请劳动仲裁，要求某科技公司支付其工资及赔偿金，并拒绝将涉案专利转回某科技公司。某科技公司遂向法院起诉胡某，请求判令涉案专利为某科技公司所有。胡某辩称某科技公司从未根据《专利法》的相关规定给予许某任何补偿，要求某科技公司履行劳动终裁的裁决，否则便不会将涉案专利转回某科技公司。

一审法院认为：许某作为某科技公司的工程师，利用其在本职工作中作出的发明创造，属于职务发明创造，专利申请的权利属于某科技公司，申请被批准后，某科技公司应当为专利权人。

二审法院认为：按照《专利法实施细则》第 12 条第 1 款的规定，在本职工作中作出的发明创造是执行本单位的任务所完成的职务发明创造。本案中，某科技公司的工作计划简表以及许某与某科技公司法定代表人的 QQ 聊天记录足以证明，车载无线充电装置被纳入某科技公司的研发计划之内，许某在某科技公司负责主要的技术研发及专利申请工作，研发车载无线充电装置是其在某科技公司的本职工作，故涉案专利系许某在某科技公司任职期间的职务发明创造。①

在案例 3-3 中，某科技公司是否向许某支付研发的补偿、是否履行劳动仲裁的裁决，都不是某科技公司能否获得专利权的先决条件，许某作为公司的员工因执行工作任务而完成的发明创造，根据法律自然属于职务发明，不能因其他条件而改变，也不受其他条件的限制。许某的补偿请求、劳动仲裁裁决履行请求，不能以某科技公司的合法权益为筹码，而应通过其他途径合法解决。

（二）发明创造人的权利

职务发明创造的专利申请人与专利权人虽然都为发明创造人所在的单位，但是发明创造人对职务发明创造毕竟作出了实际的、不可忽视的贡献。为鼓励研发人员创新，应当对发明创造人的智力劳动进行合理的奖励或补偿。

我国《专利法》第 15 条第 1 款规定："被授予专利权的单位应当对职务发明创造的发明人或者设计人给予奖励；发明创造专利实施后，根据其推广应用的范围和取得的经济效益，对发明人或者设计人给予合理的报酬。"为了肯定发明创造人的实际工作成果，我国《专利法》第 16 条第 1 款规定："发明人或者设计人有权在专利文件中写明自己是发明人或者设计人。"因此，发明创造人主要享有物质报酬权和署名权。

① 参见中华人民共和国最高人民法院〔2021〕最高法知民终 1346 号民事判决书。

二、合作发明创造

(一)合作发明专利权的取得

我国《专利法》第 8 条规定："两个以上单位或者个人合作完成的发明创造、一个单位或者个人接受其他单位或者个人委托所完成的发明创造，除另有协议的以外，申请专利的权利属于完成或者共同完成的单位或者个人；申请被批准后，申请的单位或者个人为专利权人。"同时我国《民法典》第 860 条规定："合作开发完成的发明创造，申请专利的权利属于合作开发的当事人共有；当事人一方转让其共有的专利申请权的，其他各方享有以同等条件优先受让的权利。但是，当事人另有约定的除外。合作开发的当事人一方声明放弃其共有的专利申请权的，除当事人另有约定外，可以由另一方单独申请或者由其他各方共同申请。申请人取得专利权的，放弃专利申请权的一方可以免费实施该专利。合作开发的当事人一方不同意申请专利的，另一方或者其他各方不得申请专利。"

依据我国《民法典》的有关内容，当发明创造是由多个研发人员共同完成时，专利申请权属于所有参与合作开发的当事人，此时合作发明创造专利权的获取存在三种情形：第一，当所有发明人一致同意申请专利权时，专利权应当为所有发明人共有。第二，有发明人不同意申请专利权时，其余发明人开发人员不得申请专利。第三，有发明人明确表示放弃申请专利时，其余发明人可以独自或共同申请专利权，专利获得授权之后，放弃申请的发明人可免费实施该专利。

(二)合作发明专利权的实施

对于合作发明专利权，也就是共有专利权的实施，我国《专利法》第 14 条规定："专利申请权或者专利权的共有人对权利的行使有约定的，从其约定。没有约定的，共有人可以单独实施或者以普通许可方式许可他人实施该专利；许可他人实施该专利的，收取的使用费应当在共有人之间分配。除前款规定的情形外，行使共有的专利申请权或者专利权应当取得全体共有人的同意。"共有专利权的权利人对共有专利权的行使，以共有专利权人之间的约定为最优先的标准；没有约定时，各权利人能对专利自行行使的权利，仅包括自行实施或以普通许可的方式许可他人实施，普通许可的费用与其余权利人均分。

典型案例 3-4

共有专利的专利权行使需所有权利人一致同意

2010 年，黄某与白某共同向国家知识产权局申请"排水装置"实用新型专利，2010 年 12 月 29 日获得授权，专利权人为黄某和白某。2014 年 7 月，黄某发现上述专利的权利人变更为白某个人，在与白某协商无效后向法院提起诉讼。

在法院审理过程中，白某提供了《转让协议书》，其上有黄某的签名。但是经过司法鉴定，认定《转让协议书》上涉案专利专利权人变更所依据的"变更前专利权人"处黄某的签名不是黄某本人书写。白某不能证明办理涉案专利权人变更所依据的《转让协议书》及其上的黄某签名真实性，没有证据证明涉案专利权人变更系黄某的真实意思表示，白某将涉案专利权人由原来白某、黄某共同所有变更为白某个人所有没有合法根据，其行为无效。涉案专利权人仍应维持原来由白某、黄某共有的法律状态①。

三、委托发明创造

委托发明创造是指单位或个人接受其他单位或个人的委托所完成的发明创造。我国《专利法》第8条以及《民法典》第859条对此予以回应。我国《民法典》第859条规定："委托开发完成的发明创造，除法律另有规定或者当事人另有约定外，申请专利的权利属于研究开发人。研究开发人取得专利权的，委托人可以依法实施该专利。研究开发人转让专利申请权的，委托人享有以同等条件优先受让的权利。"但是与合作发明创造的专利申请权及专利权的相关规定类似，委托发明创造的专利申请权及专利权的归属以双方的约定为最优先标准。

典型案例 3-5

委托发明创造的专利申请权及专利权归属约定优先

2017年，某科技公司甲与某科技公司乙签订《合作协议》，甲委托乙定制开发爱接力8寸智能机器人产品。《合作协议》约定乙提供的服务包括：智能机器人的外观设计、产品功能定制、包装设计、产品制作、产品交付、售后服务等。而关于产品的交付双方约定：双方计划合作目标甲自量产后一年内采购10万台，且首批订单不少于8000台，首批订单甲可要求分两次交付。同时《合作协议》关于双方涉及的知识产权问题作出规定：合同项下用于生产的产品的外观设计由甲享有(如申请奖项，披露技术人员时乙技术人员需排在首位)，甲付清首单货款后，乙将知识产权转移给甲方。另外双方规定了责任免除条款：对于未按全年计划足额采购和逾期交付货物的商业风险，双方互相理解和知晓，互相予以免责。

后甲未能按《合作协议》的约定付清8000台量产机器货款，但是甲向乙支付了涉案专利一的外观设计开发费用200000元。乙因甲未能按《合作协议》的约定付清8000台量产机器货款，认为知识产权转让的条件未成就，拒绝向甲转让外观设计专利的所有权，甲于是向人民法院提起诉讼请求判令外观设计专利的所有权为其所有。一审法院认为甲对外观设计专利不享有所有权，判令甲败诉，甲不服提起上诉。

在案件进入二审后，就外观设计专利的所有权部分，二审法院认为：据二审诉讼阶段查明的《合作协议》相关条款的约定内容可知，无论从约定内容还是文义解释，均可认定涉案产品的外观设计约定由爱接力公司享有，且甲向乙支付了诉争外观设计专利的外观设计开发费用200000元，仅因甲首单货款没有按约定期限付清，

① 参见黑龙江省哈尔滨市中级人民法院〔2015〕哈知初字第98号民事判决书。

由此诉争外观设计权利被乙留置，进而只能产生权利不转移的后果，而不是权属约定。上述《合作协议》知识产权部分的条款的约定不是对于诉争外观设计专利的权属约定，而是权利发生转移的时间节点，因债权产生的留置诉争外观设计专利于乙不能对抗权利归属，该债权可以由违约条款规制，而且《合作协议》对于双方违约风险亦有互相免责的约定，因此乙以外观设计抵债的行为于法无据，涉案合同约定属于《专利法》第 8 条规定的“除另有协议的以外”情形，上述《合作协议》知识产权部分的条款对于诉争外观设计专利的权利应当自双方履行上述《合作协议》关于交付的验收约定后，就已归属于甲所有。一审判决对此认定事实有误，适用法律不当，二审法院予以纠正。①

对于委托开发的专利的所有权归属，应以委托双方的约定为准，双方在约定的过程中对权利的所有权的转移的规定，应予以明确。双方约定的关于权利的债权的规定，不能对抗所有权的规定，对权利上规定的债权履行的诉求，不能通过拒绝履行所有权转移的规定进行，而应通过其他合法途径进行。

第四节　专利取得的条件

一、专利取得的形式条件

专利取得的形式条件是指要求授予专利权的发明创造，应当按照《专利法》以及《专利法实施细则》规定的格式，书面记载于专利申请文件上②，并依照法定程序履行各种必要的手续。如若文件或者手续不符合要求，应当在法律规定或者专利局指定的期限内进行补正，经过补正仍然不符合要求的，专利局将予以驳回。

二、发明或实用新型专利取得的实质条件

《专利法》第 22 条第 1 款规定：“授予专利权的发明和实用新型，应当具备新颖性、创造性和实用性。”

（一）新颖性

新颖性是指该发明或者实用新型不属于现有技术③；也没有任何单位或者个人就同样的发明或实用新型在申请日以前向国务院专利行政部门提出过申请，并记载在申请日以后公布的专利申请文件或者公告的专利文件中④。申请专利的发明或者实用新型满足新颖性的两项标准，一是必须不同于现有技术，二是不得出现抵触申请。

① 参见北京市高级人民法院〔2021〕京民终 781 号民事判决书。

② 详见本讲第五节有关专利申请文件的内容。

③ 根据《专利法》第 22 条第 5 款的规定，现有技术是指申请日以前在国内外为公众所知的技术。

④ 参见《专利法》第 22 条第 2 款。

1. 现有技术

根据目前各国给予对“现有技术”判断的不同标准，划分出绝对新颖性、相对新颖性和混合新颖性(见表3-2)。我国在《专利法》第三次修正前采用混合新颖性标准，为了鼓励创新，在第三次修正时改为绝对新颖性标准，2020年第四次修正的《专利法》沿用了绝对新颖性的标准。

表3-2　**新颖性的不同标准①**

标准名称	内　容
绝对新颖性(世界新颖性)	以国内外出版物为参考，要求发明或实用新型在申请日前未在国内外出版物上公开发表或公开使用过，或以其他方式为公众所知。
相对新颖性(本国新颖性)	以本国出版物为参考，要求发明或实用新型在申请日前未在本国外出版物上公开发表或公开使用过，或以其他方式为公众所知。
混合新颖性	对出版物以国内外出版物为参考，对公知、公告以本国内为参加，要求没有同样的发明或实用新型在申请日前在世界范围内公开发表过，或者在本国公开使用过，或以其他方式为公众所知。

对我国《专利法》中“现有技术”的说明：(1)“为公众所知”是指一种能够为公众所获得的状态，不要求公众是否实际知晓，例如公开出版的出版物上所记载的技术内容，不论是否有人阅读或查看，都是现有技术。另外，这里的公众知晓对象限于非处于保密状态的技术内容。(2)出版物公开中的“出版物”是指记载有技术或设计内容的独立存在的有形传播载体②，即不受出版物语言、来源和发行量的限制。“公开”是指一种能给不特定的多数人看到的状态。(3)使用公开，是指通过使用行为导致技术方案公开，导致该技术方案处于公众可知的状态。使用公开的方式包括能够使公众得知，而不取决于是否有公众得知其技术内容的制造、使用、销售、进口、交换、馈赠、演示、展出等方式。(4)以其他方式为公众所知的公开，主要是指口头公开，例如口头交谈、报告、会议报告、广播或电视等。但是如果在口头或报告公开上传播者向听众告知了保密义务，听众也承诺会进行保密，则不属于以其他方式为公众所知的公开。

2. 抵触申请

根据《专利法》第22条第2款的规定，如果在审查发明和实用新型的新颖性时发现已经有人就同样的内容在申请日之前向国家知识产权局提出过申请并记载在申请日之后(含申请日)公布的专利申请文件或者公告的专利文件中，则这种申请就损害了原发明或实用新型专利申请的新颖性，这种“申请在前公开在后申请”被称为抵触申请。除此之外，抵触申请还包括申请日以前提出、在申请日之后(含申请日)进入中国国家阶段并作出中文公布的国际专利申请。

① 文希凯：《专利法教材》(修订版)，知识产权出版社2011年版，第1页。

② 文希凯：《专利法教材》(修订版)，知识产权出版社2011年版，第2页。

3. 新颖性审查

审查新颖性时，应当根据以下原则进行判断：

(1)同样的发明或者实用新型。在进行新颖性判断时，审查员首先判断被审查专利申请的技术方案与对比文件的技术方案是否实质上相同，如果所属技术领域的技术人员根据两者的技术方案可以确定两者能够适用于相同的技术领域，解决相同的技术问题，并具有相同的预期效果，则认为两者为同样的发明或者实用新型。

(2)单独对比。在进行新颖性判断时，应当将发明或者实用新型专利申请的各项权利要求分别与每一项现有技术或申请在先公布或公告在后的发明或实用新型的相关技术内容单独地进行比较，不得将其与几项现有技术或者申请在先公布或公告在后的发明或者实用新型内容的组合或者与一份对比文件中的多项技术方案的组合进行对比。即判断发明或者实用新型专利申请的新颖性适用单独对比的原则。这与发明或者实用新型专利申请创造性的判断方法有所不同。

以下有几种判断新颖性的常见情形：

(1)具体(下位)概念与一般(上位)概念，如果要求保护的发明或者实用新型与对比文件相比，其区别仅在于前者采用一般(上位)概念，而后者采用具体(下位)概念限定同类性质的技术特征，则具体(下位)概念的公开使采用一般(上位)概念限定的发明或者实用新型丧失新颖性。反之，一般(上位)概念的公开并不影响采用具体(下位)概念限定的发明或者实用新型的新颖性。(2)惯用手段的直接置换，如果要求保护的发明或者实用新型与对比文件的区别仅仅是所属技术领域的惯用手段的直接置换，则该发明或者实用新型不具备新颖性。(3)数值和数值范围，如果要求保护的发明或者实用新型中存在以数值或者连续变化的数值范围限定的技术特征。

4. 优先权

根据我国《专利法》第 29 条规定，申请人就相同主题的发明或者实用新型在外国第一次提出专利申请之日起 12 个月内，又在中国提出申请的，依照该国同中国签订的协议或者共同参加的国际条约，或者依照相互承认优先权的原则，可以享有优先权，称为外国优先权。申请人就相同主题的发明或者实用新型在中国第一次提出专利申请之日起 12 个月内，又以该发明专利申请为基础向专利局提出发明专利申请或者实用新型专利申请的，或者又以该实用新型专利申请为基础向专利局提出实用新型专利申请或者发明专利申请的，可以享有优先权，称为本国优先权。

申请人在外国首次申请后，就相同主题的发明创造在优先权期限内向中国提出的专利申请，都看作是在该外国首次申请的申请日提出的，不会因为在优先权期间内，即首次申请的申请日与在后申请的申请日之间任何单位和个人提出了相同主题的申请或者公布、利用这种发明创造而失去效力。

此外，在优先权期间内，任何单位和个人可能会就相同主题的发明创造提出专利申请。由于优先权的效力，任何单位和个人提出的相同主题发明创造的专利申请不能被授予专利权。

5. 不丧失新颖性的情形

我国《专利法》第 24 条规定了申请专利的发明创造在申请日以前 6 个月内，不丧失新颖性的四种情况：(1)在国家出现紧急状态或者非常情况时，为公共利益目的首次公开；(2)在中国政府主办或者承认的国际展览会上首次展出；(3)在规定的学术会议或者技术会议上首次发表；(4)他人未经申请人同意而泄露其内容。

(二)创造性

创造性是专利法对于发明创新高度的要求，评判创造性的关键在于如何尽可能客观地衡量发明技术贡献的大小，使得最终授予的专利权能够与发明人对于现有技术的真正贡献相匹配。发明专利"创造性"的衡量标准，即具有"突出实质性特点"和"显著的进步"；实用新型专利"创造性"的衡量标准，即"实质性特点"和"进步"。

1. 发明有突出的实质性特点

发明有突出的实质性特点，是指对所属技术领域的技术人员来说，发明相对于现有技术是非显而易见的。如果发明是所属技术领域的技术人员在现有技术的基础上仅仅通过合乎逻辑的分析、推理或者有限的试验可以得到的，则该发明是显而易见的，也就不具备突出的实质性特点。

2. 发明有显著的进步

发明有显著的进步，是指发明与现有技术相比能够产生有益的技术效果。例如，发明克服了现有技术中存在的缺点和不足，或者为解决某一技术问题提供了一种不同构思的技术方案，或者代表某种新的技术发展趋势①。

3. 创造性的审查

对发明创造性的审查，应当审查发明是否具有突出的实质性特点，同时还应当审查发明是否具有显著的进步。在评价发明是否具备创造性时，审查员不仅要考虑发明的技术方案本身，而且还要考虑发明所属技术领域、所解决的技术问题和所产生的技术效果，将发明作为一个整体看待。与新颖性"单独对比"的审查原则不同，审查创造性时，将一份或者多份现有技术中的不同的技术内容组合在一起对要求保护的发明进行评价。如果一项独立权利要求具备创造性，则不再审查该独立权利要求的从属权利要求的创造性。

(三)实用性

实用性，是指发明或者实用新型申请的主题必须能够在产业上制造或者使用，并且能够产生积极效果。授予专利权的发明或者实用新型，必须是能够解决技术问题，并且能够应用的发明或者实用新型。

1. 能够制造或者使用

所谓能够制造或者使用，换句话说，如果申请的是一种产品(包括发明和实用新型)，那么该产品必须在产业中能够制造，并且能够解决技术问题；如果申请的是一种方法(仅限发明)，那么这种方法必须在产业中能够使用，并且能够解决技术问题。只有满足上述条件的产品或者方法专利申请才可能被授予专利权。

① 参见《专利审查指南》第二部分第四章。

2. 能够产生积极效果

能够产生积极效果，是指发明或者实用新型专利申请在提出申请之日，其产生的经济、技术和社会的效果是所属技术领域的技术人员可以预料到的。这些效果应当是积极的和有益的，例如提供新的产品、提高质量、增加功能等。

3. 实用性的审查

发明或者实用新型专利申请是否具备实用性，应当在新颖性和创造性审查之前首先进行判断。审查发明或者实用新型专利申请的实用性时，应当遵循下列原则：(1)以申请日提交的说明书(包括附图)和权利要求书所公开的整体技术内容为依据，而不仅仅局限于权利要求所记载的内容；(2)实用性与所申请的发明或者实用新型是怎样创造出来的或者是否已经实施无关。

4. 无实用性的情形

对于无再现性、违背自然规律、利用独一无二的自然条件的产品、人体或者动物体的非治疗目的的外科手术方法、测量人体或者动物体在极限情况下的生理参数的方法、无积极效果的发明或实用新型技术方案不具有实用性。

三、外观设计专利权取得的条件

我国《专利法》第23条规定："授予专利权的外观设计，应当不属于现有设计；也没有任何单位或者个人就同样的外观设计在申请日以前向国务院专利行政部门提出过申请，并记载在申请日以后公告的专利文件中。授予专利权的外观设计与现有设计或者现有设计特征的组合相比，应当具有明显区别。授予专利权的外观设计不得与他人在申请日以前已经取得的合法权利相冲突。本法所称现有设计，是指申请日以前在国内外为公众所知的设计。"

(一)现有设计

现有设计是指申请日(有优先权的，指优先权日)以前在国内外为公众所知的设计。包括申请日以前在国内外出版物上公开发表过、公开使用过或者以其他方式为公众所知的设计。现有设计中，一般消费者所熟知的、只要提到产品名称就能想到的相应设计，称为惯常设计。不属于现有设计，是指在现有设计中，既没有与涉案专利相同的外观设计，也没有与涉案实质相同的外观设计。

(二)抵触申请

在涉案专利申请日以前，任何单位或者个人向国家知识产权局提出并且在申请日以后(含申请日)公告的同样的外观设计专利申请，称为抵触申请。其中，同样的外观设计是指外观设计相同或者实质相同。

1. 外观设计相同

外观设计相同是指涉案外观设计与对比设计是相同种类的产品的外观设计，并且涉案外观设计的全部外观设计要素与对比的相应要素相同，其中外观设计要素是指形状、图案以及色彩。相同种类的产品是指具有相同用途的产品。产品种类不同的，即使其外观设计的三要素相同，也不应该认为是外观设计相同。

2. 外观设计实际相同

外观设计实际相同是相对于相同或者相近种类(用途)的产品而言的，如果一般消费者经过对涉案专利与对比设计的整体观察可以看出，二者的区别仅属于一般注意力不能察觉到的局部的细微差异，则涉案专利与对比设计实质相同。

第五节　专利申请、授权和确权程序

一、专利申请原则

(一)先申请原则

先申请原则作为先发明原则的相对概念，是指两个以上的申请人分别就同样的发明创造申请专利的，专利权授予最先申请的人的原则。我国专利申请的申请在先原蕴含了两层含义：一是在不同日期申请专利的，以申请日作为判断申请先后的标准；二是同日申请的，由申请人协商解决。

关于申请日的确定，我国《专利法》第28条规定："国务院专利行政部门收到专利申请文件的日期为申请日。如果申请文件是邮寄的，以寄出的邮戳日为申请日。"申请人享有优先权(优先权相关概念见下文)的，优先权日视为申请日。我国《专利法实施细则》第4条规定："向国务院专利行政部门邮寄的各种文件，以寄出的邮戳日为递交日；邮戳日不清晰的，除当事人能够提出证明外，以国务院专利行政部门收到日为递交日。"

先申请原则对于专利授权有重要意义。首先，避免了重复发明。鼓励发明人尽快提出专利申请，可以根据国家知识产权局公布的申请信息进行检索，避免重复发明，降低发明成本。其次，提高了行政效率。在先申请原则下，申请人无须提供证据证明自己是先发明人，有利于矛盾冲突的解决。最后，有利于科学技术的传播。发明人为了防止发明被抢注，一般会尽快提出发明申请，从而有利于更早地推进先进技术。

(二)优先权原则

优先权原则源自1883年签订的《保护工业产权巴黎公约》，目的是便于缔约国国民在其本国提出专利或者商标申请后向其他缔约国提出申请。所谓"优先权"是指申请人在一个缔约国第一次提出申请后，可以在一定期限内就同一主题向其他缔约国申请保护，其在后申请在某些方面被视为是在第一次申请的申请日提出的。

我国《专利法》第29条规定了优先权，即申请人自发明或者实用新型在外国第一次提出专利申请之日起12个月内，或者自外观设计在外国第一次提出专利申请之日起6个月内，又在中国就相同主题提出专利申请的，依照该外国同中国签订的协议或者共同参加的国际条约，或者依照相互承认优先权的原则，可以享有优先权。申请人自发明或者实用新型在中国第一次提出专利申请之日起12个月内，或者自外观设计在中国第一次提出专利申请之日起6个月内，又向国务院专利行政部门就相同主题提出专利申请的，可以享有优先权。《专利法实施细则》第31、32条对优先权制度进行了细化。

优先权原则允许发明创造人在优先权期限内选择以何种方式保护自己的发明创造，有利于发明和实用新型专利之间类型的相互转换。申请人可以在有优先权内对专利进行补充、修改和完善，有利于专利质量的改进和提高，增强专利的稳定性和可靠性。

(三)单一性原则

专利申请的单一性原则有广义和狭义之分。在狭义上，是指一件专利申请的内容只能包含一项发明创造，不能将两项或两项以上的发明创造作为一件申请提出。在广义上，则还包括同样的发明创造只能被授予一次专利权，同样的发明创造不能同时存在两项或两项以上的专利权。

我国《专利法》第 31 条规定，一件发明或者实用新型专利申请应当仅限于一项发明或者实用新型专利。属于一个总的发明构思的两项以上的发明或者实用新型专利，可以作为一件申请提出。一件外观设计专利申请应当限于一种产品所使用的一项外观设计。用于同一类别并且成套出售或者使用的产品的两项以上的外观设计，可以作为一件申请提出。

符合以下六种情形的可以根据单一性原则合案申请：(1)两项以上产品或者方法的同类发明；(2)产品和专用于制造该产品的方法的发明；(3)产品和该产品的用途的发明；(4)产品、专用于制造该产品的方法和为实施该方法和该产品的用途的发明；(5)产品、专用于制造该产品的方法和为实施该方法而专门设计的设备的发明；(6)方法和为实施该方法而专门设计的设备的发明。专利申请的单一性原则不仅有利于审查员对专利申请分类、检索和审查，也有利于将具有共同特定技术特征的专利合案申请在一份专利中，节约成本。

二、专利申请文件

根据各国专利法的规定，发明人在提出专利申请时，必须对发明的内容加以说明，并具体指出要求保护的范围。必要时还要附具图样对其发明加以解释。我国《专利法》第三章、《专利法实施细则》第三章对专利申请进行了规定，具体如下：

发明或者实用新型专利的，应当提交请求书、说明书及其摘要和权利要求书等文件。请求书应当写明发明或者实用新型的名称，发明人的姓名，申请人姓名或者名称、地址，以及其他事项。说明书应当对发明或者实用新型作出清楚、完整的说明，以所属技术领域的技术人员能够实现为准；必要的时候，应当有附图。摘要应当简要说明发明或者实用新型的技术要点。权利要求书应当以说明书为依据，清楚、简要地限定要求专利保护的范围。依赖遗传资源完成的发明创造，申请人应当在专利申请文件中说明该遗传资源的直接来源和原始来源；申请人无法说明原始来源的，应陈述理由。①

申请外观设计专利的，应当提交请求书、该外观设计的图片或者照片以及对该外观设计的简要说明等文件。申请人提交的有关图片或者照片应当清楚地显示要求专利保护的产品的外观设计②。

---

① 参见《专利法》第 26 条。

② 参见《专利法》第 27 条。

三、专利申请的审批程序

依据我国《专利法》，发明专利审批流程专利申请的审批程序包括受理、初审、公布、实审以及授权五个阶段。实用新型或者外观设计专利申请在审批中不进行早期公布和实质审查，只有受理、初审和授权三个阶段。

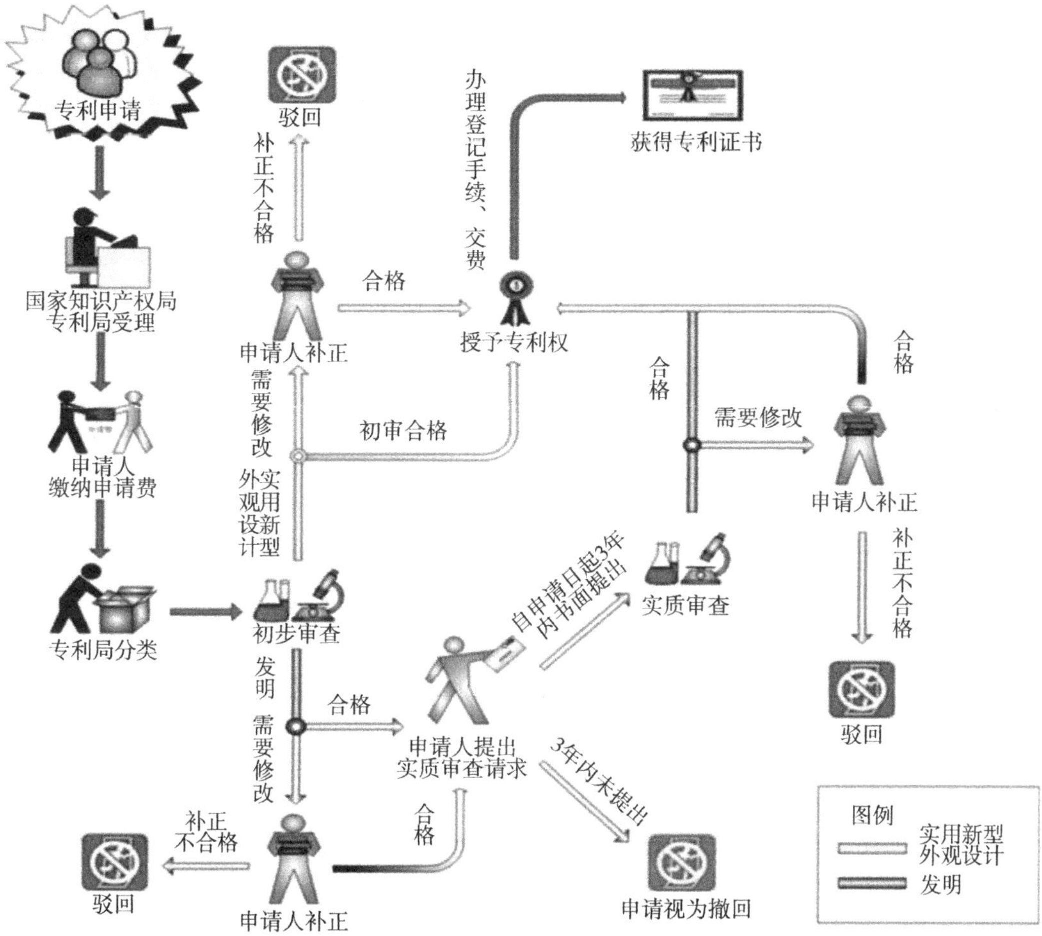

图 3-3　发明、实用新型和外观设计专利的申请、审查流程图①

(一)发明专利的审批程序

1. 受理

国家知识产权局收到申请文件后，首先进行受理条件的审查，符合受理条件的，确定申请日、给予申请号，并发出受理通知书；不符合受理条件的，不予受理，并发出不予受

① 参见国家知识产权局官方网站相关信息。

理通知书。申请的受理条件包括：提交必要的申请文件，包括请求书、说明书和权利要求书；申请文件适用中文打字或者印刷；申请日是外国人的按规定委托代理机构等。

2. 初步审查

专利申请被受理后，经过分类进入初步审查程序。发明专利的初步审查是专利申请公布之前的必经程序。根据《专利法》第 34 条规定，国务院专利行政部门收到发明专利申请后，经初步审查认为符合本法要求的，自申请日起满 18 个月，即行公布。国务院专利行政部门可以根据申请人的请求早日公布其申请。

初步审查主要包括形式审查和明显实质性缺陷的审查，具体包括：(1)申请文件的格式是否符合要求；(2)申请人在提出同时或随后提交的其他文件是否符合要求；(3)申请的内容是否存在的明显实质性缺陷；(4)申请人缴纳的有关费用的金额和期限是否符合规定。

3. 公布程序

发明专利申请从发出初审合格通知书起进入公布阶段，如果申请人没有提出提前公开的请求，要等到申请日起满 15 个月才进入公开准备程序。如果申请人请求提前公开的，则申请立即进入公开准备程序。经过格式复核、编辑校对、计算机处理、排版印刷，大约 3 个月后在专利公报上公布其说明书摘要并出版说明书单行本。申请公布以后，申请人就获得了临时保护的权利。

4. 实质审查

实质审查是指国家知识产权局专利申请是否符合授予专利权的实质性条件进行的审查，特别是审查要求保护的发明是否具有新颖性、创造性和实用性。实质审查是相对于形式审查或者初步审查而言的一种审查制度。在我国只对发明专利申请给予实质审查。

实质审查的程序可以大致分为以下几个阶段：审查文本的确定；阅读申请文件、理解发明；检索并在必要时核实优先权；全面审查；撰写并发出第一次审查意见通知书；根据申请人的答复或修改对申请继续审查；授予专利权或驳回申请。实质审查中未发现驳回理由的，将按规定进入授权程序。

5. 授权程序

经实质审查未发现驳回理由的，由审查员作出授权通知，申请进入授权登记准备，经对授权文本的法律效力和完整性进行复核，对专利申请的著录项目进行校对、修改后，专利局发出授权通知书和办理登记手续通知书，申请人接到通知书后应当在 2 个月之内按照通知的要求办理登记手续并缴纳规定的费用，按期办理登记手续的，专利局将授予专利权，颁发专利证书，在专利登记簿上记录，并在 2 个月后于专利公报上公告，未按规定办理登记手续的，视为放弃取得专利权的权利。

(二)实用新型和外观设计专利的审批程序

实用新型的受理程序和发明专利的受理程序一致，经过受理程序之后，实用新型和外观设计专利的授权程序进入初步审查阶段。我国《专利法》第 40 条规定，我国对实用新型专利的申请进行的初步审查，既不是实质审查也不同于纯粹的登记制。实用新型和外观设计专利申请初步审查程序中，审查员应当遵循保密原则、书面审查原则、听证原则和程序节约原则。

根据《专利法实施细则》第 44 条的规定，实用新型和外观设计专利申请的初步审查包括两部分，格式审查和明显实质性缺陷的审查，即对《专利法实施细则》第 44 条第 1 款第(2)项中列举的内容所作出的审查。

四、专利复审和宣告无效

(一)专利申请的复审

专利申请的复审是指专利申请人对国家知识产权局驳回其专利申请的决定不服，依法向专利复审委员会提出复审请求，由专利复审委员会进行审查并作出决定的一种法定程序。从《专利法》第 41 条的规定来看，专利复审程序实质上是一种行政复议程序，对于复审程序解决的问题以及复审程序作出的决定不能再提起行政复议，只能向法院起诉。

1. 专利复审的原则

专利复审程序中需要遵循合法原则、请求原则、听证原则、公开原则、避免审级损失原则和程序经济原则。其中，合法原则是专利复审委员会在复审程序中遵循的根本原则，指审查程序和审查决定应该符合《专利法》《专利法实施细则》①《专利复审指南》的有关规定。请求原则是指专利复审程序的启动依当事人的请求而展开，专利复审委员会不得主动启动复审程序。听证原则是指专利复审委员会在作出审查决定前，应当告之专利申请不符合《专利法》或《专利法实施细则》的详细规定的理由和证据，并给予陈述意见的机会，对当事人不利的审查决定只能在其指导审查决定所采用的理由、证据和认定的事实的情况下才能作出。公开原则是指除了专利申请人不服初审驳回并提出复审请求的需要保密的案件之外，其他各案的审查决定应当公开。避免审级损失原则是指在先审级未审理的事项通常不能在后审级超前审理，为了避免发生审级损失，在通常情况下，合议组仅针对驳回决定多依据的理由和证据进行审理。程序经济原则是指程序的进行应当避免重复并尽可能地迅速、节省时间和费用。

2. 专利复审的程序

申请人向专利复审委员会递交复审申请书后，专利复审委员会应当先开展形式审查。审查内容包括请求标的是否为国家知识产权局驳回申请的决定、请求人是否为被驳回申请的申请人、是否在收到驳回决定之日起 3 个月内、复审请求书是否符合格式要求、专利代理机构是否有委托等。形式审查后发现需要补正的，通知请求人在 15 日内进行补正。形式审查合格的，专利复审委员会给请求人发出“复审请求受理通知书”，形式审查后认为复审请求不合格的，会按照情况发出“复审请求视为未提出通知书”或“复审请求不予受理通知书”。

对于形式审查合格的复审请求，专利复审委员会会首先将复审请求书(包括附具的证明文件和修改后的申请文件)连同原申请案卷一并送交作出驳回申请决定的原审查部门进行前置审查。原审查部门应当向专利复审委员会提出“前置审查意见书”。除特殊情况外，原审查部门应当在自收到案卷之日起 1 个月内完成前置审查。前置审查意见分为下列三种

① 参见《专利法实施细则》第 59~63 条。

类型。(1)复审请求证据充分，理由成立，同意撤销原驳回申请的决定。(2)复审请求人提交的申请文件修改文本克服了原申请文件中存在的缺陷，同意在修改文本的基础上撤销原驳回申请的决定。(3)复审请求人陈述的意见和提交的申请文件修改文本不足以使原驳回申请的决定被撤销，因而坚持原驳回申请的决定。原审查部门在前置审查意见中同意撤销原驳回决定的，专利复审委员会直接作出撤销原驳回决定的复审决定，通知复审请求人，并且由原审查部门继续进行审批。原审查部门在前置审查意见中坚持原驳回决定的，专利复审委员会成立合议组进行审查。

合议组经审查后作出复审决定。复审决定有两大类，一种是撤销原驳回决定。专利申请将恢复到作出驳回决定前的状态，国务院专利行政部门继续进行审查程序；另一种是维持原驳回决定。在这种情况下，专利申请人对专利复审委员会作出的维持原驳回决定不服的，可以在收到通知之日起3个月内向人民法院起诉，未在规定时间内起诉的，复审决定生效。复审请求人在专利复审委员会作出决定前，可以撤回其复审请求。如果复审请求人在专利复审委员会作出决定前撤回其复审请求的，复审程序终止。

(二)专利权的宣告无效

根据我国《专利法》第45条的规定，自国务院专利行政部门公告授予专利权之日起，任何单位或者个人认为该专利权的授予不符合本法有关规定的，可以请求国务院专利行政部门宣告该专利权无效。

1. 专利权宣告无效的程序

专利复审委员会在收到无效宣告请求书后，应当先进行形式审查，形式审查后发现需要补正的，专利复审委员会会通知请求人在收到“补正通知书”后15日内进行补正，形式审查合格的，专利复审委员会给请求人和专利权人发出“无效宣告请求受理通知书”，并将无效宣告请求书和有关文件副本转送给专利权人，要求在1个月内进行答复。形式审查后认为无效宣告请求不合格的，会按照情况发出“无效宣告请求视为未提出通知书”或“无效宣告请求不予受理通知书”。

专利复审委员会在无效宣告程序中会针对不同的情形，采用直接作出决定、口头审理、书面审查或口头审理与书面审理相结合等方式进行审查。请求人在专利委员会对无效宣告请求作出审查决定之前，撤回其无效宣告请求的，无效宣告程序终止，但专利复审委员会根据已进行的审查工作能够作出宣告专利权无效或者部分无效的决定的除外。无效宣告请求审查决定分为专利宣告专利权全部无效、宣告专利权部分无效或者维持专利权有效。对国务院专利行政部门宣告专利权无效或者维持专利权的决定不服的，可以自收到通知之日起3个月内向人民法院起诉。人民法院应当通知无效宣告请求程序的对方当事人作为第三人参加诉讼。

2. 专利权宣告无效的效力

根据我国《专利法》第47条的规定，宣告无效的专利权视为自始即不存在。宣告专利权无效的决定，对在宣告专利权无效前人民法院作出并已执行的专利侵权的判决、调解书，已经履行或者强制执行的专利侵权纠纷处理决定，以及已经履行的专利实施许可合同和专利权转让合同，不具有追溯力。但是因专利权人的恶意给他人造成的损失，应当给予赔偿。不返还专利侵权赔偿金、专利使用费、专利权转让费，明显违反公平原则的，应当全部或者部分返还。

第六节　专利权的内容

专利权的内容包括独占实施权、转让权、许可实施权、标记权、请求保护权、放弃权和质押权。

一、独占实施权

独占实施权包含两个方面，一是专利权人自己实施其专利的权利，二是专利权人禁止他人实施其专利的特权。

(1)禁止他人制造，是指专利权被授予后，除本法另有规定的以外，任何单位或者个人未经专利权人许可，都不得为生产经营目的制造其专利产品。制造包括作出或者形成具有与权利要求记载的全部技术特征相同或者等同的技术特征的发明和实用新型产品、申请专利时提交的图片或者照片中的该外观设计专利产品。

(2)禁止他人使用，是指发明和实用新型的专利权人有权禁止他人未经许可利用、运用依照权利要求记载的技术方案制造出来的专利产品，以及使用权利要求记载的专利方法——即实现权利要求技术方案的全部步骤。外观设计专利权不包含禁止他人使用外观设计专利产品的权利。

(3)禁止他人销售和许诺销售，是指专利权人有权禁止他人未经许可销售专利产品销售依照专利方法直接获得的产品的权利。销售是指一方有交付产品并转让产品所有权的行为，许诺销售是指以做广告、在商店橱窗中陈列或者在展销会上展出等方式作出销售商品的意思表示。

(4)禁止他人进口是指专利权人依法享有禁止他人未经许可以经营为目的进口专利产品的权利。进口是指专利产品或专利方法获得的产品以及含有外观设计的产品在空间上从境外运进境内的行为。

二、转让权

转让权是指专利权人将其获得的专利所有权转让给他人的权利。转让专利权的，当事人应当订立书面合同，并向国务院专利行政部门登记，由国务院专利行政部门予以公告。专利权的转让自登记之日起生效。中国单位或者个人向外国人转让专利权的，必须经国务院有关主管部门批准。

三、许可实施权

许可实施权是指专利权人通过实施许可合同的方式，指专利权人许可他人普通、独占或排他地实施其专利并收取专利使用费的权利。

普通许可，是指在约定的时间、地域内，不仅被许可人可以按照约定的方式使用知识产权，知识产权人自己也可以使用，还可以继续许可给其他人使用。

独占许可，是指技术的接受方在协议的有效期内，在特定地区，对许可协议规定的技术拥有独占的使用权；同时技术的许可方不得在该地区使用该技术制造和销售商品，更不能把该技术再授予该地区的任何第三方。

排他许可，是指在合同规定的期限和地域内，被许可方和许可方都对该技术及其产品拥有制造、使用和销售的权利，但许可方不能再将技术许可给第三方。

四、标记权

标记权又称标注权，是指专利权人在专利产品或者该产品的包装、容器、说明书、产品广告等地方标注专利标记和专利号的权利。

五、请求保护权

请求保护权是指专利权人认为其专利权受到侵犯时，有权向人民法院起诉或请求专利管理部门处理以保护其专利权的权利。保护专利权是专利制度的核心，他人未经专利权人许可而实施其专利，侵犯专利权并引起纠纷的，专利权人可以直接向人民法院起诉，也可以请求管理专利工作的部门处理。

六、放弃权

专利权人可以在专利权保护期限届满前的任何时候，以书面形式声明或以不缴纳年费的方式自动放弃其专利权。《专利法》规定，专利权人以书面声明放弃其专利权的，专利权在期限届满前终止。专利权人提出放弃专利权声明后，一经国务院专利行政部门登记和公告，其专利权即可终止。

放弃专利权时需要注意：(1)在专利权由两个以上单位或个人共有时，必须经全体专利权人同意才能放弃；(2)专利权人在已经与他人签订了专利实施许可合同许可他人实施其专利的情况下，放弃专利权时应当事先得到被许可人的同意，并且还要根据合同的约定，赔偿被许可人由此造成的损失，否则专利权人不得随意放弃专利权。

七、质押权

基于专利权等知识产权权利的财产性价值和可以转让的特性，专利权也可成为质权的标的。按照《民法典》第 444 条第 1 款的规定，以注册商标专用权、专利权、著作权等知识产权中的财产权出质的，质权自办理出质登记时设立。此条规定沿袭了此前《担保法》对于知识产权质押的有关规定，以法律的形式赋予了专利权人享有将其专利权中的财产权进行出质的权利。由于专利权是一种无形财产，不能以占有的方式公示生效，所以专利权的质押必须以登记的方式公示权利。根据国家知识产权局发布的《专利权质押登记办法》的有关规定，知识产权质押合同必须是书面形式①，并以向国家知识产权局②登记为生效要件。据此，质押登记为专利权质押的成立要件和对抗要件，即不经登记，质权不成立或

① 《专利权质押登记办法》第 3 条规定，以专利权出质的，出质人与质权人应当订立书面合同。

② 《专利权质押登记办法》第 2 条规定，国家知识产权局负责专利权质押登记工作。

者不能对抗第三人。

《专利权质押登记办法》就专利权质押进行了有关规定，归纳起来有以下几点：(1)专利权必须有效。专利权具有时间性，而为了保障债权实现，质押也不可能是无限期的，在质押期限内，必须保证质物是无可争议的有效专利。(2)作为质物的是专利权中可转让的财产权，即因取得专利权而产生的具有经济内容的权利，系指独占权和由此派生的许可权、转让权、标记权等。在债权未受清偿前，出质人应用其专利权的全部来担保债权的实现。(3)专利申请权虽然是获得专利权的前提，依法可以转让，但其明显的法律上的不确定性，使申请中的专利不能作为一种具有法律效力的财产权，因而不能将专利申请权作为质物进行质押①。

第七节　专利权侵权制度

专利侵权行为是指未经专利权人许可，实施其专利或假冒他人专利的侵权行为。对于专利侵权行为，专利权人可请求专利管理机关进行处理，也可直接向法院起诉，要求侵权人停止侵权行为，并赔偿损失。

一、专利权保护范围确立的原则

关于专利权保护范围的确定，主要包括两项原则。一是全覆盖原则，即全部技术特征覆盖原则，指如果被控侵权产品包含了专利权利要求中记载的全部技术特征，则落入专利权的保护范围。二是等同原则(Doctrine of Equivalents)，它是全世界范围内各国专利制度普遍规定的一项原则。在我国，等同原则的主要判断标准为：已知常用技术要素的简单替换、产品部件位置的简单移动、技术特征的分解或合并、方法步骤顺序的简单变化。

二、专利侵权行为构成要件

(一)有效的专利权存在

发明创造在被授予专利权的有效期间内才受到法律保护，第三人实施该项发明创造才有可能构成侵权行为。对于授予专利权以前的发明创造、专利权被撤销或者被宣告无效的技术、专利权已经终止或者专利权期限届满的技术，第三人的实施行为均不构成侵权。

(二)未经许可或没有合法依据实施了他人专利

没有合法理由而实施他人专利的行为才可能构成侵害专利权的行为。因此，凡是经过专利权人许可的实施行为或者具有其他法定实施理由的，都不构成侵害专利权的行为，前者如签订了专利实施许可合同、符合默示许可条件等，后者如专利主管机关颁发了强制许可证等。

---

① 这一观点在学术界存在争论，但依照《专利权质押登记办法》的有关规定，此处选否定态度。

（三）以生产经营为目的

只有以生产经营为目的的实施行为，才能构成侵权，利用他人的专利供自己个人需要的不构成侵权。

（四）有损害行为发生

损害行为是指行为人在客观上未经许可实施了他人的专利，对他人的专利权造成了损害。具体是指：(1)发明和实用新型专利权被授予后，除本法另有规定的以外，任何单位或者个人未经专利权人许可，都不得实施其专利，即不得为生产经营目的制造、使用、许诺销售、销售、进口其专利产品，或者使用其专利方法以及使用、许诺销售、销售、进口依照该专利方法直接获得的产品。(2)外观设计专利权被授予后，任何单位或者个人未经专利权人许可，都不得实施其专利，即不得为生产经营目的制造、许诺销售、销售、进口其外观设计专利产品。

三、不视为专利侵权的行为

我国《专利法》第 75 条明确规定了不视为侵犯专利权的五种情形，具体包括：(1)专利产品或者依照专利方法直接获得的产品，由专利权人或者经其许可的单位、个人售出后，使用、许诺销售、销售、进口该产品的；(2)在专利申请日前已经制造相同产品、使用相同方法或者已经作好制造、使用的必要准备，并且仅在原有范围内继续制造、使用的；(3)临时通过中国领陆、领水、领空的外国运输工具，依照其所属国同中国签订的协议或者共同参加的国际条约，或者依照互惠原则，为运输工具自身需要而在其装置和设备中使用有关专利的；(4)专为科学研究和实验而使用有关专利的；(5)为提供行政审批所需要的信息，制造、使用、进口专利药品或者专利医疗器械的，以及专门为其制造、进口专利药品或者专利医疗器械的。

四、专利侵权的法律责任

（一）专利侵权的行政责任

根据法律规定，专利行政管理部门有权对一般的专利侵权行为人给予行政处理。专利行政管理部门根据专利权人的请求，通过调查核实，对专利侵权行为人有权作出相应的行政处理决定，责令侵权人停止侵权。另外，管理专利工作的部门还可以对侵权人个人或者侵权单位的直接责任人员，建议有关部门给予降职、降级、记过等行政处分，建议侵权人的上级管理部门对侵权企业进行整顿。

（二）专利侵权的民事责任

责令侵权人承担民事责任的方式主要有以下几种：

1. 停止侵权

专利权人和利害关系人对侵犯专利的行为，可以请求人民法院责令侵权人停止侵权，包括停止继续生产侵权产品等。采用停止侵权的方式，最能有效地、直接地、尽快地防止侵权，避免造成更大的损失。

2. 消除影响

自然人、法人或者其他组织的专利权受到侵害的，有权要求侵权人消除影响，消除由于侵权人所生产的低劣的假冒专利产品给被侵权人所造成的破坏性影响。消除影响应当采用公开的方法，如在报纸上、电视上刊登道歉广告等。

3. 赔偿损失

即责令侵权人赔偿被侵权人所遭受的经济损失，但经济损失往往很难计算。一般有四种计算方法：损失计算法、利润计算法、许可费计算法和法定赔偿额计算法，被侵权人可以选择其中一种，由人民法院或管理专利工作的部门确定并按全额予以赔偿。

典型案例 3-6

晶源公司诉华阳公司发明专利侵权案

2009 年 12 月，最高人民法院就武汉晶源环境工程有限公司(以下简称晶源公司)与太富士化水工业株式会社、华阳电业有限公司(以下简称华阳公司)专利侵权纠纷案作之审判决，维持了福建省高级人民法院的〔2001〕闽知初字第 4 号判决。原审法院认定公司在电厂使用的方法和设备均落入了原告晶源公司的专利权保护范围，但是认为“于火力发电厂配备烟气脱硫设施，符合环境保护的基本国策和国家产业政策，有利于建环境友好型社会，具有很好的社会效益，且电厂供电情况将直接影响地方的经济和民生。在本案中，如果华阳公司停止烟气脱硫设备的使用，将对当地民生产生不良的影响。为平衡权利人利益及社会公众利益，晶源公司要求华阳公司停止侵权的诉讼请求，本院不予支持。但华阳公司也应从其 1 号和 2 号机组投入商业运营起就使用涉案专利的纯海水烟气硫方法及装置向晶源公司支付相应的使用费，直至涉案发明专利权期限终止。本院根据涉案专利的类别等情况，酌定使用费为每台机组每年人民币 24 万元”。最高人民法院认为，鉴于本案烟气脱硫系统已被安装在华阳公司的发电厂并已实际投入运行，若责令停止行为，则会直接对当地的社会公众利益产生重大影响，故原审判决在充分考虑权利人利益与社会公众利益的前提下，未支持晶源公司关于责令停止侵权行为的诉讼请求，而是令华阳公司按实际使用年限向晶源公司支付每台机组每年人民币 24 万元至本案专利权限届满为止，并无不妥。

通过案例 3-6，最高人民法院明确了在专利侵权诉讼中可以不支持专利权人停止侵权行为请求的态度。在判决中，最高人民法院认为，决定是否采取“停止侵权”救济措施时应考虑其对公共利益的影响，当“停止侵权”救济措施对社会公众利益产生重大影响时应不适用这一救济措施。

(三)侵犯专利权的刑事责任

1. 假冒他人专利

我国《专利法》第 68 条、《专利法实施细则》第 84 条规定了假冒他人专利的情形。根据《刑法》第 216 条的规定，假冒他人专利，情节严重的，处 3 年以下有期徒刑或者拘役，并处或者单处罚金。

2. 泄露国家机密

我国《专利法》第 78 条规定："违反本法第十九条规定向外国申请专利，泄露国家秘密的，由所在单位或者上级主管机关给予行政处分；构成犯罪的，依法追究刑事责任。"我国《刑法》第 398 条规定：国家机关工作人员违反保守国家秘密法的规定，故意或者过失泄露国家秘密，情节严重的，处 3 年以下有期徒刑或者拘役；情节特别严重的，处 3 年以上 7 年以下有期徒刑。

3. 玩忽职守、滥用职权、徇私舞弊

我国《专利法》第 80 条规定："从事专利管理工作的国家机关工作人员以及其他有关国家机关工作人员玩忽职守、滥用职权、徇私舞弊，构成犯罪的，依法追究刑事责任；尚不构成犯罪的，依法给予处分。"我国《刑法》第 397 条规定："国家机关工作人员滥用职权或者玩忽职守，致使公共财产、国家和人民利益遭受重大损失的，处 3 年以下有期徒刑或者拘役；情节特别严重的，处 3 年以上 7 年以下有期徒刑。本法另有规定的，依照规定。国家机关工作人员徇私舞弊，犯前款罪的，处 5 年以下有期徒刑或者拘役；情节特别严重的，处 5 年以上 10 年以下有期徒刑。本法另有规定的，依照规定。"

(四)其他保护专利权的法律规定

专利权的具体保护方式包括民事保护、行政保护和刑事保护三种。此外，为了有效保护专利权人的合法权益，我国《专利法》还规定了"诉前临时禁止令"和"诉前证据保全"。

1. 诉前措施

根据《专利法》第 72 条规定，专利权人或者利害关系人有证据证明他人正在实施或者即将实施侵犯专利权的行为，如不及时制止将会使其合法权益受到难以弥补的损害的，可以在起诉前向人民法院申请采取责令停止有关行为的措施。由此可见，申请诉前禁令的主体限于专利权人和利害关系人。

申请诉前禁令应当具备以下条件：(1)专利权人或者利害关系人有证据证明他人正在实施或者即将实施侵犯专利权的行为。(2)专利权人或者利害关系人有证据证明如不及时制止该行为将会使其合法权益受到难以弥补的损害。

2. 诉前证据保全①

为了加强对专利权的保护，防止侵权人在专利权人起诉前转移、毁灭证据，根据《专利法》第 72 条的规定，专利权人或者利害关系人可以在起诉前向人民法院申请证据保全。申请诉前证据保全，应当具备以下条件：其一，为了制止专利侵权行为；其二，如果不采

① 参见吴汉东：《知识产权法》，北京大学出版社 2014 年版，第 230~231 页。

取诉前证据保全，侵权证据可能灭失或者以后难以取得。

3. 专利侵权中的举证责任①

专利权人控告他人侵犯专利权，需要承担的举证责任主要包括：证明其是适格的原告、证明专利的有效性、说明专利权的保护范围、证明被告未经许可实施了其专利。如果是产品专利，专利权人根据情况，可能还需要提供被告侵权产品，分析并说明侵权产品的主要技术特征与专利产品的权利要求书中的必要技术特征相同或者等同。对于一般的方法专利，专利权人则需要证明被告所采用的生产方法、工艺流程等与权利要求书中的必要技术特征相同。由于生产方法、工艺流程等具有较强的保密性，难以通过公开的途径获取证据，因此权利人可以在起诉的同时申请证据保全，由法院派员亲临侵权人生产现场进行了解。

当事人对自己提出的主张，有责任提供证据。如果专利权人或利害关系人主张他人侵犯专利权，应证明他人实施了侵犯专利权的行为。对于方法专利而言，由专利权人证明他人实施了专利方法有一定的困难。因此，我国《专利法》第 66 条第 1 款规定，对于新产品制造方法专利，由制造同样产品的单位或者个人举证证明其产品制造方法不同于专利方法。这种新产品制造方法专利的举证责任倒置，是 TRIPs 协议第 34 条的明确要求，也是很多国家实行多年的做法。

新产品制造方法专利的举证责任倒置，须符合以下条件：第一，所涉及的专利为新产品制造方法专利。所涉及的专利必须是方法专利，并且属于新产品制造方法专利，而不是使用方法、通信方法、处理方法以及将产品用于特定用途的方法等。第二，所涉及的产品为新产品。《最高人民法院关于审理侵犯专利权纠纷案件应用法律若干问题的解释》第 17 条规定："产品或者制造产品的技术方案在专利申请日以前为国内外公众所知的，人民法院应当认定该产品不属于专利法第 61 条第 1 款规定的新产品。"这就是说，产品本身或者制造产品的技术方案中有一项在方法专利的申请日之前已经为国内外公众所知的，该产品就不属于新产品。第三，专利权人完成了其他举证责任。新产品制造方法专利举证责任倒置，仅指被诉侵权人所使用的方法由被诉侵权人举证，而其他举证责任仍由原告承担。专利权人必须首先举证证明被诉侵权人制造了被诉侵权产品，并且该产品属于新产品，才能转由被诉侵权人举证证明其使用的方法不同于专利方法。当然，对于该产品是否新产品，一般结合专利权人的举证和被诉侵权人的反证来认定。

第八节　专利实施的特别许可

专利权保护范围的法律边界，为社会公众提供明确的法律界限。专利权利作为一种排他性的独占权，其权利边界必须清晰明确，否则专利权人权利的行使就可能超出其法律规定享有的权利范围，损害到社会公众的公共利益。

---

① 参见吴汉东：《知识产权法》，北京大学出版社 2014 年版，第 231~232 页。

一、专利实施的强制许可

强制许可是指国务院专利行政部门依照《专利法》规定，不经专利权人同意，直接允许其他单位或个人实施其发明创造的一种许可方式，又称非自愿许可。强制许可的实施人不能无偿实施专利，而是必须向专利权人支付合理的使用费。取得强制许可的单位或者个人不享有单独的实施权，并且无权允许他人实施。

二、强制许可的种类

(一)防止专利权滥用的强制许可

《专利法》第53条规定："有下列情形之一的，国务院专利行政部门根据具备实施条件的单位或者个人的申请，可以给予实施发明专利或者实用新型专利的强制许可：(一)专利权人自专利权被授予之日起满三年，且自提出专利申请之日起满四年，无正当理由未实施或者未充分实施其专利的；(二)专利权人行使专利权的行为被依法认定为垄断行为，为消除或者减少该行为对竞争产生的不利影响的。"

(二)根据公共利益需要的强制许可

专利制度发展至今，强制许可制度不仅仅是限制专利权人滥用权利的一种措施，更重要的是作为一种保障国家利益和公共利益的方式。我国《专利法》第54条规定，在国家出现紧急状态或者非常情况时，或者为了公共利益的目的，国务院专利行政部门可以给予实施发明专利或者实用新型专利的强制许可。《专利法》第55条进一步规定，为了公共健康目的，对取得专利权的药品，国务院专利行政部门可以给予制造并将其出口到符合中华人民共和国参加的有关国际条约规定的国家或者地区的强制许可。

从以上规定可以看出，根据公共利益给予的强制许可必须具备以下条件：(1)出现紧急状态或者非常情况时，例如战争或危及国家安全的紧急状态，或出现自然灾害或疾病流行等非常情况。(2)为了公共利益的目的，这主要是指用专利的目的是公共非商业性使用，具体可体现为是为了公众的利益或国防等关系到国计民生情况下的使用。(3)为了公共健康的目的，出于保护公众健康的需要，国务院专利行政部门可以直接作出强制许可的决定。

(三)从属专利的强制许可

我国《专利法》第56条规定："一项取得专利权的发明或者实用新型比前已经取得专利权的发明或者实用新型具有显著经济意义的重大技术进步，其实施又有赖于前一发明或者实用新型的实施的，国务院专利行政部门根据后一专利权人的申请，可以给予实施前一发明或者实用新型的强制许可。在依照前款规定给予实施强制许可的情形下，国务院专利行政部门根据前一专利权人的申请，也可以给予实施后一发明或者实用新型的强制许可。"

从以上规定可以看出，依据技术依存专利给予的强制许可必须具备以下条件：(1)申请人必须是要实施专利技术的专利权人。其既可以是单位，也可以是个人，都必须具备实施有关发明或者实用新型专利的条件。(2)两项发明或者实用新型专利之间必须是存在相互依存关系的，后一项专利的实施又有赖于前一专利的实施，否则后一项专利将无法实施的。(3)后一项发明或者实用新型比前一项具有显著的经济意义上的重大技术进步，即在技术上有较突出的贡献，并且能够产生巨大的经济效益。(4)必须是后一项发明的专利权人申请强制许可，并且获得强制许可实施后，前一项发明的专利权人才可申请实施后一项发明的强制许可。如果后一专利权人没有申请要求实施前一发明创造，或申请没有获得批准，则前一专利权人不能获得对后一专利的实施权。

在先专利的专利权人也可能希望能够实施在后专利的技术。考虑到在先专利的专利权人的利益，如果在后专利的专利权人取得了实施在先专利的强制许可，国务院专利行政主管部门依照在先专利权人的申请，也应当给予在先专利权人实施在后专利的强制许可。这是为了保持先后两个专利权人利益平衡所必需的。

(四)对涉及半导体技术的强制许可

我国《专利法》第57条规定："强制许可涉及的发明创造为半导体技术的，其实施限于公共利益的目的和本法第五十三条第(二)项规定的情形。"据此，颁发这种强制许可，限于以下两种情形：(1)为了公共利益的目的。(2)专利权人的行为被依法认定为垄断行为，为消除或者减少该行为竞争产生的不利影响。除了上述两种情形外，不得对涉及半导体技术的发明专利实施强制许可。

三、专利的指定许可

专利的指定许可是指国家主管机关对国有企事业单位拥有的对国家利益或者公共利益具有重大意义的需要推广应用的发明专利，按照法定程序许可指定单位实施的一种行政措施。

我国《专利法》第49条规定："国有企业事业单位的发明专利，对国家利益或者公共利益具有重大意义的，国务院有关主管部门和省、自治区、直辖市人民政府报经国务院批准，可以决定在批准的范围内推广应用，允许指定的单位实施，由实施单位按照国家规定向专利权人支付使用费。"

指定许可是我国专利制度中特有的制度，体现了"中国特色"。根据法律规定，指定许可应当符合下列条件：(1)被指定许可的专利，只限于发明专利，不包括实用新型和外观设计专利。此外，成为指定许可的发明专利，必须是对国家利益或者公共利益具有重大意义或者影响的发明专利，而不是一般的发明专利。(2)被指定许可的专利，仅限于国有企业事业单位拥有的发明专利。(3)指定许可的实施，必须由国务院有关主管部门和省、自治区、直辖市人民政府报经国务院批准。(4)指定许可的实施范围，只限于在批准推广应用的范围内，由指定实施的单位实施，个人不能作为指定许可的被许可人。此外，获得指定许可实施的单位应当按照国家规定向专利权人支付使用费。

第四章　商标法基础

【学习目标】

1. 了解商标的种类
2. 熟悉商标取得和注册的程序
3. 掌握商标权的内容
4. 熟悉对商标权的限制
5. 掌握商标侵权的法律责任的构成要件

第一节　商标与商标法概述

商标是物质生产丰富到一定程度和商业竞争发展到一定阶段的产物。可以想象，在一个只有 100 户人家的封闭小山村中，如果只有一户人家烙制和出售烧饼，其他 99 户想买烧饼都要跑到这家去，这户人家并不需要在烧饼上烙上一个标记。因为此时并无其他人家烙制和出售烧饼，在不存在商业竞争的情况下，无须通过商标向购买者标明烧饼的烙制者和销售者。然而，如果这户人家来到上海开设烧饼店，就会发现有大量的同业竞争者。为了将自家的烧饼与其他经营者的烧饼区分开，让爱吃自家烧饼的消费者不会买错，这户人家就需要使用一个标志将其烙制和出售的烧饼与竞争者的烧饼区分开，这种标志就是商标，其核心功能在于识别来源①。

一、商标制度的历史发展

商标是商品交换和商品经济的产物，最初是由于史前人类部落对于图腾的喜爱，作为一种部落或者个人信仰的象征符号而存在。人类在早期社会活动中已经采用符号来表明身份、确定物品归属。在原始社会，原始人类就出于识别目的开始在一些物品上刻印标记。例如在文字发明之前，埃及人就在牛背上烙上印记，以表明牛的权属。1000 多年前的北周时期的居民已经有了在陶器上署名的意识行为。② 随着商品经济的不断发展和商事活动的日益繁荣，为了使商品来源有所区分，出现了以商品产地或者制作者姓名作为区别商品的标识。

---

① 王迁：《知识产权法教程》(第七版)，中国人民大学出版社 2021 年版，第 488 页。

② 董廷新等：《商标艺术起源与图腾崇拜》，载《设计艺术(山东工艺美术学院学报)》2007 年第 3 期。

我国古代也不乏对标识的使用现象。宋朝时期的“白兔”应当为影响范围最广的古代商标，在当时就已经初具区别来源、商业宣传的效果。该标识(如图 4-1)主要由文字和图形要素组成，用作印刷广告的模板。这枚四四方方的“白兔”商标，被认为是中国历史上的第一个商标。商标上方由“济南刘家功夫针铺”几个字组成，中部由“白兔”的图案构成，白兔两侧竖刻“认门前白兔儿为记”，下方阳文竖刻“收买上等钢条，造功夫细针，不偷工，民便用，若被兴贩，别有加饶，请记白(兔)”。①

图 4-1 宋朝时期的“白兔”商标

随着欧洲商品经济的进一步发展和工业革命如火如荼地展开，商业标记制度作为一种市场运转的规则秩序而逐渐建立。1803 年，法国颁布的《关于工厂、制造厂和作坊的法律》一度被认为是世界上最早的商标法②，但是这部法律并非专门规定商标的法律。1857 年，法国通过了真正意义上的商标法——《关于以使用原则和不审查原则为内容的制造标记和商标的法律》，这部法律被看作是具有近代价值和意义的第一部商标法。

如上所述，商业标识的出现和使用并没有推动商标制度的发展。我国最早的商标法《商标注册试办章程》于 1904 年由清政府颁布③。这部法律并不是由清政府起草的，而是由当时控制着中国海关业务的英国人起草的章程，目的在于保护当时英国商人的在华利益。该法律并未得以实施。

中华人民共和国成立后，我国商标法律制度开始建构和发展。1950 年，我国颁布了 11 部法律，其中包括政务院颁布的《商标注册暂行条例》④，其对商标的申请、注册、审查等进行了规定。商标强制注册(即商标全面注册)制度是由 1963 年的《商标管理条例》规

① 郑成思：《我国商标制度的沿革——商标制度的起源及发展(二)》，载《中华商标》1997 年第 6 期。

② 李明德：《两大法系背景下的商标保护制度》，载《知识产权》2021 年第 8 期。

③ 李海勇：《商标注册试办章程》，载《中国海关》2007 年第 9 期。

④ 胡刚等：《新中国商标事业的开端——从第一期商标公报谈起》，载《中华商标》2019 年第 6 期。

定的，该部法律强调对商标在行政意义上的监管和管理。① 随着改革开放的不断发展，为了落实相关政策需求，我国在1979年由中央工商行政管理局成立了专门的立法小组，并在1982年由全国人民代表大会常务委员会颁布了《中华人民共和国商标法》(以下简称《商标法》)。② 作为中华人民共和国成立后的第一部知识产权单行法，1982年《商标法》推动了我国的知识产权法治建设、促进了知识产权监管的完善、对知识产权人才的输送和培养具有重要意义。

二、商标的概念

商标是商品或服务的提供者为了将自己的商品或服务与他人提供的同种或类似商品或服务相区别而使用的标记。TRIPs协议第15条第1款规定，任何标志或标志的组合，只要能够将一个经营者的商品或服务与其他经营者的商品或服务区分开，就可以构成商标。这些标志，特别是字词，包括人名、字母、数字、图案、颜色的组合以及任何此类标志的组合，均可被注册为商标。我国《商标法》第8条规定："任何能够将自然人、法人或者非法人组织的商品与他人的商品区别开的标志，包括文字、图形、字母、数字、三维标志、颜色组合和声音等，以及上述要素的组合，均可以作为商标申请注册。"由此可见，商标能够起到将某一商家提供的商品与服务和其他商家提供的相同或类似的商品与服务区别开来的作用，而商品或服务名称等其他用语的首要作用并不是对商品或服务的来源加以区别。例如，许多冰激凌的外包装上都有五颜六色的图案作为装饰，也都印有"冰淇淋"三个字。但如果孩子要求父亲购买"冰淇淋"或"好看的冰激凌"，父亲则是很难作出选择的，因为"冰淇淋"不过是一类商品的通用名称，凡是外包装有亮丽装饰的都可以是"好看的冰激凌"。但如果孩子告诉父亲要买"哈根达斯"或"蒙牛"冰激凌，父亲则很快就能买到符合孩子要求的冰激凌，因为"哈根达斯"和"蒙牛"均是冰激凌的商标，厂商通过在自己生产的冰激凌上使用商标，就能使消费者将其提供的冰激凌与其他厂商生产的冰激凌区分开来。③ 王太平老师认为，所谓商标是指商品的生产者、经营者或服务的提供者在某商品或服务上使用的该商品或服务与其他同种商品或服务相区别的可感知性标志，即由任何可感知要素及其组合所构成的标志。因此准确地理解，商标应具有两个基本要素：一个是商标所使用的标志，另一个是商标所蕴含的有关商品或服务的信息，缺乏其中任何一个要素都不构成商标。④ 美国著名商标法专家麦卡锡教授指出，商誉和它的商标记号之间之不可分离，就像暹罗双胎一样至死不可分离⑤。

---

① 车文秋：《从行政许可法看商标代理管理条例》，载《中国知识产权报》2005年4月8日，第7版。

② 《中华人民共和国商标法》经1982年8月23日第五届全国人民代表大会常务委员会第二十四次会议通过。

③ 王迁：《知识产权法教程》(第七版)，中国人民大学出版社2021年版，第489页。

④ 王太平、姚鹤徽：《商标法》，中国人民大学出版社2020年版，第2页。

⑤ J. Thomas McCarthy, McCarthy on Trademarks and Unfair Competition, Fifth Edition March 2020 Update, §18: 2.

三、商标的分类

(一)按商标构成要素分类

1. 文字商标

文字商标是指构成商标的标志是由文字构成的。构成商标的文字可以是汉字或者外文，也可以是拼音或字母，凡是人类所使用的文字均可以作为文字商标使用。文字商标的优点在于便于口头称谓，易于记忆、传诵，但是不够形象，视觉冲击力不太强。

2. 图形商标

图形商标是指单纯由图形，即点、线、面所构成的商标。图形商标的优点是，商标标志本身可能就是一件艺术作品，不受语言的约束，生动、鲜明、形象，利于跨国界传播。但它也有缺点，与文字商标相比较而言，图形商标不便于口头称呼，不便于相互交流。

3. 颜色商标

颜色商标是指构成商标的标志是由颜色构成。颜色商标可以分为单色商标和颜色组合商标。单色商标是由一种颜色构成的商标。颜色组合商标是由两种或两种以上颜色构成的商标。我国《商标法》第 8 条在界定颜色商标的构成要素时，使用了“颜色组合”一词，表明目前我国的商标立法只承认颜色组合商标能够在我国获得商标注册。

4. 组合商标

组合商标是由文字、图形或颜色组合而成的商标。组合商标兼具文字商标、图形商标和颜色商标的优点，在实际经济生活中被大量采用。组合商标中的文字与图形、颜色相互协调、密切联系，形成一个和谐整体，使得商标既便于称呼，又非常形象，便于跨国界传播。

(二)按商标使用对象分类

1. 商品商标

商品商标是指使用于商品之上的商标。根据使用者的不同，又可以分为商品的生产者在其生产或制造的商品上所使用的制造商标和销售者在其销售的商品上所使用的销售商标两类。商品商标一般可以通过直接贴附于商品、贴附于商品外包装、用于广告宣传等方式使用。

2. 服务商标

服务商标是指服务的提供者在服务项目上所使用的商标。我国 1982 年《商标法》并没有对服务商标作出规定，1993 年修正的《商标法》增加了有关服务商标的规定，自此服务商标与商品商标一样都受到商标法的保护。服务商标与商品商标不同，由于服务是无形的，是一个行为过程，因而，服务商标不能像商品商标那样，直接贴附于商品或商品外包装上使用，而是通过广告和服务过程中的其他环节来使用和体现的。

（三）实践中的几类特殊商标

1. 集体商标

根据我国《商标法》的规定，所谓集体商标是指以团体、协会或者其他组织名义注册，供该组织成员在商事活动中使用，以表明使用者在该组织中的成员资格的标志。与一般商标相比，使用同一集体商标的经营者或服务提供者属于同一组织；集体商标所有权属于集体组织，而组织的成员享有使用权；集体商标不得许可非集体成员使用；集体商标权利人准许其组织成员使用集体商标时不需要签订商标许可合同。注册集体商标是我国地理标志保护的重要形式。例如，沙县小吃同业公会于 1998 年注册了“沙县小吃”服务商标，2006 年注册了“沙县小吃同业公会及图形”集体商标，审定服务项目为餐馆、饭馆、流动饮食供给、咖啡馆、鸡尾酒会服务等。我国比较常见的集体商标还有“佛山陶瓷”“山西老陈醋”“镇江香醋”“五常大米”“西湖龙井茶”“舟山带鱼”“绍兴黄酒”“金华火腿”“安溪铁观音”等。

2. 证明商标

根据我国《商标法》的规定，所谓证明商标是指由对某种商品或者服务具有监督能力的组织所管理，而由该组织以外的单位或者个人使用其商品或者服务，用以证明该商品或者服务的原产地、原料、制造方法、质量或者其他特定品质的标志。与一般商标相比，证明商标并不识别具体商品的来源，而仅仅表明使用该证明商标的商品或服务达到了某种标准；证明商标不具有专有性；证明商标的注册人自己不能使用该标志，但负有对使用该证明商标的产品或服务质量进行鉴定、评定及监督控制的义务；证明商标的权利人不得拒绝符合其条件的使用者使用其证明商标。注册证明商标也是我国地理标志保护的重要形式。典型的证明商标如“绿色食品”商标，该商标由中国绿色食品发展中心注册。经营者需要使用“绿色食品”商标的，要向中国绿色食品发展中心提出使用申请，由该中心对经营者拟使用“绿色食品”商标的商品进行检测、审核和认证，经鉴定符合“绿色食品”要求的，准予使用“绿色食品”商标。

3. 联合商标

联合商标是指商标所有人注册的用于相同或者类似商品的一系列与主商标相近的商标。例如，娃哈哈公司的主商标是“娃哈哈”。为了保护主商标，娃哈哈公司还注册了“娃娃哈”“哈娃娃”“哈哈娃”等与主商标近似的商标。注册联合商标的目的在于保护主商标，防止他人使用或注册与主商标近似的商标，保护自己的利益，防止市场混淆，防止初始商标显著性的淡化甚至丧失。在联合商标中，除主商标外，其他商标不要求使用。同时，我国《商标法》第 42 条第 2 款规定：“转让注册商标的，商标注册人对其在同一种商品上注册的近似的商标，或者在类似商品上注册的相同或者近似的商标，应当一并转让。”据此，在发生转让时，应把联合商标作为一个整体对待，一并转让。对容易导致混淆或者有其他不良影响的转让，商标局不予核准，书面通知申请人并说明理由。

4. 防御商标

防御商标是指商标的所有人在与注册商标所核定使用的商品或服务类别不同的其他商品或者服务上所注册的与其注册商标相同的商标。例如，中兴通讯公司不仅在其主营业务通信产品上注册了“中兴”商标，还在其他商品或服务类别上注册了“中兴”商标。注册防御商标的目的是防止他人将其注册商标用于不同的商品或服务上。被防御的主商标一般应是驰名商标。

5. 非传统商标

传统商标是人的视觉能够感知的标志，非传统商标是指非视觉性的，需要依靠人的眼睛之外的其他感觉器官感知的标志，包括听觉商标、嗅觉商标和触觉商标等。从理论上说，只要某一种为人的感觉器官所感知的标志能够区分商品或服务的来源，就可以作为商标获得注册和保护。但是在实践中，非传统商标由于并非人的视觉可以感知，在申请商标注册时会遇到明确注册标的、判断显著性有无、确定保护范围等难题。目前，随着商标注册审查技术的不断进步，立法上逐渐有承认非传统商标的趋势。我国2013年修订的《商标法》删除了注册商标“可视性”的要件，首次规定声音可以作为商标申请注册。但是，嗅觉商标、触觉商标等尚未被我国《商标法》承认。2016年5月14日，“中国国际广播电台广播节目开始曲”商标注册申请注册公告完成正式发证，成为我国首例注册成功的声音商标。目前，人们耳熟能详的腾讯QQ“滴滴滴滴滴滴”的经典提示音，酷狗音乐软件启动时的“Hello，KUGOU”的声音等，都已经注册为商标。①

典型案例4-1

“阿克苏苹果及图”地理标志证明商标案

新疆阿克苏地区苹果协会于2009年1月21日在第31类苹果商品上注册了地理标志证明商标，注册证号为第5918994号。当事人张某未经许可，将从陕西等地收购的苹果装入印有“阿克苏”“中国-新疆”等字样的包装箱内对外销售。新疆阿克苏地区苹果协会发现这一情况之后，向上海市青浦区市场监督管理局投诉举报。上海市青浦区市场监督管理局立案调查，现场查获侵权阿克苏苹果673箱，违法经营额共计为33650元。上海市青浦区市场监督管理局根据我国《商标法》的规定，对当事人侵犯该地理标志证明商标专用权的行为作出责令立即停止侵权行为、没收侵权商品、罚款5万元的行政处罚。

案例4-1入选了国家知识产权局发布的“2018年度商标行政保护十大典型案例”，它是涉及地理标志证明商标的典型案件。涉案商标是新疆阿克苏地区苹果协会于2009年注册的，既是地理标志，又是证明商标。要使用该地理标志和证明商标，经营者须提供相应的证明材料，证明其苹果产自新疆阿克苏地区，并向新疆阿克苏地区苹果协会申请使用该地理标志证明商标。在未经新疆阿克苏地区苹果协会许可的情况下，张某将从陕西等地收购来的苹果冒充新疆阿克苏苹果进行销售，容易造成消费者发生混淆误购，损害新疆阿克苏地区苹果的生产者和经营者的利益，是侵犯注册商标专用权的行为。

① 王太平、姚鹤微：《商标法》，中国人民大学出版社2020年版，第2页。

四、商标的功能

商标的功能包括识别来源、品质保障和广告宣传。其中识别来源为其核心功能，也是商标的本质特征和进行商标注册的前提条件。

(一)识别来源功能

商标的首要功能是区分商品或服务的来源，使消费者通过商标将相同或类似商品或服务的提供者区分开来，也就是消费者可以根据在商品或服务上使用的商标，知晓该商品或服务源于一个特定的提供者(而不是与之竞争的其他提供者)，信赖该提供者将为所有使用了该商标的相关商品或服务的质量承担责任。商标的这一功能被称为识别来源功能，不具有识别来源功能的标志不能被称为商标，更不能被注册为商标，从而得到商标法的保护。而凡是具有上述识别来源功能的标志都是商标，无论其是否被注册。例如，过去由于厂商的商标意识不强，许多已使用多年甚至家喻户晓的商标未被注册，如上海的“美加净”商标。但并不能以此认为这些标志就不是商标。相反，如果标志由于某种原因不再具有识别来源的功能，即使其过去因为具有识别来源功能而被注册为商标，也不能再作为商标受到保护。例如，“优盘”曾经是朗科公司的注册商标，但随着“优盘”逐渐成为“闪存”的通用名称，“优盘”已经不能起到将朗科公司生产的“闪存”与其他公司生产的“闪存”加以区别的作用，因此，朗科对“优盘”的商标注册很难得到维系。

与商标的识别来源功能相适应，商标法的首要目标也在于确保商标的识别来源功能得到正常实现，保证消费者能够通过商标识别商品或服务的来源，为自己希望购买的商品或使用的服务而付费，以此降低消费者识别商品或服务来源所需要的信息成本，并促进经营者对质量的保障和展开公平竞争。而假冒他人商标的行为会对他人商标的识别来源功能造成严重破坏。例如，将与他人商标相同的标志贴在相同的商品上，会使消费者误以为该商品是由他人制造或授权制造的。这样一来，商标原本所具有的将不同厂商提供的相同商品加以区分的功能就会荡然无存。正因为如此，假冒商标这种干扰商标识别来源功能的侵权行为是商标法首先要预防和打击的。①

(二)品质保障功能

商标的品质保障功能是指商标向消费者传递了这样一种信息：使用相同商标的商品或服务具有相同的品质。这一功能在商品制造者、服务的直接提供者和商标权人相分离的情况下，显得特别重要。随着全球经济一体化步伐的加快，越来越多知名品牌的权利人为了降低生产成本，选择在人力资源丰富、工资水平较低的国家和地区投资设厂，或干脆与当地企业签订合同，由当地企业按照其要求制造商品，再贴上商标，在世界各国进行销售。这在国际贸易中被称为“定牌生产”或“定牌加工”。在这种情况下，商品的真正制造者与商标权人已发生了分离，消费者凭借商标往往只能识别商标权人，而非商品的真正制造者。即便如此，只要消费者信赖商标权人的信誉，认定使用相同商标的商品具有相同的品

① 王迁：《知识产权法教程》(第七版)，中国人民大学出版社 2021 年版，第 490 页。

质，自己能够享受到相同的售后服务保障，也依然愿意购买使用其商标的商品，而无论该商品是否由商标权人自己制造。这就是商标品质保障功能的体现。例如，“耐克”是一家美国厂商在体育用品上注册的商标，而“耐克”跑鞋目前几乎是在美国以外的国家和地区制造的。消费者购买“耐克”跑鞋时并不关心它的真正制造者是甲企业还是乙企业，而是与“耐克”商标相关的质量、声誉和售后服务保障。商标的品质保障功能对于商标权人而言是一把“双刃剑”：一方面，商标权人在保证商品或服务质量的前提下，可以广泛地许可他人使用自己的商标，以最大限度地实现商标所蕴涵的价值；另一方面，商标权人必须注意保持商品或服务的品质，因为即使是一小部分商品或服务的质量出现问题，也会使消费者怀疑所有使用相同商标的商品或服务的质量，从而使商标权人的商业信誉受到沉重打击。例如，2006 年部分日本 SK-Ⅱ化妆品在我国被检测出含有重金属成分之后，各种 SK-Ⅱ化妆品的销量均大为降低。因此，商标的品质保障功能能够促使商标权人始终保持其商品或服务的质量。

（三）广告宣传功能

商标具有的识别来源功能也使商标成为营销手段，商标权人很容易利用商标进行广告宣传，也就是在广告中突出商标的地位，使人们对商标产生强烈的印象，从而通过商标选择其提供的商品或服务。例如，“恒源祥”商标的广告词只有“恒源祥，羊羊羊”六个字，但通过反复宣传，不但使消费者熟知“恒源祥”商标，也使消费者一看到“恒源祥”商标，就将它与质量上乘的羊毛制品联系起来。这样，“恒源祥”实际上起到了宣传其识别来源的羊毛制品的广告作用。商标的广告宣传功能在驰名商标上体现得特别明显，一些商场为了吸引消费者，在显著位置展示其所售商品的商标，就是在利用这些驰名商标突出的广告宣传功能。即使不在专门的广告宣传中使用商标，商品和服务上使用的商标久而久之也自然会起到宣传的效果，消费者自然会将商品和服务的上乘质量归于该商标，也就是使商标权人通过商标积累起足以吸引消费者的商誉，商标权人也自然会继续投资改进商品质量和功能。我国《商标法》将“反向假冒”（去除他人商品上原有商标，贴上自己的商标并将更换商标的商品重新投放市场）定为商标侵权行为，可能就是考虑到该行为损害了商标的广告宣传功能，因为该行为剥夺了商标权人将商标作为营销手段的权利，无法使商标权人凭借商标积累声誉和吸引消费。

商标权是知识产权中最特殊的一类权利。其一，商标权并非智力成果权。尽管许多商标的文字、图形或者其组合确实别具一格，既新颖又美观，是智力创造的结果，但要获得商标权，商标本身不需要智力上的创造性，而只需要有显著性。例如，某人在野外偶然发现了一块形状奇特的石头，虽然该石头并不是发现者的智力劳动成果，但他完全可以用该石头的形状为图案获得商标注册。再如，一个人的姓名只要相对于某种商品或服务具有显著性，也完全可以作为商标注册，如“王守义”牌调料。因此，商标并不一定是智力活动的成果。其二，著作权法的立法目的在于促进作品的创作，专利法的立法目的在于鼓励发明创造，而商标法的立法目的与鼓励创作或创造并无关系，作为商标的标志完全可以是一种早已为公众所周知的文字或图案。商标法也并不要求经营者自己去创造、绘制一个与众不同的商标。假设某面包店的经营者制作面包时没有使用任何有智力含量的配方，而是仍然使用广为人知的普通配方，他也没有采取任何广告营销策略。但他为人本分、老实，一贯使用真材实料，从不弄虚作假，久而久之，大家都知道这家面包店出售的面包货真价实，从而使得以经营者名字命名的注册商标获得了极高的声誉，变得远近闻名。在这种情况下，经营者商标权的取得和商标声誉的提升与“智力成果”并无关系。商标法的立法目的首先是确保消费者能够根据商标的识别来源功能选择商品或服务，保护消费者免受商业欺诈；其次是保护经营者因投资提高产品和服务质量而获得的良好商业信誉，防止经营者付出的努力因他人的假冒和仿冒行为而无法获得经济回报，以此维持正常的商业竞争秩序，鼓励经营者努力改进产品质量和提高服务水平。商标法与著作权法、专利法在立法目的上的差异在美国知识产权立法的宪法来源上体现得特别明显。美国版权和专利立法的宪法依据被认为是美国宪法第8条，即“国会有权制定法律，通过在有限期间内赋予作者和发明者对其作品和发明的专有权利来促进科学和实用技术的进步”。而美国商标立法的宪法依据不是第8条，而是授权管制州际与国际贸易的条款。美国时任众议院司法委员会主席F. 詹姆斯·森森布伦纳(F. James Sensenbrenner)在2005年修订《美国联邦反商标淡化法》的报告中清楚地指出：“商标法并不涉及典型的知识产权”，“传统商标法的首要政策动因并不是保护财产权，而是保护消费者免受欺诈和产生误认”①。美国法院也认为，“商标并不是通常意义上的财产，而只是指示商品来源的词汇或标识。商标权人有权防止使用了商标的商品在来源上与他人的商品发生混淆，也有权防止他人对商标进行引人误导的使用，以免自己的生意被竞争者抢去。除此之外，对于商标无权利可言”②。既然商标法的目的并不在于促进智力成果的创作或创造，那么为什么商标权还被认为是“知识产权”？为什么商标法还被普遍认为是知识产权法的组成部分呢？应当承认，“知识产权”和“知识产权法”这两个名称都是18世纪提出来的，它已经不能准确地反映时代的要求和变化。商标权被认为是与著作权、专利权相并列的知识产权，并不是因为商标与作品和发明创造一样，是智力活动的成果，而是因为商标权也是一种排他性的无形财产权利。从这个角度来看，“无形财产权”是比“知识产权”更加适合的术语。

第二节　商标的种类

商标是区分商品或服务来源的标志，随着经济社会的发展，各式各样的商标不断涌现。对于不同类型的商标，其获得注册的条件往往有所区别，法律的保护手段有时也有差异。因此，了解不同种类的商标能够帮助我们申请注册正确的商标。

一、可视性商标和非可视性商标

可视性商标是指由文字、图形、字母、数字、三维标志和颜色组合构成的商标，该集合均为可视性商标。通俗来讲就是能实际看得到的东西，一般是分为可视性商标一类。人们所熟知的绝大多数商标都是可视性商标，例如人们走在街上时常看到的各大品牌logo，

① House Report 109-23, Trademark Dilution Revision Act of 2005, p. 25.

② Lucas Film, Ltd. v. High Frontier, 622 F. Supp. 931, 933 (D. D. C., 1985).

如耐克公司硕大的“swoosh 勾”和肯德基的山德士上校图像等皆为可视性商标。

至于非可视性商标，通常指声音或气味，其在一定条件下一般可以申请非可视性商标。这类商标看不见摸不着，是属于比较抽象的存在，这类商标与可视性商标比起来并不常见。例如，我们所熟知的《猫和老鼠》动画片，在每一集的开头都会出现一头吼叫的狮子，这其实是美国米高梅公司(MGM)拍摄的电影片头，该片头中总有一段狮子吼声；即使电视机前的观众闭着眼睛，只要听见这段狮子吼也知道正在放映的是米高梅公司所制作的影视作品。再例如当今火热的流媒体平台奈飞(Netflix)，该视频平台所播放的剧集开头都会出现一段浑厚的敲桌子的声响。观众即使不看画面，单从声音也可以判断出该剧集是由奈飞公司出品。这样，能将该公司的电影和其他电影公司的电影区别开来，具有商标所要求的识别来源功能。

商品上特殊的气味如果与商品本身特征并无关系，经过长期使用后，人们一闻到这种气味就知道这是某特定商家提供的特定商品，这种气味就能起到商标所具有的识别作用。此前，美国就诞生了一枚气味商标，是孩之宝(Hasbro)公司为旗下品牌培乐多彩泥(Play-Doh)申请的，其商标阐述为“好似香草，略带樱桃味和麝香的气味，凑近闻还有种小麦面团的咸味”，任何一个接触过 DIY 彩泥的小孩对这股气味都不会陌生。另外一些发达国家已经在其商标立法中明确规定：非可视性标志可作为商标获得注册并受到保护。如澳大利亚 1995 年修订的《商标法》明确规定：商标的内容包括声音和气味。再如英国 1994 年修订的《商标法》也允许注册气味和声音商标。[①] 我国《商标法》在 2013 年被修订后，不仅规定可视性标志可以作为商标注册，也允许声音商标的注册。例如我们所熟悉的 QQ 提示音“滴滴滴滴滴”[②]，2016 年法院审理后认为，腾讯公司的申请商标具有特定的节奏、音效，且并非生活中所常见，另外结合 QQ 软件的知名度、“QQ”商标知名度、申请商标知名度及相互间对应关系，认为该商标指定使用在电视播放、新闻社服务项目上可以起到商标应有的标识服务来源的功能，具有显著性，应当予以核准注册。

二、平面商标和立体商标

根据商标所处的维度形态，可将商标分为平面商标和立体商标。其中，平面商标根据其构成可分为文字商标、图形商标和组合商标。

文字商标是指仅由文字构成的商标，包括中国汉字和少数民族语言文字、外国文字和阿拉伯数字以及不同类型文字的排列组合。例如“奥利奥”是由单独文字组合的文字商标，“4399”是由数字组成的文字商标，“58 同城”是由文字加数字组合形成的商标。

图形商标大致可分为如下几类：(1)记号商标，是指用某种简单符号构成图案的商标；(2)几何图形商标，是以比较抽象的图形构成的商标；(3)自然图形商标，是以人物、动植物、自然风景等自然的物象为对象所构成的图像商标。

组合商标是指由文字和图形共同构成的商标，如中国电信和中国东方航空公司注册的商标均包含了文字和图形的组合。

---

① 王迁：《知识产权法教程》(第七版)，中国人民大学出版社 2021 年版，第 491 页。

② 参见北京知识产权法院行政判决书〔2016〕京知行初 3203 号行政判决书。

立体商标是指占据一定立体空间的三维商标。根据立体商标与其指示来源的商品之间的关系，立体商标可分为三类：第一类是游离于商品之外，与商品可以完全分离的立体标志。典型的如北京冬奥会的吉祥物“冰墩墩”，麦当劳和肯德基快餐店门口的“麦当劳叔叔”和“山德士上校”以及米其林公司经典的轮胎人，消费者即使不看麦当劳、肯德基的招牌和米其林上的文字，仅凭上述立体标志就能识别出这些餐饮店和公司的来源。第二类是有识别性的商品外包装，如可口可乐富有特色的曲线型瓶子、费列罗巧克力的包装袋。这类形状在经过长期使用后，如可以被相关公众理解为识别商品来源的标志，就可作为商标注册。第三类是商品自身的形状，如美国好时 kisses 巧克力的螺旋外形。但是，如果这种形状是一类商品所通常具有的形状，则该形状并不能起到区分商品来源的作用，因此，不能作为商标注册。

三、商品商标和服务商标

根据商标识别对象的不同，可将商标分为商品商标和服务商标。商品商标就是商品的标记，它是商标的最基本表现形式，通常所称的商标主要是指商品商标；其中商品商标又可分为商品生产者的产业商标和商品销售者的商业商标。

1. 产业商标

产业商标又称为制造商标、工业商标、生产商标，指明确表示商品生产者的商标，是企业主要的使用形式。这种商标与“厂商名号”的意义相同，使得商品生产者所生产的商品有生产者的标记，从而与其他生产者区别开来。

2. 商业商标

商业商标又称销售商标、推销商标，是指销售者为了销售商品而使用的商标。这种商标的重点是宣传商品销售者的标记，而不是商品生产者。而服务商标用于识别服务提供者。例如，“中国东方航空”是服务商标，不是用于识别飞机的制造者，而是用于识别民用航空运输服务的提供者。

以往销售者很少使用商标来将自己销售的商品与他人销售的同类商品加以区分，但随着市场竞争的日趋激烈，许多销售者也开始使用销售商标来表明自己是相关商品的销售者。例如，在山姆超市中，许多小商品，如一次性杯子、袜子、鞋子和玩具等，均被印上了“山姆超市”商标。显然，这些商品并不是“山姆超市”超市自己制造的，而是通过第三方供应商供货，由超市进行销售。此时，这些商品上的“山姆超市”就是销售商标。

四、普通商标和集体商标、证明商标

根据商标权人的身份和商标所起到的作用，商标又可分为普通商标与集体商标、证明商标。普通商标是指普通经营者可以自行注册的商标，其作用在于识别商品或服务的提供者。集体商标是指以团体、协会或者其他组织名义注册，供该组织成员在商事活动中使用，以表明使用者在该组织中的成员资格的标志。例如沙县小吃同业公会于 1998 年注册了“沙县小吃”服务商标，2006 年又注册了“沙县小吃同业公会及图形”集体商标，审定服务项目为餐馆、饭馆、流动饮食供给、咖啡馆、鸡尾酒会服务等，该公会成员就可以在销售有关产品时使用该集体商标，以表明自己是该公会的成员。证明商标是指由对某种商品或者服务具有监督能力的组织所注册并控制，而由该组织以外的单位或者个人使用于其商品或者服务，用以证明该商品或者服务的原产地、原料、制造方法、质量或者其他特定品质的标志。例如，绿色食品商标是农业部中国绿色食品发展中心注册的证明商标，凡具备绿色食品生产、经营条件的企业和个人，向中国绿色食品发展中心申请，经审查符合绿色食品标准之后，就可使用绿色食品证明商标标志。

典型案例 4-2

"苏格兰威士忌"商标侵权案

苏格兰威士忌协会在威士忌酒上注册了"苏格兰威士忌"和"SCOTCH WHISKY"集体商标。青岛某酒业公司在生产并销售的"女王诗丹迪 12 年调和威士忌"和"女王 12 年苏格兰威士忌"等酒上使用了"SCOTCH WHISKY"字样。这些酒均在国内生产，也不是苏格兰威士忌原液的加工灌装，且不含有集体商标管理规则要求的麦芽成分。苏格兰威士忌协会起诉该酒业公司侵权。

法院指出，集体商标不等同于商品商标。使用集体商标，特别是以地理标志注册的集体商标，其目的是向相关公众标示商品特定产地，以起到显示该商品特定质量及信誉等特征的作用。被控侵权商品包装上标示有"SCOTCH WHISKY""苏格兰威士忌"字样，且辅以产品的英伦背景渲染，足以使公众误认为它们是来自苏格兰的威士忌酒，或由苏格兰威士忌协会的会员单位所生产，因此被告的行为构成侵权。①

典型案例 4-3

苹果公司和唯冠的 iPad 商标侵权案

2000 年，当时苹果并未推出 iPad 平板电脑，唯冠旗下的唯冠台北公司在多个国家与地区分别注册了 iPad 商标。2001 年，唯冠国际旗下深圳唯冠科技公司又在中国内地注册了 iPad 商标的两种类别。2006 年，苹果公司开始策划推出 iPad 时发现，iPad 商标权归唯冠公司所有。2009 年 12 月 23 日，唯冠国际 CEO 授权麦世宏签署了相关协议，将 10 个商标的全部权益转让给英国 IP 申请发展有限公司（该公司为苹果公司担心因表明身份与唯冠公司协商会遭到狮子大开口进而设立的一个全资子公司），其中包括中国内地的商标转让协议。协议签署之后，英国 IP 公司向唯冠台北公司支付了 3.5 万英镑购买所有的 iPad 商标，然后英国 IP 公司以 10 万英镑的价格，将上述 10 个 iPad 商标所有权转让给了"苹果"。商标一到手，英国 IP 公司就以 10 英镑的价格，将从唯冠购买的 10 个 iPad 商标所有权转让给苹果公司。2010 年 1 月 27 日，苹果公司在新闻发布会上向市场介绍了他们的新产品 iPad。2010 年 2 月，苹果公司根据我国当时《商标法》第 42 条的规定来中国商标局办理商标转让手续，将 iPad 引进

---

① 参见上海知识产权法院民事判决书〔2016〕沪 73 民终 245 号民事判决书。

中国市场，结果却发现无法为中国大陆的两个商标办理手续，因为这两个商标属于唯冠深圳公司。2010年4月，苹果公司向深圳市中级法院起诉唯冠深圳公司侵犯其合法取得的iPad商标权。该案在2010年4月19日受理，并于2011年2月23日、8月21日、10月18日三次开庭审理。深圳市中级人民法院作出一审判决：驳回苹果公司的全部诉讼请求，并由苹果方承担案件受理费人民币4.56万元。2012年2月29日，iPad商标权权属纠纷案在广东省高级人民法院二审开庭。庭审中双方言辞犀利、对抗激烈，庭审结束后，法院没有当庭宣判。最终，2014年7月2日，据广东省高级人民法院官方透露，苹果公司与深圳唯冠就iPad商标案达成和解，苹果公司向深圳唯冠公司支付6000万美元。

典型案例 4-4

“环保标志”集体商标撤销案①

德国绿点公司于1999年在所有类别的商品和一些类别的服务上注册了欧盟集体商标。其公布的管理规则称该商标可使消费者和经营者了解相关商品的包装已被纳入该公司的循环利用体系，以此区分其他包装和商品。2012年他人以该商标无正当理由连续5年未进行真实使用为由请求撤销该注册商标。欧盟知识产权局和欧盟普通法院均认为：绿点公司未在除包装材料外的其他商品和服务上对该集体商标进行真实使用，因为消费者不会将商品包装上的该集体商标视为识别商品来源的标志，而是认为该集体商标说明加入了绿点公司循环利用体系的其他企业实施了环保措施，从而告知其可以将这些企业所售商品的包装送到指定回收点进行处理。同时消费者可以凭借这些企业在商品上使用的商品商标区分商品来源，因此绿点公司的集体商标实现的目的不是去创造或维持商品本身的市场份额，没有发挥识别来源的核心功能，在核定使用的商品的包装上对该集体商标的使用不能构成在这些商品上对该集体商标进行的真实使用。

欧盟法院则认为：集体商标与普通商标不同，并不具有向消费者表明其所使用的商品或服务来源的功能，该识别来源功能用于向消费者确保相关商品或服务是在一个特定的企业控制之下制造或提供的，该特定企业将为其质量负责。集体商标的功能是表明相关商品或服务源于该集体商标注册者(一个集体组织)的成员。只要使集体商标发挥该核心功能，就属于对集体商标的真实使用。在本案中涉案集体商标被核定使用的商品或服务中，有一些会产生消费者必须丢弃的包装垃圾，而那些加入了绿点公司循环利用体系的商品制造者和销售者，则被许可在包装上使用涉案集体商标，以说明其包装可被以环境友好的方式循环利用，这可能对消费者的购买意愿产生影响，因此也有助于开拓或维持这些商品的市场。因此，涉案集体商标已发挥了其核心功能，存在真实使用。欧盟普通法院的判决被撤销。

① 王迁：《知识产权法教程》(第七版)，中国人民大学出版社2021年版，第498页。

在案例4-4中，欧盟法院指出了集体商标并没有普通商标具有的识别商品或服务来源的功能，因此不能以集体商标没有发挥识别来源功能而认定其没有被真实使用。这一点是正确的，否则任何集体商标都会因被认为无法发挥识别功能、不存在真实使用而被撤销，对集体商标的注册也就毫无意义了。

第三节　商标权的取得

商标权的取得条件是商标法的重要内容，它在很大程度上决定了商标法保护对象的范围，在一定程度上也影响着商标保护的强度。商标权的取得也有原始取得和继受取得之分。商标权的原始取得和著作权的原始取得存在很大不同。在我国，商标权的原始取得并不是自动产生的。民事主体即使通过努力的市场经营劳动，赋予自己的商标以商誉，甚至是通过使用该商标使之变成了驰名商标，但因其未完成正式的国家注册授权程序，该驰名商标的所有人仍然不能获得注册商标专用权。从世界范围来看，在商标权原始取得的方式上，不同的国家有不同的做法，例如，《德国商标法》第4条就明确规定："注册和通过使用使得商标具有'第二含义'都是产生商标专用权的途径。"而依据美国《兰哈姆法案》，"注册仅仅是当事人获得商标专用权的初步证据，注册获得的商标专用权可以被他人的在先商标使用行为所推翻"。因而在美国，注册仅具有证据效力，商标权取得的真实源泉是"使用"，因此，美国被认为是典型意义上的靠使用取得商标专用权的国家①。我国虽然采取的是注册取得商标专用权的制度，但是，并非任何一个商业标志都能取得商标专用权，依据我国《商标法》和相关法律、法规，在我国原始取得商标专用权需满足注册的实质性要件和程序性要件。注册的实质性要件又可分为积极要件和消极要件，积极要件为商标注册的必备条件，即规定哪些要素可以构成注册商标，其显著性条件如何；消极要件则为商标注册的禁止性条件，即从反面规定哪些要素不能用做商标注册，以及商标注册不得违反的基本原则等②。

一、通过使用取得商标权

通过使用取得商标权，是指即使商标尚未经过注册，只要其已经在商业活动中用于识别某种商品或服务的来源，商标使用者也能取得商标权。商标的本质功能在于识别商品或服务的来源，只有商标实际被用于商品或服务，使消费者能够通过商标识别特定的商品或服务的提供者，商标的经济价值才能得以实现。同时，商标只有经过一段时间的使用，具有一定知名度之后，才会出现他人假冒或仿冒该商标，借此将自己的商品或服务当作商标权人的商品或服务进行推销的现象。此时才需要法律的介入。如果经营者在选定了一个商标之后没有进行任何使用，一方面，该商标无法实现其识别商品或服务来源的功能，消费者无法将该商标与其代表的特定商品或服务的来源联系起来；另一方面，经营者也无从利

① 黄仁：《从欧洲诸国商标立法看商标法的保护措施》，载张玉敏主编：《中国欧盟知识产权法比较研究》，法律出版社2005年版，第198~229页。

② 张耕等：《知识产权法实务教程》，中国人民大学出版社2012年版，第27页。

用商标建立起自己的商业信誉。在这种情形下，赋予该经营者以商标权，只是给了一个为使用商标进行准备的排他性机会。

通过使用取得商标权背后的逻辑在于，在商品经济发展的早期，生产和交换都以本地市场为主，是否在市场上首先使用商标比较容易证实，经营者也有可能避免与在先使用的商标发生冲突。但随着生产、流通的范围日益扩大，以使用为基础赋予商标权的负面影响逐渐显现出来：由于使用在先的事实无法以书面形式公之于众并供他人查询，经营者越来越难以发现相同商标的在先使用人。而且，在与使用相同商标的人就商标权的归属发生争议时，当事人必须承担证明自己的使用先于对方的举证责任，这也带来了较高的诉讼成本。因此，目前包括我国在内多数国家都不再单纯采取通过使用取得商标权的制度。

二、通过注册取得商标权

在建立了商标注册制度的国家，允许通过商标注册使注册人取得特定权利。商标注册制度的最大优点在于它建立了商标的公示制度，使商标的权利归属一目了然，其他人可以查询自己准备使用或注册的商标是否会同别人的商标权发生冲突。如果他人未经许可，在相同或类似商品或服务上使用了相同商标，基于商标注册的公示效力，即可以推定此人没有尽到注意义务，从而构成疏忽。商标注册的价值还体现在商标权转让、许可使用或设定质押时的公示作用。

但是，商标注册制下可能发生“商标抢注”现象，商标恶意注册通常是指商标申请人违反诚实信用原则，明知已有在先商标或其他在先权利的存在，或具有某种不良动机而注册申请商标的行为。即一些人注册商标并不是为了在经营中使用，以使消费者通过商标识别商品或服务来源于自己，从而建立商业信誉，而是为了抢在商标的在先使用者之前注册商标，再以高价将注册商标转让给在先使用者或意图使用者。对此，较早实行商标注册制的大陆法系国家都在商标立法中采取了一些预防措施。例如，法国《商标法》虽然并未将“意图使用”作为商标注册的前提条件，但恶意抢注往往会被法院判定为无效，例如，法国两家公司合并之后，某人预测到新公司可能会用原先两个公司的缩写字母申请商标注册，并抢先注册了这一商标，但最终被法院认定为注册无效。① 而德国《商标法》第 4 条将注册和使用均规定为取得商标保护资格的途径。我国《商标法》经过数次修订，也包含一系列针对商标抢注行为的规定。对于“不以使用为目的的恶意商标注册”，《商标法》将其规定为不予注册的绝对理由。对于“以不正当手段抢先注册他人已经使用并有一定影响的商标”等其他抢注商标、损害他人在先权益的行为，《商标法》将其规定为不予注册的相对理由。同时，对于恶意注册人利用注册商标进行“维权”的行为，司法实践中还将其认定为滥用商标权，对该注册商标不予保护。

---

① 王迁：《知识产权法教程》(第七版)，中国人民大学出版社 2021 年版，第 503 页。

三、商标权注册取得的实质性要件

(一)商标权注册取得的积极要件

1. 显著性要件

作为商标的核心要件，显著性在商标法中是非常重要的，“显著性概念是商标法运转的枢纽”，且“商标显著性之有无，以及显著性之强弱，将影响及商标之可注册性以及其受保护之范围”①。标志的“显著性”又被称为“区别性”或者“识别性”，是指用于特定商品或服务的标志具有识别该商品或服务的来源，从而能够将这种商品或服务的提供者与其他同种或类似商品或服务的提供者加以区分的特性。不具有显著性的标志不能被称为商标，更不能获得商标注册。我国《商标法》第 11 条第 1 款明确规定，下列标志不得作为商标注册：(1)仅有本商品的通用名称、图形、型号的；(2)仅直接表示商品的质量、主要原料、功能、用途、重量、数量及其他特点的；(3)其他缺乏显著特征的。

2. 法定构成要件

除了显著性要件外，在我国注册取得商标专用权另一个关键性的积极要件是注册商标须由法定要素构成。我国《商标法》第 8 条规定：“任何能够将自然人、法人或者其他组织的商品与他人的商品区别开的可视性标志，包括文字、图形、字母、数字、三维标志、颜色组合和声音等，以及上述要素的组合，均可以作为商标申请注册。”在我国，能通过注册获得商标权的仅限于可视标识，其他诸如味觉、嗅觉、听觉等非可视商标均不能通过注册获得商标专用权。《商标法》之所以规定只有“可视商标”才能注册，理由在于商标作为一种识别性标志，其发挥功能的前提是必须能够为人们所感知，而视觉感知应当说是最主要的感知方式。因此，大多数国家在规定商标权取得的构成要件时，都要求以商标的可视性为要件。不过，依据前述规定，在我国即便是可视性商标，也只能由“文字、图形、字母、数字、三维标志和颜色组合，以及上述要素的组合”等要素构成。除此之外，利用其他要素来作为商标注册是在被禁止之列的②。

(二)商标权注册取得的消极要件

1. 绝对禁止要件

我国《商标法》第 10 条规定，以下标志是绝对禁止用做商标注册并取得专用权的，即使是作为未注册商标来使用也被禁止：

(1)同中华人民共和国的国家名称、国旗、国徽、军旗、勋章相同或者近似的，以及同中央国家机关所在地特定地点的名称或标志性建筑物的名称、图形相同的③。

(2)同外国的国家名称、国旗、国徽、军旗相同或者近似的，但该国政府同意的

---

① 王太平：《商标法：原理与案例》，中国人民大学出版社 2015 年版，第 64 页。

② 张耕等：《知识产权法实务教程》，中国人民大学出版社 2012 年版，第 28 页。

③ 历史上已经注册并取得商标权的应继续使用有效，例如“中华”牙膏、“红旗”轿车，这既是法不溯及既往的要求，也是维护商标注册秩序稳定的需要。

除外。

(3)同政府间国际组织的旗帜、徽记、名称相同或者近似的，但经该组织同意或者不易误导公众的除外。

(4)与表明实施控制、予以保证的官方标志、检验印记相同或者近似的，但经授权的除外。

(5)同“红十字”、“红新月”的标志、名称相同或者近似。

(6)带有民族歧视性的地名。

(7)带有欺骗性，容易使公众对商品的质量等特点或者产地产生误认的。

(8)有害于社会主义道德风尚或者其他不良影响的。

县级以上行政区划的地名或者公众知晓的外国地，不得作为商标。禁止地名做商标并取得专用权主要是因为地名缺乏显著性不容易识别。另外，商标权是典型的私权，地名作为一种公共资源应当为人们共享。因此，如果允许地名注册商标必然会带来注册人不当垄断公共资源的现象。不过，根据我国《商标法》第 10 条的规定，禁止地名商标注册并非没有例外，当“地名具有其他含义或者作为集体商标、证明商标组成部分的，以及已经注册的使用地名的商标继续有效”，故以下 3 种情形为利用地名注册商标专用权的例外：第一，地名具有其他含义，如“凤凰”除了表示湖南一个县的名称，还有代表一种动物的固有含义，这种地名可以作为商标注册，从而取得专用权。第二，地名作为集体商标或证明商标组成部分注册的，商标权有效，如“信阳”毛尖、“涪陵”榨菜等。第三，2001 年《商标法》修正之前已经使用地名的注册商标继续有效，如“上海”牌手表等。

2. 相对禁止要件

所谓相对禁止要件，又称不予注册的相对理由，是指商标的注册会损害特定民事主体的特定利益，因此不予注册。主要有以下几点：

(1)误导性使用地理标志商标。以地理标志为例，地理标志是指标示某商品来源于某地区，该商品的特定质量、信誉或者其他特征，主要由该地区的自然因素或者人文因素所决定的标志。地理标志与一般的地名标志有所不同，它不仅指示了商品的产地，更重要的是该商品的特定质量、信誉或者其他特征与该产地密切相关。这种相关性既可能是由于土壤、水流、气候、地貌等自然条件造成的，也可能是由人文历史因素决定的，例如，烟台的苹果。如果将地理标志作为商标使用而商品又并非来源于地理标志所标识的地区，往往会产生误导公众的效果。例如，江苏阳澄湖的大闸蟹远近闻名，价格也比来自其他地区的大闸蟹高出不少。如果允许一家上海的水产公司在大闸蟹上使用或注册“阳澄湖”商标，而其出售的大闸蟹又并非来自阳澄湖，则这种商标的使用和注册显然就具有欺骗效果。因此，我国《商标法》第 16 条规定，“商标中有商品的地理标志，而该商品并非来源于该标志所标示的地区，误导公众的，不予注册并禁止使用”。

(2)以不正当手段抢注他人已有一定影响的未注册商标。我国实行依注册取得商标权的制度，注册仍然是获得商标专用权的主要途径。对商标的在先使用如果尚未在社会中形成一定影响，即积累起一定的商业信誉，是不足以阻止他人对相同商标进行注册的。从另外一个角度看，虽然已经在先使用，但尚未产生一定影响的商标本身在商业上的价值也并不大，他人也很难有“抢注”的动机。同时，即使他人后来注册了同样的商标，由于在先使用的商标并不广为消费者所知晓，消费者也不会因此对商品或服务的来源产生混淆。因此，《商标法》所禁止的抢注对象只能是“他人已经使用并有一定影响的商标”。所谓“一定影响”是指在一定地域范围内被相关公众知晓。通常带有商标的商品或服务大量投入市场，以及进行广泛的广告宣传都可使商标产生充分的影响。我国法院曾认定，商标的在先使用者仅提交加盟店使用商标的合同，未提交加盟店实际使用的证据，以及仅提交边境贸易进口商品受检凭单以证明少量商品进入我国大陆，尚无法证明在先商标已经在先使用并产生了一定影响；如果曾有较大影响的商标长期停止使用，至他人申请时已经不具备知名度和影响力，不能被认定为“已经使用并有一定影响的商标”。

(3)代表人、代理人和其他关系人抢注。我国《商标法》第 18 条第 2 款规定，外国人或者外国企业在中国申请商标注册和办理其他商标事宜的，应当委托依法设立的商标代理机构办理。商标代理机构或其他代理人应当根据合同以被代理人的名义提出商标注册。但是，有的代表人和代理人违背诚实信用原则，将被代表人和被代理人的商标作为自己的商标进行注册，严重损害了被代表人和被代理人的利益。我国《商标法》第 15 条第 1 款据此规定：未经授权，代理人或者代表人以自己的名义将被代理人或者被代表人的商标进行注册，被代理人或者被代表人提出异议的，不予注册并禁止使用。

(4)与他人在相同或者类似商品或服务上已注册或初步审定的商标相同或近似。一旦商标合法注册，注册人就享有商标专用权，可以排斥他人在相同或类似的商品或服务上以容易导致相关公众混淆的方式使用相同或近似的标志。而他人自然也不能再在相同或类似商品或服务上注册相同或相似的商标，否则，会产生两个相互冲突的商标权，损害在先注册人的利益，也会导致相关公众的混淆。因此，《商标法》第 30 条规定：“申请注册的商标，凡不符合本法有关规定或者同他人在同一种商品或者类似商品上已经注册的或者初步审定的商标相同或者近似的，由商标局驳回申请，不予公告。”

(5)与他人驰名商标相同或近似。我国《商标法》第 13 条对驰名商标提供了有别于普通商标的高水平保护。对于未注册的驰名商标，如果他人在相同或者类似商品申请注册的商标是复制、摹仿或者翻译该驰名商标而来的，而且容易导致混淆的，不予注册。对于已经注册的驰名商标，如果他人在不相同或者不相类似的商品申请注册的商标是复制、摹仿或者翻译该驰名商标的，而且误导公众，致使该驰名商标权利人的利益可能受到损害的，不予注册。

(6)侵犯他人的其他在先权益。他人的其他在先权益是指在商标注册申请人提出商标注册申请之前，他人已经取得的著作权、外观设计专利权和企业名称等权利或其他合法权益。如果擅自将他人的美术作品或已授权的外观设计作为商标图案或形状，或将他人具有一定影响的企业名称作为商标文字，那么该商标一经使用即可能侵犯他人的在先权益，因此不应获得注册。

四、商标权注册取得的程序性要件

(一)商标注册申请人

我国《商标法》第 4 条规定：“自然人、法人或者其他组织在生产经营活动中，对其商品或者服务需要取得商标专用权的，应当向商标局申请商标注册。”对于自然人而言，在生产经营活动中才需要使用商标并取得商标专用权，而自然人从事生产经营活动需要符合法律的规定，因此，以自然人名义办理商标注册、转让等申请事宜的，只限于个体工商户、农村承包经营户和其他依法获准从事经营活动的自然人，且其提出商标注册申请的商品和服务范围，应以其营业执照或有关登记文件核准的经营范围为限，或者以其自营的农副产品为限①。

符合条件的外国人同样有资格在中国申请商标注册。《商标法》第 17 条规定：“外国人或者外国企业在中国申请商标注册的，应当按其所属国和中华人民共和国签订的协议或者共同参加的国际条约办理，或者按对等原则办理。”

(二)注册申请的原则

根据我国《商标法》规定，商标注册应当遵循以下原则：

1. 自愿注册原则

我国《商标法》以自愿注册为原则，强制注册为例外，即当事人是否需要通过注册获得商标专用权采取自愿，《商标法》充分尊重当事人的意思自治，但《商标法》第 6 条同时规定：“法律、行政法规规定必须使用注册商标的商品，必须申请商标注册，未经核准注册的，不得在市场销售。”目前，我国必须使用注册商标的商品只有烟草制品②。

2. 先申请原则

先申请原则是指当两个或两个以上申请人在相同或类似商品或服务上申请注册相同或近似商标时，先提出申请的申请人才有可能获得商标注册。先申请原则是通过注册取得商标权制度的必然结果。在注册制下，申请在时间上的先后就成为判断谁可获得商标注册的依据。《商标法》第 31 条规定：“两个或者两个以上的商标注册申请人，在同一种商品或者类似商品上，以相同或者近似的商标申请注册的，初步审定并公告申请在先的商标；同一天申请的，初步审定并公告使用在先的商标，驳回其他人的申请，不予公告。”这即是先申请原则的体现。需要注意的是：申请的先后在我国是以“申请日”而非“申请时”来判断的，如果两个申请人在同一天先后提出申请，则视为同时申请。根据《商标法实施条例》第 9 条的规定，邮寄的，以寄出的邮戳日为准；邮戳日不清晰或者没有邮戳的，以商标局或者商标评审委员会实际收到日为准，但是当事人能够提出实际邮戳日证据的除外。

根据《商标法实施条例》第 19 条的规定，如果两个申请人同一天在同一种商品或者类似商品上，以相同或者近似的商标申请注册的，则不存在先申请人，各申请人应当自收到国家知识产权局通知之日起 30 日内提交其申请注册前在先使用该商标的证据。在先使用者就有可能获得商标注册。这是使用在先原则对先申请原则的必要补充。如果各申请人在同日使用或者均未使用的，各申请人可以自收到国家知识产权局通知之日起 30 日内自行协商，并将书面协议报送国家知识产权局；不愿协商或者协商不成的，国家知识产权局通

① 参见 2007 年国家工商总局商标局颁布的《自然人办理商标注册申请注意事项》。

② 参见《烟草专卖法》第 19 条规定：“卷烟、雪茄烟和有包装的烟丝必须申请商标注册，未经核准注册的，不得生产、销售。”

知各申请人以抽签的方式确定一个申请人，驳回其他人的注册申请。

3. 优先权原则

为了便于在其他国家进行商标申请，《巴黎公约》规定了申请商标注册的国际优先权。《商标法》第25条和第26条分别规定了两种可享有优先权的情形。

《商标法》第25条第1款规定："商标注册申请人自其商标在外国第一次提出商标注册申请之日起6个月内，又在中国就相同商品以同一商标提出商标注册申请的，依照该外国同中国签订的协议或者共同参加的国际条约，或者按照相互承认优先权的原则，可以享有优先权。"这里的"共同参加的国际条约"主要是指《巴黎公约》。该条约缔约国的国民或在成员国有营业所或惯常居所的人均可在商标申请时享有优先权。例如，美国公民甲，于2016年6月1日向美国专利商标局提出了一项商标注册申请，而中国公司乙，于2016年7月1日向中国国家知识产权局在相同商品上以同一商标提出了商标注册申请。甲又于2016年11月30日向中国国家知识产权局提出了相同的商标注册申请并声明要求获得优先权。由于美国是《巴黎公约》的成员国，甲可依法享有优先权，其在中国的申请日应被视为2016年6月1日，早于乙在中国的申请日。因此，甲就可能根据优先权而在中国获得商标注册。

其次，在特定的国际展览会上首次使用可产生优先权。《商标法》第26条第1款规定："商标在中国政府主办的或者承认的国际展览会展出的商品上首次使用的，自该商品展出之日起6个月内，该商标的注册申请人可以享有优先权。"需要特别注意的是：《专利法》规定发明、实用新型和外观设计在申请日以前6个月内，在中国政府主办的或者承认的国际展览会上首次展出的，不丧失新颖性，却没有规定享有优先权。这意味着申请人在首次展出后6个月内申请的，申请日仍然是实际申请的那一天，而不是展出日。这一点与《商标法》第26条的规定是完全不同的。例如，美国公民甲，于2016年6月1日在中国政府主办的国际展览会上展出了其生产的商品，并在该商品上首次使用了特定商标，而中国公司乙，于2016年7月1日向中国商标局在相同商品上以同一商标提出了商标注册申请。甲又于2016年11月30日向中国商标局提出了相同的商标注册申请并声明要求获得优先权。由于美国是《巴黎公约》的成员国，甲可依法享有优先权，其在中国的申请日应被视为2016年6月1日，早于乙在中国的申请日。因此，甲就可能根据优先权而在中国获得商标注册。

需要注意的是，申请人必须遵循法律规定的文书要求才能实际享有优先权。首次在外国提出申请而要求获得优先权的，应当在提出商标注册申请的时候提出书面声明，并且在3个月内提交第一次提出的商标注册申请文件的副本。首次在国际展览会上使用商标而要求获得优先权的，应当在提出商标注册申请的时候提出书面声明，并且在3个月内提交展出其商品的展览会名称、在展出商品上使用该商标的证据、展出日期等证明文件。如果未按要求提出书面声明或者逾期未提交商标注册申请文件副本或证明文件的，视为未要求优先权①。

4. 分类申请原则

分类申请原则是指申请商标注册时，必须按照商品和服务分类表填报使用商标的商品或服务类别，以及商品或服务名称。商标可以使用在各种商品和服务上，实行商标注册制

① 张耕等：《知识产权法实务教程》，中国人民大学出版社2012年版，第32页。

的国家为了确保注册能够产生商标专用权，均规定在同种或类似的商品或服务上，不得注册相同或近似的商标。只有按照既定的商品和服务分类表进行注册，国家知识产权局才能按照类别进行检索和审查，防止在同类或类似的商品或服务上出现两个相同或近似的注册商标。目前，包括我国在内的多数国家都已加入了《尼斯协定》，根据《尼斯协定》建立的尼斯分类现为第十一版，主要根据商品性能、用途、原料、生产工艺、服务性质等将商品和服务分为45类，其中商品34类、服务11类。申请注册人必须在了解商品和服务分类表的基础上填报商标注册申请。

（三）商标权注册申请需要提交的文件

在注册商标权的过程中，申请人除需提交1份《商标注册申请书》、5份商标图样，还需提交证明其身份的有效证件和相关证明文件。如申请注册集体商标的，应附送主体资格证明文件并应当详细说明该集体组织成员的名称和地址；申请注册证明商标的，应附送主体资格证明文件并应当详细说明其所具有的或者其委托的机构具有的专业技术人员、专业检测设备等情况，以证明其具有监督该证明商标所证明的特定商品品质的能力等。

（四）商标注册申请的审查

国家知识产权局在收到商标注册申请之后要进行审查，包括形式审查和实质审查。

1. 形式审查

形式审查是对商标注册申请的文件和手续是否齐备、是否符合法定要求进行审查，并确定申请日。形式审查的内容主要涉及申请人是否具备申请资格、申请书和图样是否符合要求、是否符合分类申请原则，以及是否缴纳了申请费等。如果国家知识产权局在审查中发现了形式问题，会通知当事人在规定的期限内加以补正。

2. 实质审查

国家知识产权局经过形式审查未发现问题的，即会决定受理，并发给“受理通知书”，同时进入实质审查阶段。实质审查内容包括是否存在不予注册的绝对理由和部分相对理由。

由于相对理由涉及他人的权利，在他人未提出异议之前，国家知识产权局只可能对于是否与他人在相同或类似商品或服务上已注册的或初步审定的商标相同或近似以及是否误导性地使用地理标志进行审查。

3. 初步审定公告、异议和复审

商标局在经过形式审查和实质审查后，对符合规定的予以初步审定，并在《商标公告》上予以公告。对不符合规定的，商标局将书面通知申请人并说明理由。商标注册申请人不服的，可以自收到通知之日起15日内向商评委申请复审，由商评委作出决定，并书面通知申请人。当事人对商评委的决定不服的，可以自收到通知之日起30日内向人民法院起诉。

初步审定和公告并不是对商标的核准注册，对初步审定的商标，自公告之日起3个月内，任何人均可以提出异议。异议的理由，既可以是该商标注册违反了驳回商标注册的绝对理由，也可以是驳回商标注册的相对理由。商标局在组织答辩和听取异议人和被异议人陈述事实和理由，经调查核实后，作出异议成立或不成立的裁定。当事人对商标局作出的异议裁定不服的，也可以自收到通知之日起15日内向商评委申请复审，由商评委作出裁定，并书面通知异议人和被异议人。当事人对商评委的裁定不服的，还可以自收到通知之日起 30 日内向人民法院起诉。人民法院应当通知商标复审程序的对方当事人作为第三人参加诉讼。

4. 核准注册

对初步审定的商标，在法定公告期内无人提出异议的，商标局将予以核准注册。发给商标注册证，并在《商标公告》上予以公告。公告期内有人提出了异议，但根据商标局或商评委的生效裁定异议不成立的，或者经司法程序后法院最终认定维持商评委的有关异议不成立的裁定的，则商标局仍将对商标予以核准注册，并发给商标注册证和进行公告。需要注意的是，我国《商标法》第 36 条第 2 款规定："经审查异议不成立而准予注册的商标，商标注册申请人取得商标专用权的时间自初步审定公告三个月期满之日起计算。自该商标公告期满之日起至准予注册决定做出前，对他人在同一种或者类似商品上使用与该商标相同或者近似的标志的行为不具有追溯力；但是，因该使用人的恶意给商标注册人造成的损失，应当给予赔偿。"经异议裁定核准注册的商标，自该商标异议期满之日起至异议裁定生效前的时间内，虽然注册人享有商标专用权，但因商标未公告而不为第三人所知道。因此，在该段时间范围内，对第三人在同一种或者类似商品上使用与该商标相同或者近似的标志的行为不具有追溯力，即在该种情况下，第三人不构成侵权；但是，因该使用人的恶意给商标注册人造成的损失，恶意使用人应当给予赔偿。

我国《商标法》第 39 条规定："注册商标的有效期为十年，自核准注册之日起计算。"第 40 条规定："注册商标有效期满，需要继续使用的，商标注册人应当在期满前 12 个月内按照规定办理续展手续；在此期间未能办理的，可以给予 6 个月的宽展期。每次续展注册的有效期为十年，自该商标上一届有效期满次日起计算。期满未办理续展手续的，注销其注册商标。"续展只是使已经取得的权利继续有效，而不是获得新的商标专用权。同时，续展的程序也较注册申请简单，商标权人只要在规定的期限内提出申请并缴纳费用，就可以获准续展注册，国家知识产权局不会再进行实质审查。

典型案例 4-5

"蓝牙"是否能被注册为计算机通讯设备商标

手机生产商爱立信公司申请在计算机通信设备等商品上注册"Bluetooth"（蓝牙）商标。法院认为："Bluetooth"虽然在使用之初并无含义，但经过申请人在短距离无线通信网络技术上多年使用之后，"Bluetooth"通常被作为该技术规范的代用名称；特别是随着该技术进入中国市场并迅速普及，因其译音"蓝牙"便于记忆，使中国消费者通过"蓝牙"对"Bluetooth"技术形成认识并广泛接受，从而使中国消费者对"Bluetooth"——"蓝牙"——短距离无线网络技术形成了一种约定俗成认识的客观情形。因此，"Bluetooth"作为商标用在计算机通讯设备等商品上缺乏显著性。①

① 参见北京市高级人民法院行政判决书〔2004〕高行终字第 416 号行政判决书。

典型案例 4-6

“植物大战僵尸”商标注册案

“植物大战僵尸”游戏的开发商申请在服装等商品上注册文字商标“植物大战僵尸”，商标局以申请商标中“僵尸”是封建迷信中的一种鬼怪，作为商标易产生不良影响为由，认为不应核准注册。一审法院认为：以卡通、休闲、可爱、幽默为特点的“植物大战僵尸”系列游戏在中国具有一定的影响力，而且该游戏系攻防类策略游戏，并非涉及恐怖色彩的角色扮演游戏。这种情况下，相关公众看到“植物大战僵尸”文字时，更多地会将其与“植物大战僵尸”系列游戏相联系，而不会与恐怖、迷信色彩相联系，故申请商标在整体含义上并不具有宣传迷信、恐怖色彩的客观效果，相反会具有卡通、休闲、可爱、幽默等色彩，应当准予注册。在该案的再审判决中，最高人民法院强调，判断商标是否具有不良影响，应“参照一定时期公众对道德观念的普遍认知和法律所应反映的价值追求”。“植物大战僵尸”申请商标的词组由该游戏公司申请人所独创，是指具有生命力的事物与腐朽事物之间的战争，并不具有宣扬迷信思想和做法的含义，与法律倡导的积极、创新、乐观等核心价值亦不相违背。同时，判断商标是否具有不良影响，不仅应当从静态标标志的含义予以考察，还应当考虑商标标志动态的使用情况。“在商标标志经过长期或者大量使用实际上已经具有一定知名度或者较高知名度的情况下，对商标使用状态中承载含义或信息的考察，对于判断商标是否存在或可能存在不符合公序良俗的情况具有不可忽略的参考意义。”在本案中，游戏使用的文字本身系中立性词组，其对应的游戏形象也非暴力、恐怖，上述独创性的词语在电子游戏产品上的应用并无宣扬暴力恐怖的情况，也不存在暴力恐怖的印象。相反，该款游戏由于知名度高，已被广泛用于少年儿童图书和玩具等产品，证明了该标志的使用并不违反出版规定，未产生有害于社会善良风俗的不良影响。无论是从申请商标标志本身来看，还是结合其实际使用的情况来看，均不存在与社会主义核心价值观相违背的情形，无证据证明对我国社会公共利益和公共秩序产生了消极、负面影响①。

第四节 商标权的内容

一、商标专用权的概念与内涵

商标权是商标权利人在自己的商品或服务上使用商标，并排除他人未经许可在类似的商品或者服务上使用相同或近似标志的权利。在知识产权学界，商标权的具体内容因实现方式不同表现为不同的形态，商标权利作为一种受法律保护的知识产权同时受到各种限制。

---

① 参见最高人民法院〔2018〕最高法行再90号行政判决书。

（一）商标专用权的含义

商标专用权是主体在商标上实现自己意志的行为资格，使用、许可、转让、放弃、出质等都是具体的支配方式。“专用”一词旨在区别于不具有排他效力的商标利用。在注册主义的商标制度之下，商标专用权以注册为要件，区别于未注册商标的法益。

商标专用权的概念在知识产权学界一直有争议，一部分学者认为，应当用“商标权”代替“商标专用权”。该观点认为“商标专用权”无法涵盖许可、转让、续展等权能。“商标专用权的内容含单项权能——专用。而商标权作为一种无形资产的所有权，它既具有与一般财产所有权相同的权能，如使用、收益、处分（包括许可他人使用、转让等），又具有特有的权能（如专有、续展等）……所以，‘专用权’无论如何涵盖不了商标权的全部权能。①”还有学者认为：“注册商标专用权（或商标专用权）不能准确地涵盖注册商标所有人所享有的所有权利，尤其是专有使用权以外的禁止权、许可权、转让权，不能将商标专用权等同于商标权。”②

我国《商标法》第56条规定：“注册商标的专用权，以核准注册的商标和核定使用的商品为限。”这是对商标专用权的权能的规定，该法条对专用权的权利范围作出了限定。商标专用权的范围决定商标侵权行为的认定，只有在明确商标专用权范围的基础上，才可能依此认定他人行为是否构成对商标权的侵害。商标的识别功能和区分功能是商标的生命所在，保护商标实质上就是保护商标所具有的识别功能和区别功能，即商标的显著性。如果他人的注册或使用行为导致消费者无法区分不同经营者提供的商品或服务，导致消费者混淆、误认或被欺骗，商标所有人和消费者都将因此遭受损失。因此，他人的行为是否会导致混淆的可能性是判断其行为是否侵害商标权的重要依据，而最有可能导致消费者混淆的情形莫过于在相同或类似商品上使用相同或近似的商标，因此只有以商标专用权为“界标”才能对他人的注册或使用行为是否构成侵权作出判断。

注册商标所有人对其注册商标的使用权包含两方面的意义，一是商标权人有对自己商标进行使用的权利，二是在一定范围内商标权人有权禁止其他人在相同或者类似的商品或者服务上使用相同或者近似的商标标识。赋予注册商标所有人独占使用权的目的是通过注册建立起特定标志与特定商品间的固定联系，从而促使生产经营者保持商品声誉、保证消费者能够避免混淆并能接受到准确无误的商品来源信息③。商标权人除了自己使用商标外，也可以将注册商标转让给他人或许可他人使用。

（二）商标专用权的特征

1. 独占性

独占性又称为专有性或垄断性，是指商标注册人对其注册的商标享有独占使用权。法律赋予注册商标所有人有独占使用的权利，任何人未经许可进行商业使用，即构成对商标

① 方正：《商标 商标权 商标专用权——浅析商标法的保护对象》，载《法律适用》1999年第4期。

② 刘春田：《知识产权法》（第五版），中国人民大学出版社2014年版，第258页。

③ 黄晖：《商标法》，法律出版社2004年版，第113页。

专用权的侵害。赋予注册商标所有权人独占权是为了让商标与商品或者服务建立联系，以便消费者对同类商品或服务加以区别辨认，这种专用权表现为三个方面：

(1)商标注册人有权依据《商标法》的相关规定，将其注册商标使用在其核准使用的商品、商品包装或者服务、服务设施上，任何他人不得干涉。

(2)商标权人在一定范围内有权禁止其他人在相同或者类似的商品或者服务上使用相同或者近似的商标标识。

(3)商标注册人除了自己使用商标外，也可以将注册商标转让给他人或许可他人使用，这种许可或转让要符合法律规定并履行一定的法律手续。

2. 时效性

时效性是指商标专用权具有一定的时间限制，在该时间限制之内，商标专用权受法律保护，超过该期限不进行续展，则法律不再保护。我国《商标法》规定的商标专用权的有效期为 10 年。《商标法》第 40 条规定："注册商标有效期满，需要继续使用的，商标注册人应当在期满前十二个月内按照规定办理续展手续；在此期间未能办理的，可以给予六个月的宽展期。每次续展注册的有效期为十年，自该商标上一届有效期满次日起计算。期满未办理续展手续的，注销其注册商标。"

3. 地域性

地域性是指商标专用权的保护受地域范围的限制。注册商标专用权仅在商标注册国享有法律保护，非注册国没有保护的义务。在我国注册的商标要在其他国家获得商标专用权并受到法律保护，就必须分别在这些国家进行注册，或者通过《马德里协定》等国际知识产权条约在协定的成员国申请领土延伸。

4. 财产性

商标专用权是一种无形财产权。商标专用权的整体是智力成果，凝聚了权利人的心血和劳动。智力成果不同于有形的物质财富，它虽然需要借助一定的载体表现，但载体本身并无太大的经济价值，体现巨大经济价值的只能是载体所蕴含的智力成果。比如"可口可乐"商标、"全聚德"商标等，其商标的载体可乐、烤鸭等实为普通商品，但其商标却具有极高的经济价值，"可口可乐"商标经评估，其价值达到 700 多亿美元，而"全聚德"作为中国的民族品牌在 2005 年的评估价值为 106. 34 亿元人民币。通过商标价值评估，这些商标可以作为无形资产成为企业出资额的一部分。

5. 类别性

国家商标行政管理部门依照商标注册申请人提交的《商标注册申请书》中核定的类别和商品(服务)项目名称进行审查和核准。注册商标的保护范围仅限于所核准的类别和项目，以世界知识产权组织提供的《商标注册商品和服务国际分类》为基础，国家商标局制定的《类似商品和服务区分表》将商品和服务总共分为 45 个类别，在相同或近似的类别及商品(服务)项目中只允许一个商标权利人拥有相同或近似的商标，在不相同和不相近似的类别中允许不同权利人享有相同或近似的商标。

(三)商标专用权的取得

关于商标专用权的取得，主要分为商标使用取得、商标注册取得以及混合取得三种取得模式。

1. 使用取得模式

商标使用取得是指通过使用商标的时间先后来确定商标的权属，简而言之，商标权因商标的使用而自然取得，商标根据商标使用事实而成立，并可以用“使用在先”为由对抗使用在后的人。美国是典型的商标使用取得制国家，在先使用产生商标权，同时存在注册制，但其注册制并非确权，而是对使用行为的确认与公示公信，诉讼中的免于证明实际使用行为及推定该商标权于全国范围内有效等程序性效力。1988 年以前，美国一直遵循可“实际使用”的商标才能申请商标注册，1988 年修改联邦商标法时增加了“意图使用”的规定，即申请人具有真实使用某一商标的意图亦可申请注册。而德国商标法也要求商标必须进行实际使用，规定经使用才可以产生商标权、注册亦可产生商标权。在界定“使用”时采用的标准是“真实使用”，行为人必须将商标真实地投入市场，以标示商品或服务来源。美国《兰哈姆法案》第 1051 条规定，“意图使用”仅仅是商标注册的条件，而非商标授权的条件。但为了避免“意图使用”被滥用，防止仅仅因为声称将来有意使用就通过注册而圈占大量商标，它对该种形式的商标注册作了严格限制：第一，申请注册未实际使用的商标，必须具有善意的使用意图，并提交使用的声明。第二，经过审查、公告和异议等程序后，专利商标局颁发“准许通知书”，而非注册证书，申请人有义务于特定期限内举证证明，该商标已被实际使用，才可获准注册并颁发注册证；基于“意图使用”的申请者如果在经过 2 次延长后，最长在 36 个月的时间内仍然没有实际使用商标的，不能获得注册。第三，在实际使用之前，申请注册的商标原则上不得移转。也就是说，在美国“‘意图使用’注册也不过是一种初步注册，一个商标要真正成为成熟的商标，必须要有紧接着在商业中的‘实际使用’”①。

依据《兰哈姆法案》的规定，商标的实际使用不是申请商标注册的前提条件，却是取得商标注册和转让商标的前提条件。这种立法模式，既吸收了注册取得模式的优点，又兼顾了使用取得模式的长处：对于“使用意图”的规定使得商标重复的可能性降到了最小；最终的商标注册仍旧是要求实际使用，这降低了商标圈占的可能性，保证了注册商标的实用性②。

2. 注册取得模式

注册取得是指自然人、法人或者其他组织在生产经营活动中，对其商品或者服务需要取得商标专用权的，应当申请商标注册。经相关机关核准注册的商标为注册商标。商标注册人享有商标专用权，受法律保护。

法国 1857 年《注册商标法》是世界上第一个以立法形式确立商标权注册取得模式的法典。在实行注册取得模式的国家与地区，商标权产生的唯一途径是注册，不注册不享有商标专用权。法国 1964 年《商标法》规定：“单纯将一个标记作为商标使用不产生任何权

① ［美］罗伯特·P. 墨杰斯等：《新技术时代的知识产权法》，齐筠等译，中国政法大学出版社 2003 年版，第 455 页。

② ［美］威廉·M. 兰德斯、查理德·A. 波斯纳：《知识产权法的经济结构》，金勇军译，北京大学出版社 2005 年版，第 234 页。

利。”换言之，当注册商标与已使用的未注册商标发生冲突时，优先保护注册商标。注册取得模式主要有三点优点：第一，权利明确稳定，维权成本低；第二，便于国家对商标使用情况的监管；第三，公示制度有利于商标交易的安全。法国对未注册驰名商标的保护主要体现在1992年《法国知识产权法典》第711-4条的规定中，该条规定：“侵犯在先权利的标记不得作为商标，尤其是侵犯：1. 在先注册商标或保护工业产权巴黎公约第6条之二所称的驰名商标……”《巴黎公约》所称的驰名商标包括未注册驰名商标，由此可见，《法国知识产权法典》并不排斥对未注册驰名商标的保护。同样实行注册制的日本也在一定范围内吸收了使用取得模式的优点。1959年《日本商标法》在采取注册取得模式的基础上，在一定程度上保护了在先使用者的权利。从法国、日本的商标立法来看，这两个国家的商标权取得制度实质上是实行注册取得模式，使用的因素只是在某些时候作为保护未注册驰名商标的考量因素。

我国《商标法》奉行商标专用权注册取得模式。根据我国《商标法》第4条、第31条和《中华人民共和国商标法实施条例》第19条的规定，注册是商标专用权获得的唯一途径，在注册机制上采取先申请原则，只在“同日申请”小概率情况下，才考虑“谁先使用”的问题。尽管我国采用商标注册制，但我国通过商标使用仍然可以获得不完整的商标权，但通过商标使用通常无法获取商标专用权。

坚持使用取得主义或许会忽视注册制度的便利功能，但是，注册不应当成为一种权利的获得缘由，它仅仅代表一种公示公信手段。商标法律制度的目的不应局限于保护注册商标专用权，而应立足于保护商标上所承载的商誉及消费者对商标的认知，以及使用商标的经营者之间的公平竞争。抽象的权利仍旧是一种权利，法律不会无缘无故地创设一项权利，法律亦不会妄加断送基于合法劳动获得的私权。如果说法典记载了某项权利，便认为该项权利是法律授予的，则显得与现实不符；法典只是描述了某项权利，并使得该项权利成为人们可以便利观察到的权利。商标法上的注册制度是为了鼓励人们进行有使用目的的注册，以便在满足私人商标使用需求与优化商标管理秩序之间实现利益协调。若无法合理重构我国的商标权取得模式，则可以退而求其次。故而，即使在注册取得商标专用权制度下，亦应当基于平衡利益原则的考虑，适度保护驰名商标所有人的合法权利；基于商标正当使用原则、商标法宗旨以及诚实信用原则，适度保护未注册商标利益人。在我国当下的商标权取得模式下，商标使用获得的商标权仍是一种不完整的商标权，且这种不完整的商标权的获得亦需要一定的条件。若未注册商标人的诚信使用在不侵害注册商标专用权时，会带给其正当利益，这种正当利益在满足一定的条件时即可上升为一种权利。利益的获取与利益冲突的解决皆需要评价利益的正当性，唯有获得正当性评价的利益方可质变为某种权利①。这种正当性评价无疑属于正义的课题范畴，权利的内核即正义，而正义是某种利益转换为权利的中介。

3. 混合取得模式

混合取得制即折中原则，是指在确定商标权的成立时，兼顾使用与注册两种事实，商标权既可因注册而产生，也可因使用而成立。世界上采取该模式的国家有德国、埃及

① 彭诚信：《从利益到权利——以正义为中介与内核》，载《法制与社会发展》2004年第5期。

等国。

（四）我国商标权注册取得制度的沿革

1. 中华人民共和国成立之前的商标制度

（1）晚清时期的商标权取得制度具有浓厚的列强标记。中国的商标立法始于清末，清末有关商标的规定起初在清政府与帝国主义列强签订的条约中有所反映，清末时期所建立的商标制度深受西方列强的影响。1902 年 9 月 5 日中英两国签订了《续议通商行船条约》，该条约第 7 条英方代表提出在中国由南北洋通商大臣于其各自管辖境内设立牌号（即商标）注册局所①。而对商标注册的日常管理则完全由英帝国主义控制的海关负责。另外，于 1904 年 2 月拟定出的《商牌挂号章程》第 2 条将呈请挂号的注册商标（即商标注册）区分为洋牌和华牌，其中洋牌是指外商在中国使用的、已经在其本国注册的商标，之后在我国重新注册的商标，华牌是指外商直接在我国使用的、尚未在外国注册的商标②。之后对这个章程进行了多次修改，于 1904 年 6 月间，清政府商务部结合各国商标法令，重新修订成《商标注册试办章程》③，最终这个章程随着辛亥革命的爆发和清政府的垮台而失效。根据该章程判断，当时采用的商标制度在取得方式上应属于商标注册取得制。

（2）中华民国时期的商标权取得制度以注册主义为根基。北洋政府时期颁布了第一部付诸实施的《商标法》④。根据该 1923 年《商标法》第 1 条规定，"凡因表彰自己所生产、制造、加工、拣选、批售或经纪之商品，欲专用商标者，须依本法呈请注册"，即只有注册商标才能享有商标专用权，因此该《商标法》采取的应该是商标权注册取得制度。在优先权方面，《商标法》采取了使用在先原则，即根据第 3 条的规定，二人以上于同一商品以相同或近似之商标分别呈请注册时，应准实际最先使用者注册⑤。另外，该《商标法》还对商标使用提出了要求，例如根据第 19 条的规定，商标注册后无正当事由，迄未使用已满 1 年或停止使用已满 2 年者，商标局得以其职权或据利害关系人之呈请撤销之。⑥

在南京民国政府执政期间，对《商标法》进行了两次修正。第一次修正时针对商标使用在先主义进行了激烈讨论，根据马寅初的观点，虽然认为使用在先的最大问题在于商标专用权不确定，但仍兼采使用在先，主要有以下考虑，其一是历史原因，若完全推翻使用在先原则而采用先申请原则，恐影响甚大；其二，防止恶意注册，恶意注册是注册主义的最大弊端⑦。第一次修正虽然针对原《商标法》中使用在先原则进行了讨论，但是最终并没有进行修改。在 1935 年的第二次修正时，仍然采用使用在先原则，但是增加了在中国境内使用的限制。1948 年公布的《商标法（草案）》第 13 条规定，二人以上于同一商品以相同或近似之商标分别呈请注册时，应准最先呈请者注册。这是对商标取得原则的重大调

① 左旭初：《中国商标法律史》，知识产权出版社 2005 年版，第 106 页。

② 左旭初：《中国商标法律史》，知识产权出版社 2005 年版，第 106 页。

③ 左旭初：《中国商标法律史》，知识产权出版社 2005 年版，第 106 页。

④ 张玉敏：《商标注册与确权程序改革研究》，知识产权出版社 2016 年版，第 5~6 页。

⑤ 左旭初：《中国商标法律史》，知识产权出版社 2005 年版，第 143 页。

⑥ 左旭初：《中国商标法律史》，知识产权出版社 2005 年版，第 106 页。

⑦ 张玉敏：《商标注册与确权程序改革研究》，知识产权出版社 2016 年版，第 9 页。

整，该草案和当时社会的主流观点预示着商标权取得制度将从注册主义兼采使用主义转向注册主义。①

2. 中华人民共和国成立之后的商标权注册制度

(1)强制注册时期。中华人民共和国成立之初，1950 年 7 月 28 日政务院通过了《商标注册暂行条例》，该条例采用了商标权注册取得制度和先申请原则。随后 1963 年 4 月 10 日国务院公布了《商标管理条例》，采用了强制注册商标制度，其中第 2 条规定，企业使用的商标，应当向中央工商行政管理局申请注册。强制注册原则将商标注册与商标使用画等号，即未注册商标是不能使用的，能使用的商标应该是注册商标，由此开启了全面注册时期。在注册制上，我国《商标管理条例》采用先申请制度，两个或者两个以上的企业申请同一商标或者相似商标时，准许先申请的注册。《商标管理条例》也针对商标使用提出了要求，根据第 11 条的规定，商标经核准注册后，若商标停止使用已满 1 年未经核准保留的，则中央工商行政管理局予以公告撤销。在这种全面注册原则下，在针对商标的认知上，商标主要被当做管理对象来对待，管理色彩较浓，这与当时中国的经济环境有关。

(2)从全面注册向自愿注册原则的转变。1982 年制定的《商标法》开启了从全面注册原则向自愿注册原则的转变。1982 年《商标法》是改革开放以后的第一部商标法，废弃了《商标管理条例》确立的全面注册原则，采用自愿注册原则。《商标法》第 4 条规定"需要取得商标专用权的，应当向商标局申请注册"。同时，1982 年的《商标法》给未注册商标也留了一定的空间，即未注册商标在不违反法律法规的规定(例如不违反《商标法》第 34 条的规定)的情况下可以使用，但是不保护未注册商标。在注册制度上，根据第 3 条和第 18 条的规定，1982 年《商标法》延续了注册取得原则和先申请原则。

在针对商标的认知上，1982 年《商标法》体现出商标从被管理对象转变为具有私权属性的权利，即将商标二分为注册商标和未注册商标，市场主体具有自由选择权。但是在保护上，只保护注册商标，而对未注册商标缺乏保护，即使是在先使用的商标也保护缺失。

在对商标注册制度的认知上，1982 年《商标法》主要为注册即取得商标权，注册取得的是一种绝对的商标财产权，例如《商标法》第 38 条规定，"未经注册商标所有人的许可，在同一种商品或者类似商品上使用与其注册商标相同或者近似的商标的"属于侵犯注册商标专用权，这是一种绝对权利的范围边界，尚未引入构成混淆的要求，这体现出将注册制度作为一种简单的权利取得制度，缺少制度弹性。特别是，没有从商标本质和商标基本功能等方面看待或设置注册制度，因此在注册制度中缺少维护商标本质和商标功能的规制，例如缺少对商标的真实使用目的的要求、商标注册中的诚实信用原则等。

值得关注的是，1993 年的《商标法》首次引入了针对诚实信用的一些具体规定，体现在第 27 条禁止以欺骗手段或者其他不正当手段取得商标注册②。要求申请人在提出注册申请时不能采用欺骗手段，例如伪造证明材料等，注册取得制度出现一定转变。

(3)从注册取得制向注册与使用并重转变。2001 年《商标法》开启了从绝对的注册取

① 张玉敏：《商标注册与确权程序改革研究》，知识产权出版社 2016 年版，第 8~12 页。

② 1993 年《商标法》第 27 条规定："已经注册的商标……是以欺骗手段或者其他不正当手段取得注册的，由商标局撤销该注册商标；其他单位或者个人可以请求商标评审委员会裁定撤销该注册商标。"

得向注册与使用并重的转变。2001 年 10 月 27 日对《商标法》进行的第二次修改，依旧沿用了自愿注册原则和注册取得原则的基本原则，但此次修改的幅度比较大，增加了对商标领域的诚实信用和公平竞争的规定。例如，增加了关于诚实信用原则的一些具体要求，并且将这些要求作为他人可以提出商标异议请求或撤销请求的依据，包括：对代理人的限制①、对在先权利的保护②、对在先使用的未注册商标的保护③，以及对注册申请中的欺骗手段等的规制④等。特别是其中的"申请商标注册不得损害他人现有的在先权利"以及"申请商标注册不得以不正当手段抢先注册他人已经使用并有一定影响的商标"等规定，体现出了对商标注册制度在认知上的转变，不是将注册取得制度简单地作为注册即可获得权利，而是给商标使用以一定的分量，在先使用的未注册商标具有一定的地位，因为根据商标本质，商标的功能是通过商标使用实现的，因此在商标使用和商标注册这两个要素之间的对决中，2001 年《商标法》给予了在先商标使用以优先地位。这体现出，我国商标权注册取得制度从绝对的注册取得向注册与使用并重的转变开端。当然，在注册制度的总体上，注册仍然占据绝对优势地位，这也体现了注册取得制度的基础，例如 2001 年《商标法》还首次引入了驰名商标的规定，增加了对驰名商标的保护，不过在保护中对注册驰名商标和未注册驰名商标进行了区别对待⑤。

2013 年《商标法》的修改进一步增大了注册与使用逐步并重的趋势，加大了商标使用在商标权注册取得制度中的地位。例如，2013 年《商标法》加强了未注册但在先使用商标的地位，在第 19 条中给予在先使用但未注册的商标一定程度的保护，即在先使用人仍然有权继续使用其商标，但是仅限于在原有范围内，这也称之为先用抗辩权。不过这种保护并不是给予未注册商标以商标权。在注册取得制度的整体上，2013 年《商标法》在第 7 条中明确引入了诚实信用原则条款，这使我国的商标注册取得制度增加了制度弹性。在 2001 年《商标法》中虽然引入了与诚实信用原则相关的一些具体规定，但诚实信用原则本身没有作为条款内容，而在 2013 年《商标法》中引入的诚实信用原则条款，其目的在于强调市场主体在从事有关商标活动时应遵守诚实守信原则（虽然诚实信用原则作为《民法通则》中规定的基本原则也自然应适用于商标领域）。除了诚实信用原则条款，2013 年《商标法》还进一步增加了诚实信用原则的一些具体要求，使得商标权注册取得制度更加完善，

---

① 2001 年《商标法》第 15 条规定："未经授权，代理人或者代表人以自己的名义将被代理人或者被代表人的商标进行注册，被代理人或者被代表人提出异议的，不予注册并禁止使用。"

② 2001 年《商标法》第 31 条规定："申请商标注册不得损害他人现有的在先权利……"

③ 2001 年《商标法》第 31 条规定："申请商标注册……也不得以不正当手段抢先注册他人已经使用并有一定影响的商标。"

④ 2001 年《商标法》第 41 条第 1 款规定："已经注册的商标……是以欺骗手段或者其他不正当手段取得注册的，由商标局撤销该注册商标；其他单位或者个人可以请求商标评审委员会裁定撤销该注册商标。"

⑤ 2001 年《商标法》第 13 条规定："就相同或者类似商品申请注册的商标是复制、摹仿或者翻译他人未在中国注册的驰名商标，容易导致混淆的，不予注册并禁止使用。就不相同或者不相类似商品申请注册的商标是复制、摹仿或者翻译他人已经在中国注册的驰名商标，误导公众，致使该驰名商标注册人的利益可能受到损害的，不予注册并禁止使用。"

主要内容包括：禁止抢注因业务往来等关系明知他人已经在先使用的商标①，以及对商标代理机构的诚实信用原则上的要求②。2019 年的《商标法》修改对日益泛滥的商标囤积和商标抢注行为予以了规制。

(五)商标专用权的续展

商标权的续展又称注册商标权的续展，是指通过法定程序延续商标的有效期限③。注册商标的有效期为 10 年，自核准注册之日起计算。注册商标有效期满，需要继续使用的，商标注册人应当在期满前 12 个月内按照规定办理续展手续；在此期间未能办理的，可以给予 6 个月的宽展期。每次续展注册的有效期为 10 年，自该商标上一届有效期满次日起计算。期满未办理续展手续的，注销其注册商标。这两条对商标续展的时间期限作出了具体规定，值得注意的是，在商标续展期中，如果有人侵犯了商标专用权，侵权行为成立。但在商标有效期届满之时，其申请仍未被核准，其他人在商标权届满后使用相同或类似商标的行为是否构成侵权有则待商榷，不过由于大多数情况下续展申请只是一种手续上的要求，商标局一般都会核准商标权人的续展申请，因此，续展申请被核准前发生的使用与商标注册人商标相同或类似商标的行为被认定构成商标侵权的可能性较大④。商标的及时续展可以保持对产品销售的市场垄断。续展制度有利于企业为培育驰名商标而注重对商品和服务质量的改进与提高，从而有利于维护消费者的合法利益和建立公平的市场竞争秩序。

(六)商标专用权的终止

商标权的终止，是指因法定事由的发生，注册商标所有人丧失其对注册商标的权利。注册商标因注销、撤销、无效程序而终止。

1. 注销

注销是指商标局对注册商标所有人自愿放弃或因故不能使用注册商标的事实予以确认。注销注册商标须由商标局备案，并予以公告。注册商标在下述情况下，因注销而终止：

(1)未申请续展申请。注册商标有效期届满，宽展期已过，而商标所有人仍未提出续展申请；或者虽提出续展申请，但依法被驳回续展注册申请的。根据《商标法实施条例》

---

① 2013 年《商标法》第 15 条第 2 款规定："就同一种商品或者类似商品申请注册的商标与他人在先使用的未注册商标相同或者近似，申请人与该他人具有前款规定以外的合同、业务往来关系或者其他关系而明知该他人商标存在，该他人提出异议的，不予注册。"

② 2013 年《商标法》第 19 条规定："商标代理机构应当遵循诚实信用原则，遵守法律、行政法规，按照被代理人的委托办理商标注册申请或者其他商标事宜；对在代理过程中知悉的被代理人的商业秘密，负有保密义务。委托人申请注册的商标可能存在本法规定不得注册情形的，商标代理机构应当明确告知委托人。商标代理机构知道或者应当知道委托人申请注册的商标属于本法第 15 条和第 32 条规定情形的，不得接受其委托。商标代理机构除对其代理服务申请商标注册外，不得申请注册其他商标。"

③ 吴汉东：《知识产权法学》(第七版)，北京大学出版社 2019 年版，第 329 页。

④ 杜颖：《商标法》(第 3 版)，北京大学出版社 2016 年版，第 117 页。

第 73 条第 2 款的规定，在国家知识产权局收到注销申请的当日，该注册商标专用权或者该注册商标专用权在该部分指定商品或服务上的效力即告终止。

(2)自动放弃。商标权可以自由放弃，放弃权利时须办理注销手续。申请注销注册商标或者注销其商标在部分指定商品上的注册的，应当向商标局提交商标注销申请书，并交回原商标注册证。

(3)主体消亡。2014 年以前《商标法实施条例》曾规定，商标注册人死亡或者终止，自死亡或者终止之日起 1 年期满，该注册商标没有办理移转手续的，任何人可以向商标局申请注销该注册商标。提出注销申请的，应当提交有关该商标注册人死亡或者终止的证据。但《商标法实施条例》于 2014 年修改之后，不再将商标注册人(商标权人)死亡或者终止作为注销该商标注册的理由。

2. 注册商标无效宣告

商标专用权无效，是指商标在注册时，存在不予注册的绝对理由或相对理由，本来不应获得注册。如果存在不予注册的绝对理由，国家知识产权局发现后可主动宣告无效，任何人也可随时请求国家知识产权局宣告该注册商标无效。如果存在不予注册的相对理由，在先权利人或利害关系人可在商标注册 5 年内请求国家知识产权局宣告该注册商标无效(对恶意注册驰名商标的不受 5 年时间限制)。对于他人提出的无效宣告请求，国家知识产权局认为无效理由成立的，将宣告该注册商标无效，从而使商标专用权归于无效。我国《商标法》第 44 条、第 45 条规定了不符合商标注册绝对条件和相对条件。

关于商标无效宣告的法律后果，主要规定在现行《商标法》第 47 条："依照本法第 44 条、第 45 条的规定宣告无效的注册商标，由商标局予以公告，该注册商标专用权视为自始即不存在。

宣告注册商标无效的决定或者裁定，对宣告无效前人民法院作出并已执行的商标侵权案件的判决、裁定、调解书和工商行政管理部门作出并已执行的商标侵权案件的处理决定以及已经履行的商标转让或者使用许可合同不具有追溯力。但是，因商标注册人的恶意给他人造成的损失，应当给予赔偿。

依照前款规定不返还商标侵权赔偿金、商标转让费、商标使用费，明显违反公平原则的，应当全部或者部分返还。"

第 1 款规定注册商标宣告无效后，商标权"自始即不存在"，即自始无效。所谓自始无效，就是所争议的商标从一开始就被法律视为不存在，宣告无效之前授予注册商标专用权是错误的行为，商标注册主管部门应当依法纠错并将之前的错误授权撤回。争议商标注册人或被许可人在争议商标宣告无效之前，对争议商标不享有专用权，其使用争议商标的行为，侵害了在先注册商标的专用权。因此，在先商标注册人可以在争议商标宣告无效后主张无效前使用争议商标的行为构成侵权。然而，如果仅依此执法司法，则将对实然层面造成负面影响，注册商标权人在无效宣告的争议期间届满之前(暂不考虑特殊情形)不敢轻易地使用已注册的商标，如此一来，商标权人的合法利益必然遭受损失，从而影响注册商标在市场经济活动中的作用。为了规避这种现实问题，《商标法》第 47 条第 2 款做了折衷规定，即注册商标无效宣告的结果，原则上不具有溯及力，即对在此之前已经定案并执行的有关案件，不具有溯及力。同时，该条款严格限制了溯及力适用条件，在先行为已经定案，且有关义务已经履行(执行)。换言之，如果争议商标未定案或者义务未履行(执行)，则宣告商标无效的效力具有溯及力，有关义务人可以据此不再履行相关义务。同时，为了限制争议商标注册人不当利用无效宣告原则上不具有溯及力的规则《商标法》同时明确了争议商标注册人恶意造成损失的例外情形。

3. 撤销

商标注册人在使用注册商标的过程中，自行改变注册商标、注册人名义、地址或者其他注册事项的，由地方工商行政管理部门责令限期改正；期满不改正的，由商标局撤销其注册商标；注册商标成为其核定使用的商品的通用名称或者没有正当理由连续3年不使用的，任何单位或者个人可以向商标局申请撤销该注册商标。

(1) 无正当理由连续3年不使用。TRIPs协议允许在缺乏正当理由连续3年不使用商标的情况下，撤销对商标的注册。美国《兰哈姆法案》甚至认为商标权人连续不使用等同于放弃了注册商标，并规定连续3年不使用就是放弃商标的初步证据。我国《商标法》第49条第2款也规定，没有正当理由连续3年不使用的，任何单位或者个人可以向国家知识产权局申请撤销该注册商标。其中，针对“正当理由”，TRIPs协议第19条第1款规定：“……出现商标人意志以外的情况而构成对商标使用的障碍，例如对受商标保护的货物或服务实施进口限制或其他政府要求，此类情况应被视为不使用商标的正当理由。”《最高人民法院关于审理商标授权确权行政案件若干问题的规定》第26条第4款规定：“商标权人有真实使用商标的意图，并且有实际使用的必要准备，但因其他客观原因尚未实际使用注册商标的，人民法院可以认定其有正当理由。”此处的“客观原因”应当是指直接导致商标权人无法使用商标的障碍，且商标权人难以预料或控制。如果商标权人完全可以预见相关障碍且可以采取合理措施避免，却未能采取此种措施，则不能认为存在不使用注册商标的正当理由。“无正当理由”这一限定可以避免“一刀切”式的撤销连续3年不使用的注册商标。

如果一个商标不能被充分使用，消费者就难以通过该商标建立与厂商之间的联系，进而实现“认牌购物”、获得消费者青睐的目的。《商标法》对商标专用权的保护是建立在规范商标使用行为基础之上的。商标信誉的积累和商标资产价值的实现，均以其在市场中得到充分使用、被消费者广为接受为条件，只有当商标被用于实际的服务和商品中，消费者能够通过商标识别商品或服务的来源，商标的经济价值才能得到实现。商标在注册后没有在法定的时间进行使用或者因显著性退化而成为核定使用商品或服务的通用名称，就会丧失作为识别来源的作用，如果他人因无法在相同或类似商品上使用相同或近似的商标不能进入市场，也会造成资源的浪费。此时《商标法》允许任何人向国家知识产权局申请撤销该注册商标有利于维护市场竞争秩序。同时，我国为了维护商标管理秩序，现行《商标法》第49条规定：“商标注册人在使用注册商标的过程中，自行改变注册商标、注册人名义、地址或者其他注册事项的，由地方工商行政管理部门责令限期改正；期满不改正的，由商标局撤销其注册商标。”对商标局撤销或者不予撤销注册商标的决定，当事人不服的，可以自收到通知之日起15日内向商标评审委员会申请复审。商标评审委员会应当自收到申请之日起9个月内作出决定，并书面通知当事人。有特殊情况需要延长的，经国务院工商行政管理部门批准，可以延长3个月。当事人对商标评审委员会的决定不服的，可以自收到通知之日起 30 日内向人民法院起诉。①

(2)使用的含义。商标法上的商标使用具有特定含义，其基本要求应当是使商标与商品或服务相结合，发挥商标识别商品或服务来源的作用，避免资源的闲置与浪费。据此来看，商标的“使用”方式多种多样，因此，他人未经许可在相同或类似商品或服务上以上述方式使用相同或近似商标，容易导致消费者产生混淆的，即构成商标侵权。但是，《商标法》规定无正当理由连续 3 年不使用就可撤销商标注册，是为了确保商标通过使用发挥其识别商品或服务来源的功能。因此，为了维持商标注册而需要对商标进行的“使用”，与构成商标侵权的“使用”既有相同之处也存在一定区别。

首先，维持商标注册所需要的“使用”(有些国家称之为“真实使用”)必须能够在商业活动中发挥识别来源的作用，使该商标成为创设或维持相关商品或服务市场份额的手段。商标的核心功能是区分所标识的商品或服务的来源，如果相关“使用”并未使商标在市场中发挥区别作用，则该“使用”并不是商标意义上的使用。如果仅使构成商标的文字或图形发挥识别来源之外的其他作用，比如说明商品或服务自身的特征，则该“使用”不能用于维持商标的注册。例如，在“GNC”商标案②中，由于商标权人并未将系争商标使用在核定使用的商品——非医用营养鱼油这类商品之上，而是使用于蜂蜜这类非核定使用的商品之上，从而被法院认定为不属于商标法意义上的使用，也就无法产生维持商标权的效力。再如，在“万宝 WANBAO 图形”商标再审案③中，“万宝 WANBAO 图形”商标核定使用于第 9 类电视机及显示器等商品之上，但商标权人所提供的使用证据均证明其是在音箱、功放机等非核定商品上使用。据此，最高人民法院作出了权利人的商标使用行为并不能产生维持商标效力的判定。此后发生的“安琪尔及图”商标案④及“LOOK”商标案⑤等案件都是在遵循最高人民法院上述判决思路的基础上进行裁决的。

其次，必须为公开使用。所谓公开使用，是相对内部使用而言的，是指将贴附商标的产品于商业流通领域中使用，且该种使用方式能够使相关公众认知商标，并据以识别商品或服务的来源。一般来说，商标只有在商业流通领域中被公开使用才能被消费者接触和认知，商标与产品之间的联系才能得以建立，商标识别来源的功能才能实现。最高人民法院在“无印良品”商标案的判决中也明确指出：“商标只有在商品的流通环节中才能发挥其识别来源的功能。”⑥

注册商标被注销或者撤销的，其商标专用权即时终止。应当注意的是，撤销注册商标是较为严厉的行政处罚，因此只有当违法使用行为较为严重，拒不改正的，才可给予撤销注册的处罚。但是为了防止发生商品出处的混淆，自撤销、宣告无效或者注销之日起 1 年内，商标局对与该商标相同或者近似的商标注册申请，不予核准⑦。此规定是从保证商标

① 《商标法》第 54 条。

② 北京市高级人民法院〔2006〕高行终字 78 号。

③ 最高人民法院〔2010〕知行字 44 号。

④ 北京市高级人民法院〔2012〕高行终字 733 号。

⑤ 北京市高级人民法院〔2013〕高行终字 2286 号。

⑥ 中华人民共和国最高人民法院〔2012〕行提字 2 号。

⑦ 《商标法》第 50 条。

正常发挥作用和维护消费者利益的角度出发，目的是避免造成不必要的混淆，当一些注册商标被撤销、被宣告无效或注销时，并不等于该商标即刻从市场上或者消费者生活中消失，商品所拥有的商誉有赖于社会公众对产品质量的良好评价而逐步积累而成，消费者在市场上对产品形成自己的认知，并将评价反映在商标上，强化了商标与商品之间的对应关系，使用具有一定影响力的注册商标的商品并不能立刻从市场上和消费者中退出，在流通领域还会存在一定时期。因此，在核准其他人注册商标时，应当注意是否存在注册商标被注销或者撤销但还未完全退出市场的情况，以避免消费者的误认、误购从而维护消费者的利益。同时《商标法》也规定，如果被撤销的注册商标是连续 3 年停止使用的，则不受上述限制。

但是，“宣告无效”与“撤销”针对的情形不同。对前者而言，商标在申请注册时就存在不予注册的绝对理由或相对理由，本来就不应当获得注册。而对后者而言，商标注册是没有问题的，但在使用注册商标的过程中，发生了违反商标法的规定或显著性退化的情况。

二、商标权的利用

商标权作为一种私权，可以被转让和许可，但商标法既要保护凝聚在商标权上的信誉，也要保护消费者的利益，因此，商标法对商标的许可和转让作出了特殊的规定。

（一）商标许可权

商标许可权是指商标权人可以通过签订商标使用许可合同许可他人使用其注册商标的权利。许可人应当监督被许可人使用其注册商标的商品质量，被许可人必须在使用该注册商标的商品上标明被许可人的名称和商品产地。《商标法》第 43 条第 3 款规定：“许可他人使用其注册商标的，许可人应当将其商标使用许可报商标局备案，由商标局公告。商标使用许可未经备案不得对抗善意第三人。”商标使用许可是商标权人实现商标财产权的重要方式，包括独占使用许可、排他使用许可及普通使用许可。

普通使用许可是指商标注册人在约定的期间、地域和以约定的方式，许可他人使用其注册商标，可自行使用该注册商标亦可许可他人使用。排他使用许可是指商标注册人在约定的期间、地域和以约定的方式将该注册商标仅许可给一个被许可人使用，商标注册人依约定可以使用但不得另行许可他人使用。独占使用许可是指商标注册人在约定的期间、地域和以约定的方式，将注册商标仅许可一个被许可人使用，商标注册人依约定不得使用该注册商标。

三种被许可人的权限范围不同，他们在诉讼中的地位和权利也不同，在发生注册商标专用权被侵害的情况时：

（1）独占使用许可合同的被许可人可以向人民法院提起诉讼。

（2）排他使用许可合同的被许可人可以和商标注册人共同起诉，也可以在商标注册人不起诉的情况下自行提起诉讼。

（3）普通使用许可合同的被许可人经商标注册人明确授权，可以提起诉讼。

商标权许可给第三人使用后，如果商标权人转让商标权的，如何处理商标权的受让人与商标权的被许可人之间的关系。《最高人民法院关于审理商标民事纠纷案件适用法律若干问题的解释》在第20条作了规定，注册商标的转让不影响转让前已经生效的商标使用许可合同的效力，但商标使用许可合同另有约定的除外。也就是，在没有其他约定的情况下，商标权的被许可人可以被许可使用商标权对抗新的商标权人。商标使用人使用商标所有人的商标，在商标上积累的商誉最终会随着商标的回归而转移到商标所有人。这样，商标使用人打造了品牌，却不能享有由此带来的利益，因此在使用合同期限届满，品牌回归前，商标被许可人如何处理品牌价值的分享问题至关重要。较为典型的案例是加多宝与王老吉之争，在王老吉纠纷中，作为王老吉商标权利人的广药集团放手或任其使用者加多宝方对其商标及其对应的产品进行经营，不仅没有风险反而坐收丰厚红利，等合同期满后又收回了王老吉商标。作为商标使用者加多宝方(媒体称之为品牌利益的创造者)到期不仅要归还商标使用权，而且不能分享该品牌的利益。因为按照现行《商标法》和《民法典》的要求，双方签订的商标许可使用合同到期后，作为王老吉商标权利人的广药集团当然可以收回王老吉商标。在许可使用合同期间，因商标使用者的努力使得商标增值，其增值部分如何确定和分配成为学术界争论不休的问题。再如南极人商标，南极电商前身为南极人，利用保暖内衣轻薄、舒适和暖和的特点，凭借一句"南极人不怕冷"，公司成立后4个月销售额便高达1个多亿元，成为"四大国民品牌"之一。2008年，南极人开始品牌授权的商业模式。通过出售品牌的使用权，获得授权的厂商将产品贴上"南极人"的吊牌，无须投入前期品牌建设成本，便可将名不经传的产品摇身一变成为中国驰名商品。南极人通过对其商标的许可与授权获得了巨大利润的同时，随着贴牌商家越来越多，质量也良莠不齐，各种差评接踵而至，自2018年以来，南极人因质量问题10余次登上国家质监部门及地方消费者协会的不合格产品"黑名单"，产品涉及众多品类。南极人在品牌授权中，未能掌控被授权厂家的质量，使得"南极人"这个品牌所承载的商誉受到严重影响。

商标所承载商誉来源于企业长期良好的经营，商标许可是把双刃剑，商标使用许可运用得当，就会提高企业的声誉，增强其市场竞争力，增加企业商标的价值；运用不当，也会损害企业的声誉，造成无形资产的流失，削弱其市场竞争力。因此，企业必须科学运用商标使用许可，发扬其正面效应，规避其负面影响，促进自身发展。

(二)商标转让权

商标转让权是指商标权人依法享有的将其注册商标依法定程序和条件，转让给他人的权利。在我国，转让注册商标的，转让人和受让人应当签订转让协议，需要共同向商标局提出申请。并规定商标注册人对其在同一种或者类似商品上注册的相同或者近似的商标，应当一并转让；未一并转让的，由商标局通知其限期改正；期满不改正的，视为放弃转让该注册商标的申请，商标局应当书面通知申请人。转让注册商标经核准后，予以公告，受让人自公告之日起享有商标专用权。这表明，我国注册上商标的转让需要经过国家知识产权局核准并公告之后才能生效，仅签订转让合同不能够产生商标专用权转让的法律效力。注册商标的转让不影响转让前已经生效的商标使用许可合同的效力，但商标使用许可合同另有约定的除外。

商标专用权是一种具有财产性质的私权，可以根据商标权人的意思自由转让，但是商标具有识别商品或服务来源的特殊功能，经营者凭借自己的商标区别于同类商品或服务，并以此建立自己的信誉。消费者也可以根据商标来确定商品或者服务的来源。因此有些国家或国际立法不允许商标与企业分离转让，认为消费者会因此受到误导，如《巴黎公约》第6条，规定了商标连同厂商或商号一起转让的情形。但是，如果商品或者服务品质卓越，具有良好的信誉，其注册商标的实际价值就会较高，商标转让价格也较为昂贵。受让人出资购买商标以后，一般也会尽力提供高品质的商品或者服务，以防止商标贬值，同时，消费者通过商标选择商品或服务，是对该商标所承载的高品质商品或服务的信任，至于商标的实际使用者是谁，对于消费者而言并不是重要问题，简言之，无论是商标权人抑或是商标受让人或被许可人，只要提供与该商标商品同样品质的商品或者服务，不会损害消费者的权益。

商标专用权转让后，尽管使用该注册商标的商品或者服务的提供者发生了变化，但是该注册商标仅由受让人或被转让人使用，因此，其标识的商品或者服务的来源仍然具有唯一性。不会因相互之间并无许可等关系的两个以上经营者，同时在相同或类似商品或服务上使用同一注册商标，而引起消费者的混淆。同时，经过受让人的使用和宣传，消费者也会最终意识到使用该注册商标的商品或服务的新出处。因此，多数国家的商标立法已经允许单独转让注册商标了，以前不允许单独转让的国家和地区态度也发生了转变，例如，德国、意大利，以及我国台湾地区均已经从不允许单独转让注册商标转向允许单独转让了。TRIPs协议第21条也明确规定：商标权人有权将商标与该商标所属业务同时或不同时转让。在我国，转让人与受让人之间签订转让协议向商标局提交转让申请商标局审核、公告转让注册商标的，转让人和受让人应当签订转让协议，并共同向商标局提出申请。受让人应当保证使用该注册商标的商品质量。对容易导致混淆或者有其他不良影响的转让，商标局不予核准，书面通知申请人并说明理由。转让注册商标经核准后，予以公告。受让人自公告之日起享有商标专用权。

商标局对商标转让申请的核准只是进行形式审查，对当事人提交的申请材料的内容以及真实意图不做实质审查，因此，一般情况下商标局对当事人的申请会予以核准。商标局对商标转让主要审查一并转让问题以及混淆问题①。正是因为商标局对商标转让只是进行形式上的审查，因此现实生活中出现虚假转让而损害商标权人的情况屡见不鲜，加之商标转让程序较商标变更登记程序简单，商标所有人有时也以形式上的商标转让行为达成变更商标所有权主体之实质目的。为了规范商标转让行为，减少商标转让争议以及虚假转让行为，国家工商行政管理总局发布《关于申请转让商标有关问题的规定》，商标局对上述证件的真实性、有效性产生怀疑的，可以要求提供有关证明文件或经过公证的复印件，对于在国外形成的文件可以要求提供经公证、认证的复印件，对于在港、澳、台地区形成的文件可以要求履行相关证明手续。

① 我国《商标法》第42条规定："转让注册商标的，商标注册人对其在同一种商品上注册的近似的商标，或者在类似商品上注册的相同或者近似的商标，应当一并转让。对容易导致混淆或者有其他不良影响的转让，商标局不予核准，书面通知申请人并说明理由。"

（三）商标质押权

商标权质押是指以商标权作为出质标的来担保债权，在债务人到期不能偿还债务时，债权人就可以商标权的价值优先受偿，它是罗马法上的质权发展到今天的一种新形态。根据《民法典》第 444 条的规定，注册商标专用权可以出质，质权自办理出质登记时设立。注册商标专用权出质后，出质人不得转让或者许可他人使用，但是出质人与质权人协商同意的除外。出质人转让或者许可他人使用出质的注册商标专用权所得的价款，应当向质权人提前清偿债务或者提存。商标权质押具有不移转标的物、出质标的价值较大、出质资源丰富等优点，对自主知识产权丰富而缺乏大额不动产、动产的高新企业和中小企业的担保融资具有重要意义。目前在我国一些经济发达地区或者省份，商标权质押已成为企业融资的流行担保方式之一。

商标权质押贷款是企业融资的新手段，目前国内多省市地区都鼓励企业利用多年来积攒的无形资产来进行融资合作，各大商业性银行也对一些信誉度较高的企业发放质押贷款。例如 2021 年 6 月，连州农商银行向一家天然保健食品有限公司发放了商标类知识产权贷款。资金是企业发展运行的主要推动力，如何稳定企业的资金来源对企业来说是尤为重要的问题，尤其对于初创期的中小企业。商标质押融资成了解决这些中小企业融资困难的最佳办法，也是促进企业自主创新的一种有效手段。帮助企业盘活商标无形资产，拓展融资新渠道，增强创新力与发展力。知识产权质押融资的大力推行，能够为区域创新创业提供新的动能。

同时，注册商标专用权是无形资产，出质行为的根本目的是获取资金助力发展，而不是将商标价值变现。若是出于将商标价值变现的目的，转让商标、股权出资均是可以考虑的途径，因此在出质注册商标专用权的时候，需要做好一个完整的规划，包括出质前的考虑、出质过程中的维护，以及按照约定的履行等。因此，在注册商标专用权出质过程中，既要严格遵守法律法规，最大可能地避免后续法律纠纷与经济损失，又要认真做好商标价值评估与成本衡量，确保商标出质对经济发展有正面作用。

1. 商标价值评估

商标是企业十分重要的无形资产，商标价值是由多种因素共同构成的，其中就包括：商标的设计独创性、广告宣传、商标注册的保护以及知名度、商标所附随产品的质量、服务等因素。同样，商标的价值还会因为国家政策、财税政策等外部因素所影响。除此之外，商标发展阶段的不同，其价值也不一样。一般而言，企业会经历创建时期、发展时期、成熟时期和衰败时期。商标在企业的成熟时期达到价值的最大化。影响商标的价值的因素繁多，商标的价值也会随之而变化，这是作为无形资产的特点之一。因此，对商标价值的评估是较困难且充满变数的，即使今天评估出某商标品牌的价值，也不能保证其不会发生变化。最典型的案例莫过于“三鹿”奶粉商标价值的贬值。曾经的“三鹿”奶粉商标在该企业最鼎盛时期，被估值为价格超过 100 亿元，然而在三聚氰胺事件发生后，“三鹿”品牌遭受重创，最终“三鹿”以整体打包的方式售出，成交价仅为 730 万元人民币。

1993 年对青岛啤酒股份有限公司拟上市“青岛”啤酒商标的评估是我国内地首例商标

评估。国家工商局于1995年也指导四川省成都市商标价值专家评委对10个产品的商标进行了价值评估，总值为12亿元。从国内外商标价值评估的发展来看，商标价值评估主要来源于企业商标遭遇侵权便于索赔、商标作价入股、商标许可等企业实际经营中的需求，由于具有个案性质，再加上评估目的不同，导致商标价值评估方法和估值差异很大，评估机构也是“有形资产”与“无形资产”兼做，对商标更是缺少专业化的评估，可以说我国商标价值评估体系还很不成熟，有待进一步完善①。

商标价值评估也不能脱离商标评估的目的，如果是在市场经济条件下买卖双方的评估要求，则商标价格的形成与其他商品价格的形成并无差异，是双方自由议价的结果。但是，即使是议价交易，协议价格也必须与交易对象的价值趋于一致，对商标价值影响因素的考察即是为商标无形资产价值评估提供科学依据，以发挥商标最大的潜能。

2. 商标质押融资

2021年，为贯彻落实党中央、国务院关于高新区高质量发展和知识产权质押融资工作的决策部署，国家知识产权局、中国银保监会、国家发展改革委联合制定《知识产权质押融资入园惠企行动方案(2021—2023年)》。近些年来，多地实现商标抵押融资零突破，例如汉中两企业质押融资1900万元，川北商标权质押获贷千万元，东钱湖商标权质押两次获贷7亿元，昆山市巴城镇阳澄湖蟹业协会质押巴城阳澄湖大闸蟹地理标志商标专用权，获得银行贷款1亿元，上海延中饮料拿到了国家知识产权局颁发的《商标专用权质权登记证》，其“延中”商标被担保的债权数额达9.8亿元。同时，上海银行漕河泾支行为企业发放了5000万元贷款。我国《商标法实施条例》(2014年5月1日起施行)第70条对商标专用权出质作出规定：“以注册商标专用权出质的，出质人与质权人应当签订书面质权合同，并共同向商标局提出质权登记申请，由商标局公告。”

第五节　对商标权的限制

商标权限制，是指法律为了平衡权利人利益与社会公共利益，规定了对商标权利人权利的一些限制。商标权同其他知识产权一样不得滥用。对商标权的保护在于保护商标在实际使用中的识别功能，因而超过这个范围的商标权滥用行为应当予以限制。即商标权人不得以商标专用权来禁止他人在没有损害自己权利前提下的合法行为。商标权的限制主要包括商标权保护期、商标权合理使用、商标权用尽、在先使用、比较广告和非商业性使用等内容。

一、商标权保护期

(一)商标权保护期限

商标权作为知识产权的一种，同样具有保护期限。商标的保护期限就是一种重要的商

① 王莲峰：《商标许可合同使用者利益之保护——王老吉与加多宝商标利益纷争之思考》，载《社会科学》2013年第4期。

标权限制。权利的保护期限是社会回报知识产权人的收益期，期限经过后，智慧成果进入公有领域，社会公众可以自由享用智慧成果。① 各国商标法，一般都规定了对商标专用权的保护期限，只是具体的商标保护期长短有所不同，多则 20 年，少则 7 年，大多数是 10 年。澳大利亚、英国、新加坡等国规定的注册商标有效期为 7 年；德国、日本、阿根廷等国规定保护期为 10 年；斐济、几内亚、老挝等国规定的保护期为 15 年；美国、瑞士和一些非洲知识产权联盟国家规定的保护期为 20 年。另外，还有一些国家实施不同收费标准的商标保护期，比如多米尼加共和国规定商标有效期分别为 5 年、10 年、15 年、20 年，每个保护期的收费标准不同，由注册人于申请注册前在前述范围内自主选择商标保护的期限。② 我国《商标法》第 39 条规定："注册商标的有效期为 10 年，自核准注册之日起计算。"

国际注册商标的保护期可参考国际公约，一般是十年或二十年。《商标注册条约》第 17 条规定："任一国际注册的第一个有效期为从国际注册日起十年。"《商标国际注册马德里协定》第 6 条规定："在国际局商标注册以二十年为期进行，并可根据第 7 条规定的条件续展。"

（二）商标权的续展

商标权比较特殊，与专利、著作权不同，可以在期限届满后申请续展。发明创造的价值在于成果本身，而商标的价值源于在生产经营中的使用。商标权并不阻止他人以同样的商品进入市场，而是排除他人以同样的标记进入市场。因此商标权原则上并不会带来商业垄断，而且允许商标权进行续展可以维持商标的识别性，从而保护商标专用权人的私益和社会公益③，所以各国立法都允许商标权进行续展。如 TRIPs 协议规定商标的首期注册及各次续展注册的保护期均不得少于 7 年，英国和日本还特别规定了商标权恢复制度。这种制度也是为了敦促商标权利人积极确认权利状态，发挥商标的使用价值。

我国商标权续展制度体现在《商标法》第 40 条和《商标法实施条例》第 33 条。由此可见，商标权续展包含两个期限，即续展期和宽展期。

商标权在正常的 12 个月续展期内的效力是不受影响的，如果在此期间有人侵犯了商标专用权是构成侵权的。但是，如果商标权人在续展期间提出的续展申请在商标保护期届满之时没有被核准，那他人在商标权届满后使用相同或类似商标的行为的性质就要分情况处理了。如果该续展申请被核准了，那该商标权追溯到上一届商标保护期满次日，他人在此期间的使用行为就构成侵权；反之该续展申请未被核准，那么该商标在有效期满后不再受法律的保护，他人的使用行为也就不构成侵权。

宽展期间的商标效力问题的处理比较复杂。对于宽展期已过且未提出续展申请的该注册商标权固然不再受法律保护，但对于仍处于宽展期而未核定续展的商标效力学界有着不

① 杜颖、王国力：《商标法中宽展期内商标权的定位研究》，载《知识产权》2008 年第 5 期。

② 数据资料来自深圳万事惠投资咨询有限公司：《各国注册商标的有效期限》，2021 年 7 月 27 日。

③ 刁胜先、石琳民：《论宽展期内商标权之保护——兼对商标法第三次修改的建议》，载《河北法学》2013 年第 31 卷第 4 期。

同的看法。其一，申请保护说，即只要商标注册人提出了续展申请，商标权就有效连续存在。[①] 该观点忽视了续展期和宽展期的不同以及未被核准的情况。其二，延长保护说，该观点不论条件地将商标权的保护期延长至宽展期届满之时[②]，忽视了设置宽展期的立法意义。其三，效力区别说，即在续展期内申请续展的，无论在什么时候被核准都认定该商标连续有效；而宽展期内提出续展申请的，针对他人在提出续展申请之前的使用行为，原商标注册人无权请求损害赔偿。[③] 其四，效力有限说，即商标权人在宽展期内提出续展申请被核准的商标权效力范围受限，续展申请人不能制止商标有效期满后、商标续展申请提出之前侵害注册商标的行为。[④] 本书认为，在商标权人于续展期间提出续展申请，在商标宽展期届满之时，其申请仍未被核准的情况下，他人在商标权有限期届满后使用相同或近似商标的行为是否构成侵权应该分情况处理。如果最终续展还是获得了核准，则商标专用权连续存在，属于侵权行为；如果商标续展最终没有通过核准，则商标专用权期满后不受法律保护，那么使用与之相同或近似商标不构成侵犯商标专用权。

二、合理使用

商标的合理使用是指在一定条件下非商标权人可以使用他人的商标，但不构成侵权，是对商标权的重要限制之一。德国、美国和日本等各国的商标法都有相应的明确规定。我国商标法中的合理使用制度主要体现在《商标法》第 59 条。合理使用在理论上分为叙述性合理使用和指示性合理使用。

(一)叙述性合理使用

“叙述性合理使用”，又称“描述性合理使用”，是非商标意义上的使用，即使用他人的具有描述性的商标标志来描述自己的商品或服务的特征。虽然使用了他人商标中的文字或图形，但并非用其指示商品或服务的特定来源，而是利用属于公共领域的该商标标志的初始含义为自己的商品或服务本身进行描述。

就如美食达人公司诉光明乳业案中，光明乳业对“85℃”这一标志的使用就是合理的叙述性使用。美食达人公司拥有 85℃、85 度 C 等商标的注册专用权。而光明乳业生产的“优倍”系列鲜奶产品外包装上的显著位置，使用了与原告商标相似的 85℃这一标志，且在广告宣传中突出使用。

因此美食达人公司认为光明乳业侵害了其注册商标专用权。而光明乳业则称该系列牛奶在加工中使用了巴氏杀菌技术，工艺参数为 85℃，因此其在外包装使用“85℃”是一种善意、合理的描述性使用。一审判决光明乳业败诉[⑤]，而二审则推翻了一审的判决结果。二审法院认为光明乳业使用“85℃”的行为仅仅是为了向公众说明该款牛奶制作工艺的特

---

① 郭寿康:《知识产权法》，中共中央党校出版社 2008 年版，第 259~260 页。

② 吴汉东:《知识产权法》，北京大学出版社 1998 年版，第 251 页。

③ 吴兆祥:《注册商标在续展期内是否受法律保护》，载《人民法院报》2002 年 3 月 15 日。

④ 杜颖、王国力:《商标法中宽展期内商标权的定位研究》，载《知识产权》2008 年第 5 期。

⑤ 参见上海市黄浦区人民法院〔2016〕沪 0101 民初 24718 号民事判决书。

殊性，属于合理描述商品特点的使用，消费者对光明牛奶已经产生了较为熟悉的认知，按一般人的理解能力不会对光明牛奶的来源产生误认。① 其实“85℃”都是取自社会公有领域的符号，本身就是一种公共资源，组合在一起具有一定的含义即表示温度，对此，一般公众都可进行描述性合理使用。

《商标法》第59条规定：“注册商标中含有的本商品的通用名称、图形、型号，或者直接表示商品的质量、主要原料、功能、用途、重量、数量及其他特点，或者含有的地名，注册商标专用权人无权禁止他人正当使用。”由该条文可知，商标的叙述性使用是对商标标志初始含义的合理使用，是对商标权人独占公用领域资源的有效限制。商标的叙述性使用应具备以下条件：(1)该使用出于善意；(2)该使用非商标意义的使用；(3)对他人商标标志的使用只是为了说明或者描述自己的商品或者服务。

(二)指示性合理使用

指示性合理使用是商标意义上的使用，即利用他人的商标标志来客观指示自己的商品或服务的用途。比如“本墨水适用于惠普墨盒”“本店提供BMW的维修”。

指示性合理使用相关的典型案例有九牧厨卫股份有限公司诉大田县龙丁建材商行侵害商标权案：九牧厨卫公司拥有“JOMOO”“九牧”“JOMOO九牧”等注册商标专用权，并且九牧三商标拥有较高的社会知名度。

龙丁建材未经九牧厨卫许可，在其经营门店店招、立柱上以及店内装潢等经营卫浴洁具商品的商业活动中使用九牧三商标，销售九牧商品。2018年九牧厨卫起诉龙丁建材，要求龙丁建材停止侵权并赔偿损失。一审法院认为，龙丁建材依法构成对九牧三商标的商标权的侵害，应立即停止侵权、赔偿损失。② 而二审则推翻了一审的判决结果。二审法院认为，龙丁建材销售“九牧”产品，不会切断九牧产品与九牧厨卫之间的联系，也不会造成相关消费者对“九牧”商品来源的混淆、误认。龙丁建材在经营场所中使用“九牧”字样，属于指示性使用，并不会导致相关公众对“九牧”产品来源的混淆误认③。后九牧厨卫提起再审，再审法院驳回了九牧厨卫的再审申请。再审法院认为，龙丁商行销售九牧产品，其在经营场所使用九牧公司涉案商标标识，属于指明商品来源的指示性使用，该行为不构成商标侵权。④ 此案的主要争议点是龙丁建材在其门店店招、立柱上以及店内装潢、商业活动中突出使用九牧三商标标识，是否侵犯九牧厨卫商标权，即指示性使用的认定，本案中法院给予了肯定的回答。

任何权利都有边界，商标专用权也不例外。商标专用权人无权限制其他经营者为描述商品或服务的用途而对商标进行的指示性使用。但在对他人商标进行指示性使用的时候，也应该遵守必要、善意、合理使用的原则，不致使公众和消费者对商品或服务产生较大混淆。对于指示性使用可能存在混淆而构成侵权，故要构成合理的指示性使用须具备以下条

---

① 参见上海知识产权法院〔2018〕沪73民终289号民事判决书。

② 参见福建省三明市中级人民法院〔2018〕闽04民初148号民事判决书。

③ 参见福建省高级人民法院〔2018〕闽民终1026号民事判决书。

④ 中华人民共和国最高人民法院〔2019〕最高法民申5946号。

件：(1)使用的必要性。即使用他人商标是唯一的向公众告知自己商品或服务的用途和完整信息的手段。(2)符合诚实商业惯例。即该使用行为不会损害原商标的显著性、声誉和优势，且不会使他人误解该使用者与原商标所有人有商业合作关系。(3)不存在较大的公众和消费者混淆可能性。

三、商标权用尽

"商标权用尽"又被称为"商标权穷竭""首次销售原则"。商标权用尽是指商标权人对附有其商标的商品的权控力的用尽。① 对于商标权人许可或以其他方式合法投放市场的商品，他人在购买之后无须经过商标权人许可，就可将附有该商标的商品再次出售或以其他方式提供给公众，即权利人不能再主张专用权。商标权用尽制度的合理性在于，可以平衡商标所有人和商品的财产所有者的利益。商标权用尽制度在保证商标所有人，于首次销售中已经充分享有商标权所带来的财产权益的同时，也为商品的财产所有者充分、自由地享有传统所有权提供保障，即允许财产所有者自由处置其财产。另外，商品权用尽制度可以很好地将商标权的效力限制在第一次销售中，可以保障商品在市场上的自由流通，利于促进市场统一和自由竞争。如果不对商标权予以穷竭，商标权人就可以利用商标权控制附载其商标的商品的整个流通过程，这就极易形成市场垄断，妨碍市场自由竞争和有序发展。

(一)商标权用尽的构成要件

1. 商标权用尽的积极条件

商标权用尽的积极条件即适用商标权用尽制度的前提条件。商品必须在商标下投放市场，且该投放市场的行为必须由商标所有人或经其同意进行。即附有某商标的商品必须由该商标所有人亲自或者通过直接委托将商标商品供他人在市场上销售，使该商标商品转移至第三方的，才能适用商标权用尽制度。

2. 商标权用尽的消极条件

商标权用尽的消极条件乃商标权用尽的例外情形。如果再次销售中商标标志发生了变化或者商品本身条件发生了变化，则不能适用商标权用尽制度，而属于商标侵权行为。变化商标标志后进行的再次销售行为会构成反向假冒行为，该变化商标标志不能在再次销售中向公众和消费者传递出商品真正来源的信息，不能发挥原商标的信息传递功能，会损害原商标的商誉积累功能。而商品本身条件发生了变化直接影响到商品的实质用途，影响消费者对该商标的看法，最终会损害商标本身的价值，构成商标侵权。

(二)平行进口

在商标权用尽的地域范围方面，有国内穷竭和国际穷竭。商标权发生国内穷竭没有争议，但是否发生国际穷竭，学界存在着不同的观点。有些国际穷竭说主张，商标权在国内穷竭的效力范围可延展到国外，即某商标权在一国内穷竭后意味着在其他国家或地区也穷竭了，商标权人不再对附有该商标的商品的跨国流通享有控制力。而有些学者认为商标权

① 熊敏琴：《浅析商标权权利用尽原则》，载《电子知识产权》2003年第1期。

在国内的穷竭不必然导致其在其他国家或地区的穷竭，即商标权人仍可禁止未经许可的进出口行为。这种观点的冲突也就引出了平行进口问题。①

商标领域的平行进口指第三人在未经商标所有人或其授权人许可的情况下，将该商标商品进口到他国并销售的行为。对于平行进口背景下的商标用尽，学界有着不同的观点。支持绝对的国内穷竭原则的学者主张绝对禁止平行进口；坚持相对的商标地域性原则的学者主张允许某些类型的平行进口；认可完全的商标权国际穷竭原则的学者主张取消地域性原则并允许所有的平行进口。从各国立法和司法实践来看，商标国际穷竭说成了一种趋势，各国对平行进口愈发宽松。

典型案例 4-7

法国大酒库股份公司商标权纠纷案

大酒库公司系成立于1979年6月7日的法国公司，第7934375号“J. P. CHENET”为其注册商标。

2009年3月9日，大酒库公司同天津王朝葡萄酒酿酒有限公司（以下简称王朝公司）订立独家销售合同，授权王朝公司为中国境内的独家经销商，独家销售大酒库公司的涉案品牌葡萄酒。天津慕醍公司系成立于2012年6月29日的有限责任公司。2012年8月31日，天津慕醍公司从案外人英国CASTILLON公司处购得标注“J. P. CHENET”商标的白葡萄酒、桃红葡萄酒、红葡萄酒等向天津海关申报进口，并缴纳了进口关税、进口增值税、进口其他消费品消费税等。大酒库公司以其在中国销售的葡萄酒品质上乘，而天津慕醍公司从英国进口的葡萄酒档次较低为由，主张天津慕醍公司销售的商品在质量等级和品质上存在“重大差异”。一审法院判决：驳回原告法国大酒库股份公司诉讼请求。② 大酒库公司不服原审判决，提起上诉，二审法院驳回上诉，维持原判。二审法院认为：天津慕醍公司进口的葡萄酒确为大酒库公司生产并销售给其英国经销商，天津慕醍公司在进口中也未对上述葡萄酒进行任何形式的重新包装，二者在品质上不存在大酒库公司所主张的“重大差异”。即该进口商品不存在实质性差异，不会造成商标的质量保证功能和商誉积累功能的破坏。③

典型案例 4-8

绝对伏特加商标侵权案

绝对公司于1917年创建于瑞典，其生产的绝对伏特加是全球销量最高的高档烈酒品牌之一。绝对公司授权保乐公司为绝对伏特加在中国境内的独家授权进口商和经销商，并授予其在中国境内使用绝对公司所有的或特许的全部知识产权。隆鑫源公司

---

① 王太平、姚鹤徽：《商标法》，中国人民大学出版社2020年版，第216~218页。

② 天津市第二中级人民法院〔2012〕二中民三知初字第422号。

③ 天津市高级人民法院〔2013〕津高民三终字第0024号二审。

进口绝对伏特加等商品后，对其擅自加贴了中文标识并磨去了产品识别码进行转售。绝对公司和保乐公司认为隆鑫源公司的行为侵犯了绝对公司“绝对”系列注册商标的专用权，以及保乐公司对上述商标的使用权，使其产品外观形成瑕疵，影响消费者对商标的认可，造成商标价值的贬损，构成侵害商标权。法院认为隆鑫源公司销售的绝对伏特加虽非仿冒品，但其擅自随意加贴了不透明的白色中文标签，其文字、颜色均与瓶体商标、装潢不相陪衬，破坏了原商品的完整性和美观，并且该中文标签上标注的进口商“郑州市纳努克商贸有限公司”，经查询并未依法登记。该行为已足以导致消费者对商品的生产、销售来源产生合理怀疑，从而对商标权利人的认可度和信赖度降低，致使商标权人的利益遭受损害。①

从司法案例中可以总结出，合法的平行进口商品应符合以下要件：与商标权人在我国国内销售的商品不应存在实质差异；不应破坏商品与商标的真实联系；不应对商标权人的商誉造成损害，即不应在销售中破坏商标的质量保证功能和商誉积累功能。

四、在先使用

商标在先使用也被称为商标先用权，是指某个商标在他人取得注册之前已经进行使用，该商标使用人可在原有范围内继续使用。先使用权的目的是保护已经享有信誉的非注册商标的使用人的利益，也是对“注册原则”和“申请在先原则”的一个重要补充。如前所述，注册制度和申请在先原则具有使成立的商标权稳定、权利主体和权利范围明确等优点。但是，如果先使用的商标已享有信誉，具有财产价值，仅仅因为未取得注册而使该商标使用人丧失已取得的利益，似不公平②。在此种情况下，需要法律去衡平二者的利益。要在坚持和维护商标注册制度的前提下给予已驰名或者有一定影响力的未注册商标适当的保护，“禁止注册和使用”赋予未注册商标所有人消极权利，但是这些“禁止权”还不能使先用人的利益得到充分保护。

商标的在先使用是为追求商标法的公平价值而对商标权所做的一种限制，该制度准许那些使用在先而未申请注册的商标继续合法使用。《商标法》第 59 条第 3 款规定了商标的在先使用：“商标注册人申请商标注册前，他人已经在同一种商品或者类似商品上先于商标注册人使用与注册商标相同或者近似并有一定影响的商标的，注册商标专用权人无权禁止该使用人在原使用范围内继续使用该商标，但可以要求其附加适当区别标识。”

“先使用权”是积极权利，对于平衡利益具有积极作用，应当符合一定条件，包括但不限于：(1)商标在他人注册前已投入实际使用并持续一定的时间。“实际使用”要求与特定产品或服务有关，在商业活动中与消费者有直接联系。使用的时间应以消费者知悉、认可该商标的必要时间为长度。(2)继续使用的范围应限于原使用商品上。先使用权的效力为继续使用。本来，未注册商标在相同或类似商品上使用是注册商标专用权所禁止的，但如果具备上述条件则可允许先使用人继续使用。“继续使用”所保护的是既有事实，因此

① 江苏省苏州市中级人民法院〔2013〕苏中知民初字第 0175 号一审。

② 吴汉东：《知识产权法学》(第七版)，北京大学出版社 2019 年版，第 280~330 页。

使用人不得以任何形式扩大使用范围。(3)如果与注册商标相同，那么未注册商标使用人须增加区别性标识。

我国的商标取得制度乃注册取得制，故在司法实践中，对商标的在先抗辩权有着较为严格的限制，必须符合以下要件：(1)出于善意使用商标标志；(2)该使用在先的事实必须早于商标注册人的申请日和该商标注册人的实际使用日；(3)该在先使用有一定影响，即承载着一定的商誉和相应的经济价值；(4)该在先使用人仅在原使用范围内使用该商标；(5)在先使用的商标标识应附加适当区别标识，不会造成公众和消费者的较大混淆；(6)使用主体只能是在先使用人或在先被许可的使用人。在先使用权不能通过转让或再许可的形式进行扩张。

商标权的客体是商标，其商标价值在实际使用中得以体现和积累，该价值是随使用而动态变化的。承认商标先用权是存在合理性的，但同时也在应对其当予以一定的限制。商标在先使用存在先用权人和注册商标专用权人的市场份额分割问题，如果不对先用商标标志加以限制，会造成公众和消费者的混淆，使商标的识别功能下降，甚至导致商标的最终消亡。

典型案例 4-9

拓野科技有限公司诉恩倍科微公司侵害商标权案

拓野科技有限公司成立于 2015 年 12 月 18 日，并于同年 12 月 31 日，在第 9 类计算机存储装置、计算机硬件、芯片(集成电路)、半导体器件等商品上申请注册第 18766213 号“Ambitmicro”商标，2017 年 2 月 7 日获准注册。恩倍科微公司成立于 2010 年 1 月 20 日，2012 年 8 月 19 日向美国专利商标局申请注册“Ambiq Micro”商标(第 9 类半导体装置)，并于 2013 年 4 月 30 日获准注册。自 2014 年 1 月起，该公司通过多个经销商(包括上海富士通公司)在中国销售其集成电路产品，多个业内期刊及网站对其进行报道。拓野科技有限公司在商标获准注册后，开始多次向恩倍科微公司及其投资方、多个经销商发送警告函，称恩倍科微公司的“Ambiq Micro”芯片等产品侵害其注册商标专用权，并向浦东新区人民法院提起侵害商标权诉讼。一审法院认为，首先，恩倍科微公司在同一种商品上使用了与原告注册商标近似的商标。其次，恩倍科微公司使用被诉侵权标识的时间先于原告申请注册“Ambitmicro”商标之日。最后，恩倍科微公司在先使用的被诉侵权标识在 2015 年 12 月 31 日前已在中国市场具有一定影响。综上所述，恩倍科微公司的商标先用权抗辩成立。①

典型案例 4-10

上海故事 STORY OF shanghai 及图商标无效宣告案

案件申请人(上海故事丝绸发展有限公司)认为被申请人(杭州绫绝顶服饰有限公

① 参见上海市浦东新区人民法院〔2018〕沪 0115 民初 46794 号民事判决书。

司)的商标与申请人的第10087133号"上海故事"商标(以下称引证商标)构成类似商品上的近似商标。被申请人主张依据2013年《商标法》第59条第3款的规定，争议商标可与引证商标共存。

国家知识产权局商标局审理认为：在案证据不能证明在引证商标申请日之前，被申请人在先自创并善意使用了"上海故事"及"STORY OF shanghai"商标，因此对被申请人请求争议商标应与引证商标共存的主张，不予支持。

本案中，重点在于被申请人是否在先使用争议商标且具有一定影响力，其在后注册商标是否可以依据2013年《商标法》第59条第3款的规定与申请人的商标并存。2013年《商标法》第59条第3款(也即2019年《商标法》第59条第3款)规定的是他人对注册商标的正当使用问题。我国作为商标注册制国家，商标经注册获得商标专用权，但也存在有些商标使用人没有注册商标，但其已经使用并具有一定影响的情形。如果商标注册人在同一种或类似商品上注册与在先使用人相同或者近似的商标，并因此禁止在先使用人使用，对在先使用人对于该商标的付出明显不公平。本案在一定程度上反映出司法实践中在平衡商标注册人和商标使用人之间的利益，不断地弥补商标注册制的局限。

五、比较广告

"比较广告"，也称之为"对比广告""竞争广告"。比较广告即在广告中通过自己与同类竞争者在商品或服务上的对比，来介绍自己商品或服务的内容和品质，从而影响目标群体的消费选择。商标权下的比较广告，根据广告中是否明确指出竞争对手或对方的商品或服务，可以划分为直接比较广告和间接比较广告。直接比较广告就是直接挑明对方或对方商品或服务的实际名称。另外，根据经营者的比较意图，可分为依附性比较广告和批评性比较广告。依附性比较广告，即后来的竞争者借用与已有良好商誉的商标的对比来提高自己商标的知名度。这类比较广告可以为消费者和公众提供更多关于后来商标的信息。但这种以攀附名牌来提升自己商品或服务知名度的行为有"搭便车"之嫌。而批评性比较广告，即通过对他人商品或服务的负面评价来衬托自己商品或服务的优越性。这会对被比较的商标的商誉造成减损。典型的就是"百事可乐广告中的可口可乐：只有为我垫脚的份""三星广告中的苹果：iPhone已经落伍，只有'土老帽'才会用"之类的广告博弈。

利用比较广告进行竞争是经营者常用的手段，也是商业发展的必然趋势。比较广告的存在有其合理性和内在优势，可以为新商标分割市场份额提供帮助，在一定程度上达到反垄断的效果。后来商标借助在市场某一领域具有"领导性"的商标进入该领域，分享市场份额以防止垄断的形成。但是有些比较广告的内容虚假，容易造成消费者的误认和混淆。而且诋毁性的比较广告不仅会造成被比较商标的商誉受损，还导致市场道德价值的扭曲。总之，比较广告是限制商标权的有效手段之一，但我国在肯定比较广告合理性的同时也对其进行适当限制。合法的比较广告应当符合下列条件：(1)比较的内容应当真实、客观，不应造成消费者和公众的较大混淆；(2)比较的结果不应造成被比较商标的商誉受损。

六、非商业性使用

商标的非商业性使用，即对商标标志的使用不是为了区别不同商品或服务，这是商标侵权的例外情形。

（一）新闻报道及评论

在新闻报道及评论中，为了客观真实地反映有关情况而不得不提及商标时，不构成商标侵权；但其使用目的必须具备正当性，该使用行为必须客观真实，不应对商标商誉造成恶意减损。

（二）滑稽模仿

滑稽模仿多发生在著作权领域，一般不涉及商标，但当一个商标变成驰名商标或者代表某种社会观念、生活时尚时，该商标很可能成为滑稽模仿的对象。① 商标领域的滑稽模仿即借用原商标或广告的内容，对其进行夸张，从而突出其瑕疵、俗套的讽刺幽默。出于言论自由以及创作幽默的考虑，而且这种使用商标的行为不具有区别商品来源的意义，不会造成消费者混淆，滑稽模仿一般不会构成商标侵权。但该滑稽模仿超过一定的限度则可能演变为丑化，从而会损害商标的价值，所以对商标的滑稽模仿是有限度的，即不能对该商标进行贬损性模仿。

（三）字典

通常，在字典中使用商标并不会构成侵权，但如果使用不当也会产生不良后果，尤其是不加任何说明就将他人的商标收录词条的行为会严重误导读者认为该商标已不受保护，可以作为通用名称使用。故在字典中使用时，应注意避免将他人的商标解释为商品的通用名称，以免造成淡化他人商标的后果。②

第六节　商标侵权及法律责任

一、商标侵权行为

商标侵权包括直接侵权和间接侵权，直接侵权是指侵权人直接实施商标侵权行为，使消费者在购物时因混淆错误地理解了商品或服务的来源使自身的合法权益受到损害。间接侵权则指侵权者并非直接实施侵权行为，而是通过为直接侵权提供各种形式的帮助最终构成商标侵权。无论是直接侵权还是间接侵权，都有可能造成消费者的混淆，带来扰乱市场经济，损害商标权人商标专用权和消费者合法权益的不利后果。广义的商标侵权既包括直接侵权，也包括间接侵权，即指所有侵犯注册商标的行为。而狭义的商标侵权则仅指直接

① 吴汉东：《知识产权法》，北京大学出版社 2011 年版。

② 黄晖：《驰名商标和著名商标的法律保护》，法律出版社 2001 年版。

侵权。

从商标侵权的构成要件角度来讲，商标侵权行为是指未经商标权人的同意，违反商标法律的规定，通过使用与已注册商标的商品或服务相同或相似的商标，导致消费者混淆，损害商标专用权所有人权益的行为。①

从商标立法体例来看，各国一般不对商标侵权行为直接进行定义，而是通过列举的方式，我国现行立法正是借鉴了这种列举模式。2019 年，我国修订后的《商标法》第 57 条对商标侵权行为种类有详细的规定。《商标法实施条例》(2014 年修订)第 75 条以及第 76 条又做了进一步规定。同时在其他法律和司法解释中还规定了其他被视为商标侵权的行为，如《最高人民法院关于审理商标民事纠纷案件适用法律若干问题的解释》第 1 条的规定。

商标侵权行为严重损害了注册商标专用权人的合法权益，损害了消费者的合法权益，是在市场竞争中用伪劣产品获取非法高额利润的一种不正当竞争手段，严重破坏了正常的社会经济秩序。

二、商标侵权认定的理论基础

(一)混淆理论在商标侵权认定中的运用

1. 混淆的概念

混淆是商标侵权认定中一个非常重要的概念。混淆是指他人使用与注册商标相同或者近似的标识，致使相关公众无法分辨不同来源的商品或服务的一种事实状态。各国对混淆理论的规定各不相同。TRIPs 协议中的混淆理论是指“混淆可能性”②，美国《兰哈姆法案》中对混淆的用词是“混淆、误认或欺骗”③。在《最高人民法院关于审理商标民事纠纷案件适用法律若干问题的解释》中，将混淆解释为“易使相关公众对商品的来源产生误认或者认为其来源于原告注册商标的商品具有特定的联系”。

2. 混淆的种类

(1)混淆理论在内容上的扩张。混淆具有广义和狭义之分。狭义的混淆又指直接混淆，是对商品来源的混淆，是指消费者混淆了商品的来源和出处，将假冒的商品或者服务

---

① 吴汉东:《知识产权法》，北京大学出版社 2009 年版，第 275 页。

② 参见《与贸易有关的知识产权协议》第 16 条：注册商标的所有权人享有专有权，以阻止所有第三方未经该所有权人同意在贸易过程中对已注册商标的货物或服务的相同或类似货物或服务使用相同或类似标记，如此类使用会导致混淆的可能性。在对相同货物或服务使用相同标记的情况下，应推定存在混淆的可能性。上述权利不得损害任何现有的优先权，也不得影响各成员以使用为基础提供权利的可能性。

③ 《美国法典》第 1114 条规定了以下两类侵权行为：(1)任何人未经注册人的同意在商业中将一注册商标的复制、伪造、仿冒或逼真的仿制品用于与任何商品或服务的销售、推销、经销或广告宣传有关方面，这种使用可能引起混淆，或引起误认，或可能是欺骗；或(2)任何人未经注册人的同意，复制、伪造、抄袭或逼真地仿制一注册商标，并将这种复制、仿造、抄袭或逼真仿制的商标应用于企图在商业中与商业或服务的销售、推销、经销或广告有关方面使用的标签、招牌、印刷品、包装、包纸、容器或广告上，这种使用可能引起混淆，或引起误认，或者可能是欺骗。

误认为是商标权人的商品或服务。广义的混淆还包括间接混淆，是指除了来源、出处的混淆外，对商品和服务的其他方面产生相同性的误认。如将商标用于不相同、不类似的商品上，公众可能错误地认为两个经营者之间存有某种联系，诸如隶属关系、赞助关系、许可关系。广义的混淆一般发生在不同种类的商品或服务之间。① 司法实践中，我国采用的是广义说，即侵权行为认定中混淆标准的适用不仅局限在对商品或服务来源、出处上的误认，还包括在其他方面产生的误认。

不管是直接混淆还是间接混淆对消费者和商标权人利益侵害都是相同的。对于消费者而言，因为相同或者近似商标的误导而购买了其他品牌，对于消费者构成了欺诈。对于商标权人而言，由于侵权人的混淆行为导致消费者购买了他人的商品或者服务，抢占了商标权人的市场份额，造成了商标权人的实际经济损失。如果消费者购买了品质低劣的产品，甚至还会给商标权人带来信誉损失，降低品牌声誉。

(2)混淆理论在时间上的扩张。以消费者发生混淆的时间先后，可以将混淆分为售前混淆、售中混淆和售后混淆。

①售前混淆。商标具有标示商品来源的功能，在商品购买前对消费者发挥着引导作用。当消费者走进一家商场，商标对于消费者来说就像购物解说员一样。消费者可能通过各种途径了解过该品牌，因此在见到该商品之前就对该商品有了主观印象。正是因为商标这种引导作用，即使消费者在购买时知道该商品并非出自商标权人，也可能由于该诱导行为激发了消费者的购物兴趣，引起了消费者的注意力而购买，因此，售前混淆也被称为“初始兴趣混淆”。售前混淆对于消费者来说，因为没有造成消费者的实际混淆，因此对消费者来说只是多了一份购物选择，不存在侵害消费者的权益。但是对于商标权人来说，售前混淆侵害了其未来的利益，具体表现为市场被抢占和顾客群流失。

市场上有太多与知名商标相近似的商标企图引起消费者对商品的售前混淆，商店的老板可能会打出广告出售某名牌产品，但是当消费者走进商店里却发现不是该品牌产品时，也会考虑到已经花费了时间和精力来到商店而进行去购买。售前混淆更多情况下适用于网络环境下的商标侵权，如在域名商标侵权、网上搜索引擎商标侵权、在源代码中埋藏字符串、在其他网站上设置连接或通过弹出式广告等方式，使消费者误以为是某知名品牌，从而把消费者链接到自己的网站或网页，即使当消费者发现不是原本想进的网站时，也可能会对其感兴趣而不愿离开继而达成交易。在八百客(北京)软件技术有限公司与北京沃力森信息技术有限公司侵害商标权纠纷案②中，被告故意将与“XTOOLS”注册商标近似的xtools文字选定为百度网站的竞价排名关键词，使得消费者在输入涉案商标进行搜索时，被告的页面位于搜索结果页的第一位，原告主张被告的行为侵害了其商标权。法院指出，虽然在点击被告的链接后打开的页面中出现的并非原告的商标，但是被告使用的是与原告注册商标近似的商标，会使消费者产生混淆和误认。被告的行为会将那些准备浏览原告的消费者带到被告的网站，如此，被告就抢占了原告的部分市场。被告的行为虽然并未造成售中混淆，但是造成售前混淆，构成商标侵权。

① 吴汉东：《知识产权基本问题研究》，中国人民大学出版社2005年版，第596页。

② 参见北京市第一中级人民法院〔2010〕一中民终字第2779号民事判决书。

②售中混淆。传统意义上的混淆是指在销售期间的混淆，即消费者在购买商品或服务之时对相同或近似商标所指的商品或服务误以为出自商标权人，或者误以为二者之间存在某种经济联系等。如果消费者在购买的时候不会发生混淆，就不会存在侵权。但是，商标指示商品来源的功能的发挥是连续性的，不仅在购买之时发生作用，在购买之前和购买之后也同样能够引导公众消费。

根据《最高人民法院关于审理商标民事纠纷案件适用法律若干问题的解释》第 9 条第 2 款的规定，售中混淆又包括来源混淆和关联关系混淆两种。来源混淆又称为"直接混淆"，是指因为侵权商标的使用，导致消费者在购买时无法区分和识别商品的来源，即消费者把侵权人的产品当做商标权人的产品来选购。关联性混淆又称为"间接混淆""赞助混淆"，是指侵权商标的使用虽不会造成消费者无法区分两个商品的来源，但会误认为两产品的生产者可能存在某种特定联系，如商标许可、附属、赞助等。关联性混淆是对混淆概念的扩展，也是被我国司法解释予以明文规定的一种混淆类型。《最高人民法院关于审理商标民事纠纷案件适用法律若干问题的解释》第 9 条第 2 款的"认为其来源与原告注册商标的商品有特定的联系"被认为是对关联性混淆的规定。

③售后混淆。售后混淆又可理解为"知假买假"，即消费者明知道商品或服务并非来自商标权人仍然照买不误，其实质的混淆主体不是购买者，而是社会公众。售后混淆大多发生在买假冒品牌的情况下，有些消费者因为爱慕虚荣但是又不想花太多钱购买正版，于是花费低于正版的价格去购买仿冒品，在使用仿冒品的过程中造成社会公众的混淆。随着假冒商品的增多，社会公众可能会对某知名品牌的尊重感或优越感降低，也可能因为假货泛滥很难找到正品货源而放弃购买该品牌产品，又或者因为假冒品牌出现质量问题而降低对该品牌的信任度。长此以往，最终商标权人的市场份额会受到影响，损害商标权人的利益。如"LV"是皮具商品上的世界驰名商标，其商品价格昂贵。但假冒"LV"商标的皮具用品随处可见，许多消费者知假买假。而使真正购买正品的消费者却无法辨别真伪而陷入混淆。

(3)混淆理论在方向上的扩张。传统的混淆类型或混淆形态都是指"正向混淆"，即购买者在购买商品时因为商标的近似性，把后商标当成前商标，错误购买了后商标使用人的产品或服务。而"反向混淆"则具有相反的效果，它是指消费者原本打算购买后商标使用人的商品或服务，实际购买的却是先商标权人的商品或服务。产生反向混淆的原因可能是后商标使用者的名声远远大于先商标使用人，致使消费者在购买时发生混淆，误认为在先使用者的商品是在后使用者的。

关于反向混淆的典型案例如广东省深圳市优比速快递有限公司(以下简称"深圳优比速公司")等与优比速包裹运送(广东)有限公司(以下简称"广东优比速公司")等商标侵权纠纷案①。原告深圳优比速公司成立于 2000 年 11 月，经营范围为国内、国际速递业务。2002 年 4 月 28 日，原告向国家工商行政管理总局商标局申请注册了"优比速+UES+图"商标，核定服务类别为第 39 类，包括运输、包裹投递等。2006 年 11 月，原告深圳优比速公司将该商标转让给原告黄某群，黄某群又以普通许可方式授权原告深圳优比速公司使用

① 参见广东省高级人民法院〔2010〕粤高法民三终字第 511 号民事判决书。

该注册商标。自2003年6月，原告深圳优比速公司在其运营的快运车、员工名片、快递单、业务宣传册上使用"优比速快递""优比速UES快递"等字样，其中"优比速"被突出使用。原告深圳优比速公司注册资本少、营运规模小。被告广东优比速公司成立于2004年11月，经营范围为承办国际快递、国内货运代理业务等。被告广东优比速公司在深圳、北京等地设立了20家分公司。原告发现，被告将原告商标中的"优比速"文字作为自己的企业字号，在其快递运单、业务收据发票和货运车门上使用或突出使用，原告认为被告侵犯了原告的"优比速"注册商标专用权并构成不正当竞争，请求人民法院判令被告立即停止侵权、赔偿原告经济损失人民币300万元及维权费用21.34674万元。法院经审理后认为，被告广东优比速公司用与原告深圳优比速公司涉案商标相同的商标经营相同的运输、包裹投递等快递业务，且原告方对涉案注册商标享有在先使用权，被告广东优比速公司的成立时间也晚于原告注册商标核准日。由于被告方的实力远超过原告方，因此原告的经营活动以及宣传行为反而会使得相关公众误认为是被告的行为，造成原告方利用其商标扩展经营非常困难，严重挤压原告方的市场空间，故应当认定被告的行为构成不正当竞争。

3. 混淆的判断标准

其一，相关公众的一般注意力。一般情况下，相关公众的一般注意力如果容易将被告的商品误以为是原告所生产、提供或者与原告存在联系，就认为存在混淆可能性。相关公众的注意程度并不是一成不变的，商品或者服务的价格一般与相关公众的注意程度成正比。例如，我们在购买一辆轿车时的一般注意力就会高于购买一支笔的一般注意力。另外，购物场所的不同，一般注意力的程度也不同。如当我们去专卖店里购买奢侈品时的一般注意力和去普通商场购买日用品相比，后者的注意程度较低就更容易构成混淆。总之，相关公众的注意程度限定在一般注意力即可，但是一般注意力也会存在高低浮动，要具体问题具体分析。

其二，商标的显著性。商标的显著性也称为商标的独创性，是商标受到法律保护的前提。商标的显著性越强，知名度越高，越容易被他人所仿冒构成混淆。所以法律根据商标显著性的不同提供的保护也不相同：具有越强显著性的商标受到越广的法律保护。① 在法律上主要表现为：对普通商标来说，法律禁止他人在相同或类似商品上使用相同或近似商标；对具有较高显著性的驰名商标来说，法律禁止在相同、类似以及不类似商品上使用相同或近似商标。商标的显著性强弱是判断混淆可能性的重要因素，但法院在司法实践中还要考虑其他因素以便综合判断。

其三，商标相同与近似性的认定。商标的相同，是指从视觉上看，侵权的商标与商标权人的商标无差别。商标近似是指，侵权商标在文字的读音、字形、含义或者图形的构图、颜色，或者各要素组合后整体结构、立体形状、色彩等相似。《最高人民法院关于审理商标民事纠纷案件适用法律若干问题的解释》第10条规定：认定商标相同或近似按照以下原则进行：(1)以相关公众的一般注意力为标准；(2)既要进行对商标的整体比对，又要进行对商标主要部分的比对，比对应当在比对对象隔离的状态下分别进行；(3)判断

① 根据美国学者Barton Beebe将显著性划分为来源显著性和区别显著性，商标能够获得多大范围的保护取决于区别显著性的强弱。

商标是否近似，应当考虑请求保护注册商标的显著性和知名度。

其四，商品或服务的相同或近似。我国《商标法》第57条第1项和第2项明确规定，在相同或类似的商品或服务上使用与注册商标近似或相同的商标，容易导致混淆的，均属于侵犯注册商标专用权。但在司法实践中，商品或者服务类似的判断始终应当以相关公众的一般观念上的认知为准。

(二)联想理论在商标侵权认定中的运用

联想理论的出现是为了解决混淆理论的局限性，尽管混淆理论已成为商标保护的基本支柱，但混淆理论不能解决所有的问题。根据混淆理论，商标越显著，混淆的可能性就越大。但是在实际生活中，显著性越强的商标，与其近似的使用却不太容易产生混淆。如消费者一般不会将“松下”电器与“松下”餐饮混淆，但是消费者仍然可能对二者产生联想。联想理论主要是为了保护驰名商标所有权人的权益，对于普通商标而言可以适用混淆理论。商标特别是驰名商标经过长期的使用与大量的宣传可能获得绝对的显著性，即使在没有指出具体商标或服务的情况下，也使人与特定的出处联系起来。如看到“可口可乐”就想到汽水饮料，看到“兰蔻”就想到护肤品和化妆品。尽管他人将驰名商标适用于非类似商品或服务的行为并不会造成消费者对商品或服务来源上的混淆，但该使用却可能减少驰名商标的影响力。因为消费者即使在不同的商品上见到驰名商标，也会联想到其他的商品。联想理论的出现将商标保护的宗旨从保护一般公众免受欺骗、混淆之苦，转到保护商标所有权人的商誉免受寄生行为之苦，具有划时代的意义。

(三)淡化理论在商标侵权认定中的运用

商标淡化，亦称商标稀释，是商标侵权的重要理论之一。依据美国《联邦商标反淡化法》的规定，淡化是指减少、削弱驰名商标对其商品或服务的识别性和显著性能力的行为，而不管驰名商标权利人与他人之间是否存在竞争关系，或者存在混淆、误解或欺骗的可能性。可见，商标淡化行为主要是针对驰名商标(或者知名度很高的商标)而言的，商标淡化行为侵害的是商标的显著性、识别性以及商标的商誉。

淡化的本质是通过消费者的联想作用从他人商标声誉中不正当地获利。如果他人将该商标应用在不相关的商品上，即使消费者对商品不会发生混淆，商标权人的商标声誉仍然会受损。因此，反淡化保护的目的是禁止竞争者从他人商标声誉中不正当地获利。淡化作为一种损害后果并不像混淆那样直接导致顾客流失、销售量下降，对于驰名商标而言，淡化最终可能让驰名商标成为一个普通的名词而不再受保护。

在我国商标立法中并未明确承认反淡化，但在我国司法实践中已经有一些法院在判决中引用了淡化理论。例如，立时集团国际有限公司与武汉立邦涂料有限公司侵犯商标专用权及不正当竞争纠纷案中①，法院认为被告将“立邦”登记为企业名称中的字号，会使他人对其商品的来源产生混淆，且造成“立邦漆”驰名商标的淡化。

① 参见湖北省武汉市中级人民法院〔2002〕武知初字第55号民事判决书。

三、直接侵权的类型

我国《商标法》(2019 年修正版)第 57 条列举了 7 种侵犯注册商标专用权的类型，商标侵权的类型包括在同一种商品上使用与注册商标相同或相近似的商标，而且没有经过商标注册人的许可，销售的商品涉嫌侵犯商标专用权，伪造商标标识，为商标侵权行为提供了便利条件，帮助他人实施商标侵权的，诸如此类的情形都构成侵权。

直接侵害商标权的行为分为以下 7 类：

(1)未经商标注册人的许可，在同一种商品上使用与其注册商标相同的商标的。这类侵权行为在实践中较为常见。我国《刑法》第 213 条规定，如果该行为情节严重的，构成犯罪行为，即假冒注册商标罪。需要说明的是，“同一种商品”和“相同的商标”并不要求完全相同，依据规定，“同一种商品”可以是名称相同或者名称虽然不同但指同一事物的商品，司法实践中一般以《商标注册用商品和服务国际分类表》作为重要参照；“相同的商标”也包括与被假冒的注册商标在视觉上基本无差别的商标。

(2)未经商标注册人的许可，在同一种商品上使用与其注册商标近似的商标，或者在类似商品上使用与其注册商标相同或者近似的商标，容易导致混淆的。该类侵权行为实际上包括 3 种情形：①在同一种商品上使用与其注册商标近似的商标；②在类似商品上使用与其注册商标相同的商标；③在类似商品上使用与其注册商标近似的商标。

(3)销售侵犯注册商标专用权的商品。本类型系约束的侵权商品的“销售”行为。实践中，委托加工或代加工的经营模式十分常见。有些企业只从事商品的生产，不直接对外销售商品，有些企业对外销售的产品系委托他人加工或从他处购货后二次销售。若销售的侵犯注册商标专用的商品，仍然属于侵权行为，也是实践中最常见的侵权类型。需要注意的是，依据《商标法》的规定，销售不知道是侵犯注册商标专用权的商品，能证明该商品是自己合法取得并说明提供者的，不承担赔偿责任。也就是说，销售侵犯注册商标专用权的商品虽然属于侵权行为，但是符合条件的，可以无须承担赔偿责任，但要承担其他相应的法律责任，比如停止销售、消除影响等。

另外，实践中还有其他比较常见的侵犯注册商标专用权，属于“销售侵犯注册商标专用权的商品的”的侵权行为：①在包工包料的加工承揽经营活动中，承揽人使用侵犯注册商标专用权商品的。例如，在家装或工装等建筑工程施工过程中，施工方购买使用假冒的装修材料。②经营者在销售商品时，附赠侵犯注册商标专用权商品的。例如，在商家买一送一的活动中，赠送的商品属于假冒商品，虽然未收取价款，但仍然属于侵权行为。

(4)伪造、擅自制造他人注册商标标识或者销售伪造、擅自制造的注册商标标识的。这类行为既不是使用商标的行为，也不是销售侵犯商标专用权产品的行为，而是制造或伪造标识的行为。所谓商标标识，是指附有商标图样、商标注册标记、“注册商标”字样、注册商标标志、核准注册的名称等的物质载体，如标签、包装盒等。

原国家工商行政管理总局公布的《商标印制管理办法》对商标印制单位的印制行为予以明确规定，商标印制委托人委托印制注册商标的，应当出示商标注册证或者商标许可使用合同，商标印制单位应当对商标印制委托人提供的证明文件和商标图样进行核查。需要说明的是，构成该类侵权行为要求伪造或擅自制造的商标标识与注册商标标识相同，不包括近似标识。

(5)未经商标注册人同意，更换其注册商标并将该更换商标的商品又投入市场的。这种类型即“反向假冒”行为。实践中虽不常见，但时有发生。

(6)故意为侵犯他人商标专用权行为提供便利条件，帮助他人实施侵犯商标专用权行为的。依据《商标法实施条例》的规定，提供便利条件包括提供仓储、运输、邮寄、印制、隐匿、经营场所、网络商品交易平台等。

(7)给他人的注册商标专用权造成其他损害的。这类属于兜底条款，并不直接指向某一类侵权行为。依据《最高人民法院关于审理商标民事纠纷案件适用法律若干问题的解释》的规定，包括以下 3 种情形：

①将与他人注册商标相同或者相近似的文字作为企业的字号在相同或者类似商品上突出使用，容易使相关公众产生误认的；

②复制、摹仿、翻译他人注册的驰名商标或其主要部分在不相同或者不相类似商品上作为商标使用，误导公众，致使该驰名商标注册人的利益可能受到损害的；

③将与他人注册商标相同或者相近似的文字注册为域名，并且通过该域名进行相关商品交易的电子商务，容易使相关公众产生误认的。

四、商标侵权的法律责任

法律责任是行为人对违法侵权行为应承担的法律后果。商标侵权损害了商标权人的利益，导致其商品或服务的竞争力下降，因此侵权人应该承担民事责任。同时，商标侵权行为导致消费者对商品或者服务的来源产生混淆，使消费者受骗上当，因此在很多情况下也损害了公共利益，故侵权者在法定条件下应当承担行政责任，严重的假冒商标行为还会导致刑事责任。

(一)民事责任

对于侵犯商标权的行为，被侵权人既可以向工商行政管理机关提出控告，要求给予行政制裁，也可以直接向人民法院起诉，要求侵权人承担侵权的民事责任。《最高人民法院关于审理商标民事纠纷案件适用法律若干问题的解释》(2020 年修正)第 21 条第 2 款规定：“行政管理部门对同一侵犯注册商标专用权行为已经给予行政处罚的，人民法院不再予以民事制裁。”根据《民法典》第 179 条、第 1167 条、第 1184 条、第 1185 条和《商标法》第 63 条的规定，侵权人对于其侵犯商标专用权行为承担民事责任的方式有：停止侵害、排除妨碍、赔偿损失等。

2001 年《商标法》允许当事人选择确定赔偿数额的方式，2013 年《商标法》修订对损害赔偿制度作出了较大的改动，规定了几种确定赔偿数额方式的顺序：只有在前一种方法无法适用的时候，才适用后一种方法，即侵犯商标专用权的赔偿数额按照权利人因被侵权所受到的实际损失确定；实际损失难以确定的，可以按照侵权人因侵权所获得的利益确定；权利人的损失或者侵权人获得的利益难以确定的，参照该商标许可使用费的倍数合理确定。

人民法院审理商标纠纷案件，应权利人请求，对属于假冒注册商标的商品，除特殊情况外，责令销毁；对主要用于制造假冒注册商标的商品的材料、工具，责令销毁且不予补偿。

此外，商标注册人或者利害关系人有证据证明他人正在实施或者即将实施侵犯注册商标专用权的行为，如不及时制止，将会使其合法权益受到难以弥补的损害的，可以在起诉前向人民法院申请采取责令停止有关行为和财产保全的措施；为制止侵权行为，在证据可能灭失或者以后难以取得的情况下，商标注册人或者利害关系人可以在起诉前向法院申请保全证据。

（二）行政责任

根据《商标法》第 60 条的规定，对于侵犯注册商标专用权的行为，商标权人或者利害关系人可以请求工商行政管理部门处理。工商行政管理部门处理时，认为侵权行为成立的，责令立即停止侵权行为，没收、销毁侵权商品和主要用于制造侵权商品、伪造注册商标标识的工具，违法经营额 5 万元以上的，可以处违法经营额 5 倍以下的罚款，没有违法经营额或者违法经营额不足 5 万元的，可以处 25 万元以下的罚款。对 5 年内实施两次以上商标侵权行为或者有其他严重情节的，应当从重处罚。销售不知道是侵犯注册商标专用权的商品，能证明该商品是自己合法取得并说明提供者的，由工商行政管理部门责令停止销售。对侵犯商标专用权的赔偿数额的争议，当事人可以请求进行处理的工商行政管理部门调解，也可以依照《中华人民共和国民事诉讼法》向人民法院起诉。经工商行政管理部门调解，当事人未达成协议或者调解书生效后不履行的，当事人可以依照《中华人民共和国民事诉讼法》向人民法院起诉。

（三）刑事责任

《刑法》第 213 条、第 214 条和第 215 条分别规定了“假冒注册商标罪”“销售假冒注册商标的商品罪”“非法制造、销售非法制造的注册商标标识罪”。依照《商标法》第 67 条的规定，侵犯注册商标构成犯罪的，除赔偿侵权人的损失外，依法追究刑事责任。根据《刑法》第 213 条规定：未经注册商标所有人许可，在同一种商品、服务上使用与其注册商标相同的商标，情节严重的，处 3 年以下有期徒刑，并处或者单处罚金；情节特别严重的，处 3 年以上 10 年以下有期徒刑，并处罚金。《刑法》第 220 条规定：单位犯罪的，对单位处罚金；并对其直接负责的主管人员和其他直接责任人员，按照上述规定处以刑罚。

第七节　驰名商标的法律保护

随着人们的生活水平不断提高，社会公众更加注重品牌与品质。驰名商标作为企业信誉的载体，同时也更容易成为同类商品的侵权对象，因此对于驰名商标的保护给予更高的关注。

一、驰名商标概念与特征

（一）驰名商标的概念

如何科学地界定驰名商标，是研究驰名商标保护制度的重要起点。理论上将驰名商标界定为，经过长期使用，在市场上享有较高声誉并为相关公众所熟知的商标。[①]《巴黎公约》是第一个明确提出对驰名商标提供特殊保护的国际公约，但是到目前为止，《巴黎公约》中并没有对驰名商标的明确定义。TRIPs 协议虽然扩大了驰名商标的保护范围，并对驰名商标的认定与保护作出了更加明确的规定，但 TRIPs 协议同样没有为驰名商标作出定义。考虑到各国经济发展水平与商标制度的不同，在对驰名商标的界定上，各国存在差异。有关商标保护的国际公约中也缺乏驰名商标的一致定义。

1996 年，国家工商行政管理局《驰名商标认定和管理暂行规定》第一次在立法中出现“驰名商标”概念，其第 2 条将驰名商标定义为：“在市场上享有较高声誉并为相关公众所熟知的注册商标。”[②]2001 年 10 月修订的《商标法》将驰名商标的定义延至未注册但达到驰名程度的商标。新《商标法》解释中将驰名商标定义为：“在市场上享有较高声誉并为相关公众所熟知的商标”，[③] 2003 年 6 月 1 日起我国施行的《驰名商标认定和保护规定》第 2 条中也明确规定：“本规定中的驰名商标是指在中国为相关公众广为知晓并享有较高声誉的商标。”2014 年 5 月 1 日施行的《商标法》(修正案)对驰名商标作出了一个客观而明确的定义：为相关公众所熟知的商标。随之，于 2014 年 7 月 3 日修订通过的《驰名商标认定和保护规定》第 2 条规定：“驰名商标是在中国为相关公众所熟知的商标。”

(二)驰名商标的特征

驰名商标相对于普通商标具有以下几个特点。

1. 更高的知名度

享有较高的知名度是驰名商标的本质特征，我们之所以看到一些与驰名商标相近似的标志就会很容易地联想到驰名商标，是因为驰名商标的知名度。当下网络发达，世界各国的联系越来越密切，很多驰名商标的知名度已经远超国界。对于已经注册的驰名商标，即使有的国家还没有销售带有该驰名商标的商品，该国的民众也可以从很多途径了解。一些未注册的商标在市场上经过长期的使用后也能在公众中产生很高的知名度。并且，一些带有驰名商标的商品即使未经实际使用也能通过促销产生较高的知名度。

2. 巨大的商业价值

驰名商标一般凝聚较高商誉，这些商誉主要来自广告宣传、商品本身的质量优良等。具有高商誉的驰名商标成为质量或者品位的化身，带有广告宣传的功能，能够帮助商标权人推销相关商品和服务，产生商业附加价值。

3. 较强的显著性

驰名商标相对于普通商标具有更强的显著性，而高显著性就意味着驰名商标更容易在消费者心中留下深刻的印象，也就会产生与普通商标不同的影响。例如一看到香奈儿

---

① 吴汉东：《知识产权法》(第三版)，法律出版社 2004 年版，第 257 页。

② 国家商标局：《中华人民共和国商标法律法规汇编 1994—1998》，工商出版社 1999 年版，第 34 页。

③ 赵惜兵：《新商标法解释》，人民法院出版社 2002 年版，第 68 页。

(Chanel)，就知道相关商品是法国奢侈品牌；一看到雅诗兰黛就会想到其商品出自全球最大的护肤、化妆品和香水公司之一。驰名商标的极强的显著性能够让消费者在若干商品中更好地识别、辨别自己想要的那一款产品。

二、驰名商标的认定标准

要享受法律对驰名商标的特别保护，一个商标必须首先被认定为驰名商标。驰名商标认定是对驰名商标概念与特征的延续与再现，也是对驰名商标特殊保护的起点。我国《商标法》第 14 条规定："驰名商标应当根据当事人的请求，作为处理涉及商标案件需要认定的事实进行认定。认定驰名商标应当考虑下列因素：(一)相关公众对该商标的知晓程度；(二)该商标使用的持续时间；(三)该商标的任何宣传工作的持续时间、程度和地理范围；(四)该商标作为驰名商标受保护的记录；(五)该商标驰名的其他因素。"

目前各国有关驰名商标认定标准的分歧主要集中在商标驰名的地域范围和对"相关公众"的理解等问题上，因此除了我国《商标法》第 14 条的规定，有必要对"相关公众""地域范围""知名度"进行分析。

(一)相关公众

相关公众是认定商标的显著性、知名度和近似性，判定是否构成商标侵权的主体标准。在驰名商标的认定中，更是以商标是否为相关公众所熟知作为商标驰名的一个硬性条件，因此要对"相关公众"的范围进行界定。TRIPs 协议没有规定相关公众的范围，《关于驰名商标保护规定的联合建议》第 2 条第 2 款作出了列举式的规定①。我国《商标法》第 13 条第 1 款规定了"为相关公众所熟知"作为驰名商标认定的公众范围标准，将"为相关公众所熟知"作为驰名商标保护的前提。

在我国，相关公众是指与商标所标识的某类商品或者服务有关的消费者和与前述商品或者服务的营销有密切关系的其他经营者。② 根据最高人民法院对"相关公众"所做的司法解释也可以看出，相关公众包括两部分：一部分是与商标所标识的某类商品或者服务有关的消费者；一部分是与商标所标识的某类商品或者服务的营销有密切关系的其

---

① WIPO 商标、外观设计及地理名称常务委员会(SCT)于 1999 年在瑞士日内瓦举行的第二次会议第二部分讨论时，形成了一个关于驰名商标保护建议的最终文本，当年 9 月的保护工业产权巴黎联盟及世界知识产权组织大会通过的《关于驰名商标保护规定的联合建议》。参见《关于驰名商标保护规定的联合建议》第 2 条第 2 款规定："1. 相关公众应当包括但不限于：(1)使用该商标的那类商品或服务的实际或潜在的消费者；(2)使用该商标的那类商品或服务的营销渠道所涉及的人员；(3)经营使用该商标的那类商品或服务的商业界人士。2. 如果一商标被某成员国认定至少为该国一个相关领域的公众所熟知，该商标可以被该成员国认定为驰名商标。3. 如果一商标被某成员国认定至少为该国一个相关领域的公众知晓，该商标可以被该成员国认定为驰名商标。4. 即使一商标未在某成员国中为任何相关公众所熟知，或者未为使用本款第 3 项的成员国的任何相关公众所知晓，该成员国亦可将该商标认定为驰名商标。"

② 姜丹明：《知识产权法精要与依据指引》，人民出版社 2005 年版，第 278 页。

他经营者。① 这两部分公众，只要涉及其中任何一方，就属于认定驰名商标时需要考虑的“相关公众”。

（二）地域范围

《关于驰名商标保护规定的联合建议》第 2 条第 2 款明确规定将保护国作为商标驰名的发生地。我国《商标法》第 13 条第 2 款和第 3 款均要求“在中国注册”这一地域范围，可见我国《商标法》将本国作为驰名商标认定的地域范围标准。某一商标在他国驰名，并不必然导致该商标在我国驰名。我国在商标驰名的地域范围上坚持“国内标准说”，这样既符合相关国际公约的要求，又符合我国商标发展水平相对落后的国情，有利于保护我国的民族品牌。

（三）知名度

知名度是认定驰名商标的最关键因素。“为相关公众所熟知”中的“熟知”即是对知名度的要求。“熟知”根据字面意思理解就是对某事物达到“非常熟悉”的认识程度，属于主观认识的范畴。在实践中，对“熟知”的确定，可以通过调查问卷或民意测验来确定，也可以通过对商标使用的持续时间、程度及地域等因素的考察来证明。② 我国对驰名商标的法律含义在市场声誉上有所争议，一种观点认为，对驰名商标的保护不仅基于其知名度还基于市场声誉，知名度和美誉是驰名商标的应有内涵；③ 另一种观点则认为，驰名商标仅是特定时空条件下的事实状态，以声誉作为认定驰名商标的法定要素不符合保护本意。④ 商标的知名度可能来源其良好的声誉，但有的商标知名度一般，也可以为相关公众所熟知。商标驰名与良好声誉之间的关系应为，商标具有良好声誉可以成为驰名商标认定的重要参考要素之一，但却不是驰名商标本身应具有的必备内涵要素。⑤ 因此，知名度在商标驰名中是必需的，而声誉度则是作为商标驰名的一个参考因素而不是必需因素。

三、驰名商标的认定途径

目前，我国对驰名商标的认定采取以行政认定为主，司法认定为辅的“双轨制”认定方法。在司法实践中，绝大多数驰名商标是由国家知识产权局依当事人的请求或者依职权认定。同时，人民法院在审理商标纠纷案件中，可以依当事人的请求对所涉商标是否为驰名商标进行认定。

---

① 《最高人民法院关于审理商标民事纠纷案件适用法律若干问题的解释》(2020 年修正)第 8 条规定：“商标法所称相关公众，是指与商标所标识的某类商品或者服务有关的消费者和与前述商品或者服务的营销有密切关系的其他经营者。”

② 普翔：《对驰名商标界定的思考——兼评修订后的〈商标法〉对驰名商标的规定》，载《中华商标》2002 年第 1 期。

③ 袁真富：《防止驰名商标异化：司法解释的制度设计及其评价》，载《电子知识产权》2009 年第 8 期。

④ 来小鹏、傅家杰：《论驰名商标司法认定制度的完善》，载《电子知识产权》2009 年第 8 期。

⑤ 祝建军：《驰名商标保护中若干问题研究》，载《科技与法律》2011 年第 3 期。

《商标法》第 14 条第 1 款规定："驰名商标应当根据当事人的请求，作为处理涉及商标案件需要认定的事实进行认定。"这也体现了对驰名商标认定的"被动认定"原则。同时应当注意，认定驰名商标的目的是在具体案件中判断他人的使用是否构成侵权，如果日后商标权人以案件中对驰名商标的认定，要求适用《商标法》中对驰名商标进行特别保护的条款，则以前的认定没有当然效力，这是驰名商标的"个案认定"原则的体现。①

四、对驰名商标的特别保护机制

驰名商标是指被相关公众广为知晓并享有较高声誉的商标。驰名商标属于一种无形资产，它是商品或者服务的优良品种和良好商业信誉的完美结合物，蕴涵着巨大的经济价值和市场潜力，对消费者具有很强的吸引力。

（一）驰名商标特殊保护的必要性

驰名商标的知名度和良好声誉与商标所有人长时间的辛勤努力和财力、物力的大量投入分不开。然而，在工商业活动中，驰名商标受假冒侵权行为和不正当竞争行为侵害的程度远甚于普通商标，如将他人驰名商标或者相近商标抢先注册或者使用于非类似商品和服务上，将他人驰名商标或相近的文字作为企业名称的一部分或作为商品名称或商品装潢使用。近年来迅猛发展的以国际互联网为支撑的电子商务中，将他人驰名商标抢注为域名则是一种新的侵害方式。各种针对驰名商标的侵权行为，不仅直接损害了商标所有人的合法利益，而且扰乱了正常的市场秩序，使广大的消费者蒙受损失。

最早提出驰名商标保护的是《巴黎公约》。该公约第 6 条之 2 规定，凡系被成员国认定为驰名商标的，不论在请求保护的成员国注册与否，应禁止其他人抢先注册和禁止他人使用。世界贸易组织的《知识产权协议》第 16 条关于驰名商标保护的规定，对《巴黎公约》第 6 条之 2 进行了补充：(1)《巴黎公约》关于驰名商标特殊保护的规定也必须适用于服务商标。(2)保护范围扩大到非类似商品和服务。只要在非类似商品和服务上使用了这种商标，表明有关商品或服务与注册商标所有人存在某种联系，并有可能损害注册商标所有人的利益的，保护就必须延及这些商品和服务上。(3)对如何认定驰名商标作了原则性的规定。在确定相关公众对某一商标的知晓程度时，不仅要考虑该商标通过使用产生的效果，还应考虑通过其他途径包括促销宣传所产生的影响。中国加入《巴黎公约》后，即开始实施保护驰名商标的工作。

（二）我国对驰名商标的特别保护

我国《商标法》第 13 条规定："就相同或者类似商品申请注册的商标是复制、摹仿或者翻译他人未在中国注册的驰名商标，容易导致混淆的，不予注册并禁止使用。就不相同或者不相类似商品申请注册的商标是复制、摹仿或者翻译他人已经在中国注册的驰名商标，误导公众，致使该驰名商标注册人的利益可能受到损害的，不予注册并禁止使用。"可见我国《商标法》第 13 条对无论是否在中国注册的商标都会给予保护，但是对未注册的

① 王迁：《知识产权法教程》(第七版)，中国人民大学出版社 2021 年版，第 687 页。

驰名商标与已经注册的驰名商标采取区别对待的方式，保护力度较低。

1. 对未注册驰名商标的保护

尽管我国《商标法》第13条对未注册驰名商标提供了特殊保护，但是与注册驰名商标相比，保护力度仍然较低。这不仅与国际条约的保护水准不相符合，也导致了未注册驰名商标在实际保护中所面临的瓶颈与窘境。商标法的立法目的是保护商标的功能与商誉。从商标持有人角度来看，无论是注册商标还是未注册商标，都是平等的市场经营者，二者背后所承载的经营者通过付出和努力所赢得的商誉是一样的，其商标利益应获得平等保护，对未注册驰名商标提供的保护明显低于注册的驰名商标，应当予以完善。

2. 对已注册的驰名商标的保护

（1）对已经注册的驰名商标禁止“跨类混淆”。根据《商标法》第13条第3款的规定，已注册驰名商标权利人可禁止他人在不相同或者不相类似商品上使用与该驰名商标相同或者近似商标的权利，避免消费者发生混淆的可能，即避免“跨类混淆”①。

驰名商标的知名度可以超越其核准注册的商品或者服务，当驰名商标被用于不同类商品或者服务时，消费者可能对商品或者服务的来源产生混淆。例如，日本株式会社尼康诉陕西省西安太华电动自行车批发市场有限公司等侵害商标权纠纷案中，被告将日本株式会社的“尼康”注册商标用作其生产销售的电动车上，株式会社对此提出异议，认为该商标的注册会损害其驰名商标“尼康”的利益。法院认为：日本株式会社生产的尼康相机，其产品销售范围覆盖中国各地，在同行业以及消费者中享有极高的声誉，太华市场以及浙江尼康将“尼康”这一商标使用在其生产销售的电动车上，属于在不相同或者不相类似的商品上使用注册商标人的驰名商标，足以使相关公众认为被诉商标与驰名商标具有相当程度的联系，而减弱驰名商标的显著性。浙江尼康使用的“尼康”文字与株式会社尼康注册商标“尼康”相同，使用的“NICOM”英文字母与株式会社尼康注册商标“Nikon”英文字母的组合虽不完全相同，但其读音、含义及各构成要素的字母组合结构相近似，该使用行为足以使相关公众对其产品的来源产生误认，侵犯了日本株式会社尼康的注册商标专用权。②

（2）对已经注册的驰名商标防止淡化。《最高人民法院关于审理涉及驰名商标保护的民事纠纷案件应用法律若干问题的解释》第9条第2款规定：“足以使相关公众认为被诉商标与驰名商标具有相当程度的联系，而减弱驰名商标的显著性、贬损驰名商标的市场声誉，或者不正当利用驰名商标的市场声誉的，属于商标法第13条第3款规定的‘误导公众，致使该驰名商标注册人的利益可能受到损害’。”该规定对“误导公众”作出了字面解释，以司法解释的方式引入了用于保护驰名商标的淡化理论。

（3）对跨类商品防止淡化。《最高人民法院关于审理商标授权确权行政案件若干问题的意见》中规定：“对于已经在中国注册的驰名商标，在不相类似商品上确定其保护范围时，要注意与其驰名程度相适应。对于社会公众广为知晓的已经在中国注册的驰名商标，在不相类似商品上确定其保护范围时，要给予其驰名程度相适应的较宽范围的保护”③，

① 王迁：《知识产权法教程》（第七版），中国人民大学出版社2021年版，第668页。

② 参见陕西省西安市中级人民法院〔2009〕西民四初字第302号民事判决书。

③ 参见最高人民法院《关于审理商标授权确权行政案件若干问题的意见》第11条。

还要求考虑“相关公众的重合程度”[①]。为了保护一些已经注册的具有较高知名度和显著性的驰名商标，不管是在相同还是不相同的商品或者服务上使用该商标时，都构成侵权。如在路易威登马利蒂(以下简称路易威登)与上诉人南昌市东湖区路易酒吧(以下简称路易酒吧)侵害商标权纠纷一案中，法院认为路易威登在进入中国市场后的20多年持续、广泛地使用其涉案权利商标，通过开展多种形式的宣传，其涉案权利商标已达到驰名程度。路易酒吧的消费人群多为年轻时尚群体，该消费群体与作为奢侈品牌的路易威登的消费群体存在交叉和重叠，路易酒吧在酒吧外部装潢、内部广告宣传、酒吧内使用器具上大量使用与被诉侵权商标相同的标识足以使相关公众产生混淆误认，从而减弱路易威登涉案驰名商标的显著性，损害路易威登的利益，故对路易威登涉案权利商标的保护可以跨类到酒吧服务。因此，判定路易酒吧使用“路易”标识的行为构成对路易威登注册商标专用权的侵害。

(4)对同类商品防止淡化。“淡化”多数发生在“跨类”使用驰名商标的情况下，因为在同类商品或者服务上使用与驰名商标相同或近似的商标，往往有导致混淆的可能。但是，有些驰名商标经过长期的宣传和使用，相关公众对于其商标已经熟知，因此在相同或者类似的商品或服务上使用与该驰名商标在客观上近似的商标，不太可能发生消费者混淆的情形，无法适用制止混淆的条款。因此，最高人民法院在有关案件判决中指出，按照《商标法》第13条第2款的精神，对于在相同或者类似商品上复制、摹仿或者翻译他人已注册驰名商标，用于申请注册商标的行为，可以适用该条的禁止性规定。[②] 通过司法判决明确承认了对驰名商标可以产生同类淡化，应该对此类行为予以制止。例如，在同类白酒商品上使用“九粮液”，侵害了“五粮液”的注册商标专用权，因为该使用“易使相关公众对商品的来源产生混淆误认或者认为二者之间存在关联关系”。[③] 但是基于“五粮液”作为驰名商标有较高的知名度和价格，相关公众对二者产生混淆的可能性不大。此时应该认定被告“九粮液”的行为构成了同类淡化，构成对“五粮液”的侵权。

3. 对恶意注册的驰名商标请求宣告无效不受争议期限限制

根据《商标法》第45条的规定，驰名商标权利人对于他人恶意注册自己驰名商标的行为请求国家知识产权局宣告该注册商标无效，不受5年争议期限限制。这里的“恶意”是指一些“搭便车”行为，即利用他人驰名商标已有的商誉和知名度，推销自己商品与服务的行为。

《商标法》第4条规定：“自然人、法人或者其他组织在生产经营活动中，对其商品或者服务需要取得商标专用权的，应当向商标局申请商标注册。不以使用为目的的恶意商标注册申请，应当予以驳回。本法有关商品商标的规定，适用于服务商标。”该条规定在修订中新增了“不以使用为目的的恶意商标注册申请，应当予以驳回”的内容。我国实行商标注册取得制度，申请注册商标时并不要求标识已进行了实际使用。因此，判断商标申请是否属于“不以使用为目的恶意商标注册申请”的难点在于，如何在商标申请还未取得授权的前提下判断商标申请人是否具有使用目的。因此，国家市场监督管理总局于2019年

① 参见最高人民法院《关于审理商标授权确权行政案件若干问题的意见》第13条。

② 参见最高人民法院〔2010〕知行字第3号驳回再审申请通知书。

③ 参见最高人民法院〔2017〕最高法民再234号再审判决书。

10 月发布的《规范商标申请注册行为若干规定》第 8 条的规定对 2019 年《商标法》第 4 条的适用条件进行了界定①。典型案例如“中智行”商标异议案②，被异议人恶意抢注异议人在先使用的“中智行”商标，在多个类别上申请注册了 170 余件商标，其中多件商标与他人在先字号完全相同。法院认定，被异议人不以使用为目的，违反诚实信用原则，扰乱了正常的商标注册秩序，损害了公共利益。

---

① 商标注册部门在判断商标注册申请是否属于违反商标法第四条规定时，可以综合考虑以下因素：(1)申请人或者与其存在关联关系的自然人、法人、其他组织申请注册商标数量、指定使用的类别、商标交易情况等；(2)申请人所在行业、经营状况等；(3)申请人被已生效的行政决定或者裁定、司法判决认定曾从事商标恶意注册行为、侵犯他人注册商标专用权行为的情况；(4)申请注册的商标与他人有一定知名度的商标相同或者近似的情况；(5)申请注册的商标与知名人物姓名、企业字号、企业名称简称或者其他商业标识等相同或者近似的情况；(6)商标注册部门认为应当考虑的其他因素。

② 参见国家知识产权局商标局发布的《2020 年度商标异议、评审典型案例》。

第五章　著作权法前沿

【学习目标】

1. 了解著作权的历史变革
2. 掌握思想和表达二分法
3. 理解著作权侵权判定规则
4. 研析避风港原则
5. 分析著作权相关前沿案例

第一节　技术发展与著作权变革

自世界第一部著作权法诞生以来，人类技术实现了印刷技术、电子技术和数字技术的三次飞跃，这三次技术飞跃构成了现有作品传播的技术基础。随着互联网时代的到来，数字技术和网络化浪潮给著作权制度带来了前所未有的影响，大数据、人工智能等新技术与著作权的联系愈发紧密，商业模式的变迁也进一步对著作权保护制度提出了新的挑战。互联网和数字技术具有强大的复制力和传播力，并呈现出开放性、平等性、全球性以及去中心化特点。数字技术的发展对作品的创作、传播和使用都产生了深刻的影响，动摇了著作权法的基础框架。技术变革、商业变迁打破了著作权法原有的利益平衡原则、冲击了著作权法的基础框架，相关法律问题在世界范围内引起了广泛讨论。

其一，互联网和数字技术的发展打破了创作壁垒，降低了创作门槛，每个人都可以成为创作者、传播者，这就使得作者和作品的规模达到“海量”。例如，抖音、快手等应用软件为人们自由创作提供了广阔的平台，任何人只需要创建一个账号，就可以在软件上拍摄并发布视频。

其二，互联网为作品提供了新的载体。以前电影只能摄制于胶片中，音乐作品只能刻录在唱片中，文字作品只能印刷在纸张上。数字技术的发展使得作品能够以数字格式存储于硬盘等载体中。同时，著作权客体的多样性使得授权行为更复杂，扩大了著作权法保护的范围，增加了著作权法保护的难度。

其三，数字技术的开放性和全球性也使得人们的复制行为几乎不再受到时间和地域的限制，任何人可以在任何时间任何地点随意查找、复制想要的作品，而且复制作品的保真度高，与原创作品之间基本没有差别。同时，复制、传播的成本大大降低，例如，数字文件的复制只需要在电脑上轻点鼠标即可。这就导致著作权人面临着大量的、潜在的侵权行为，而且很难追究侵权人的责任。

其四，互联网的发展也使得权利人对作品使用和传播的控制更容易。权利人可以使用数字版权管理(全称 Digital Rights Management①)，也可以为作品的使用设定限制条款。这些管理措施一方面增强了权利人对自身权利的保护力度，另一方面与传统著作权法中关于合理使用和法定许可等限制权利人权利的规定产生一定冲突，若权利人滥用这些保护措施则可能会侵犯公共领域利益。面对此情况，必须重新思考如何在网络环境下平衡作品使用者与权利人之间的利益。

一、人工智能背景下合理使用制度的局限

合理使用制度最早起源于英国，经过美国判例法的发展，逐渐完善并成为世界各国保持利益平衡的重要工具。人工智能(AI)作为一场技术革命，势必会对传统著作权提出严峻挑战。2017 年国务院发布的《新一代人工智能发展规划》提出，到 2030 年，中国要在人工智能理论和应用方面总体上达到世界领先水平，成为世界主要人工智能的创新中心。我国 2020 年修订的《著作权法》中没有对 AI 技术作出明确回应。

关于 AI 在"学习""创作"中需要大量"阅读""复制"文字作品、视频文件、数据库等，这种使用行为是否构成侵权，是否属于合理使用范畴仍存争议。《伯尔尼公约》第 9 条、TRIPs 协议第 13 条、WCT 第 10 条均对合理使用制度的适用规定了"三步检验法"，具体包括：第一，合理使用只限于在某在特殊情况下；第二，不得与作品的正常利用相冲突；第三，不得损害著作权人的合法权益。虽然我国现行《著作权法》第 24 条新增了有关"三步检验法"的抽象性规定，但该条列举的情形基本上仅在沿用旧法规定的内容的基础上增加了"法律、行政法规规定的其他情形"，仍然不足以适应 AI 技术的发展需要。适用合理使用制度的情形主要包括非商业性使用、少量使用和公共利益需要，但都难以适用于 AI 技术。首先，严格区分开发和使用 AI 的主体性质并对商业性主体的适用加以限制，会严重阻碍 AI 产业的发展，这与我国发展规划背道而驰。其次，AI 技术"创作"的前提是"阅读""学习""复制"大量数据，这是 AI 的本质特征，却与适用合理适用制度需满足的"少量使用"相违背。最后，AI 技术的应用领域十分广泛，不论是在公共领域还是私有领域都占据了一席之地，甚至最具创造力的 AI 技术往往出自商业性公司。由此可见，现存的合理使用制度尚不足以适应 AI 技术的发展需要。

二、数字技术背景下的临时复制

数字技术背景下，大量作品都以电子计算机能够识别的二进制数字进行存储、传播、还原等。当用户浏览网络页面时，很多数据都只是被临时复制在随机存储器上。尽管临时复制只是暂时性的，但是其涉及的范围十分广泛，是关乎著作权法能否在数字技术背景下维持著作权人和社会大众利益平衡的重要问题。

如何界定临时复制与复制权的关系？《世界知识产权组织版权条约》第 1 条第 4 款的

① 数字版权管理是指数字内容，如音视频节目内容、文档、电子书籍等在生产、传播、销售、使用过程中进行的权利保护、使用控制与管理的技术。

议定声明：《伯尔尼公约》第9条①所规定的复制权及其所允许的例外，完全适用于数字环境，尤其是以数字形式使用作品的情况。即在电子媒体中，以数字形式存储受保护的作品，构成《伯尔尼公约》第9条意义下的复制。美国在司法判例中认定，当程序载入随机存储器上时即属于复制行为，构成侵权。但与此同时，美国也将“复制行为太过短暂从而不被认定为复制”作为例外情况加以精细规定。欧盟在2001年《关于协调信息社会中著作权和相关权若干方面的指令》中第2条规定任何方式和任何形式的、直接或间接的、临时性或永久性的、全部或部分的复制行为均属于复制权的范围。同时，该指令在第5条第2款中规定了例外情形，需满足以下三个条件：(1)复制行为是短暂或偶然的，是技术过程中不可分割的必要组成部分；(2)其唯一目的是使作品在通过中间商在第三方之间传输，或者使对作品或其他客体的合法使用成为可能；(3)不具有独立的经济价值。

目前各国有关临时复制性质并没有形成统一认识，我国并未将临时复制规定为复制权的范畴，也没有为临时复制规定例外条款。但在互联网日益普及的背景下，我国十分有必要对临时复制的性质、目的、经济价值等因素作出明确规定。

三、互联网背景下“避风港”规则的失灵

2022年2月，中国互联网络信息中心(CNNIC)发布的第49次《中国互联网络发展状况统计报告》显示，截至2021年12月，我国网民规模达10.32亿人，较2020年12月增长4296万人，互联网普及率达73.0%。伴随着互联网终端的迅速普及，我国网络直播产业从2005年至今已经历了三个发展阶段，呈现异军突起之势。然而在网络直播市场不断繁荣的另一面，越来越多的主播、直播平台未经权利人许可擅自使用作品成为普遍现象。当下中国对网络直播平台侵权行为的规制直接套用了网络服务提供者侵权制度，这种方式具有可取性，但也存在一定的局限性。

避风港规则也成为“通知-删除规则”或“通知-必要措施”，规则的运用以权利人发现侵权行为为逻辑起点，以权利人发出有效的通知为必要途径，以直播平台及时采取必要措施为终点。由此可见，该规则与网络直播存在一定程度的对抗性。首先，权利人很难发现和固定侵权行为。网络直播具有即时性，除非主播预告直播内容，权利人几乎无法及时发现侵权行为。以主播演唱歌曲为例，通常一首歌曲的时间为3分钟左右，权利人难以在如此短暂的时间内透过大量的直播内容正确定位侵权行为，而且主播很可能根据观众的要求临时演唱一些新的曲目，这也大大增加了发生侵权行为的不确定性。尽管可以采取公证、区块链等方式进行取证，但这些方法需要投入大量的成本，对于广大普通权利人而言，不具有可取性。其次，通知的有效性难以保证。《民法典》第1195条规定通知应当包括构成侵权的初步证据及权利人的真实身份信息。这意味着，在短短几分钟内权利人不仅要准确发现侵权行为，还要迅速进行取证，并将证明资料整理、发送给网络直播平台。再次，即

① 《伯尔尼公约》第9条规定：“受本公约保护的文学艺术作品的作者，享有授权以任何方式和采取任何形式复制这些作品的专有权利。本同盟成员国法律得允许在某些特殊情况下复制上述作品，只要这种复制不损害作品的正常使用也不致无故侵害作者的合法利益。所有录音或录像均应视为本公约所指的复制。”

使直播平台收到了通知也难以及时采取必要措施。一方面，即使平台建立了便捷投诉渠道、投入了大量的人力物力进行全天监管，也很难及时处理收到的通知；另一方面，为了避免权利滥用，网络服务提供者应当对权利人通知内容进行初步审核判断，但要求其在极短时间内完成以上工作是不现实的。最后，网络直播平台应该采取何种必要措施存在争议。《民法典》第1195条规定网络服务提供者可采取删除、屏蔽、断开链接等必要措施。与存储在网络空间的信息不同，网络直播平台通常采取关闭直播间等方式，但对于情节轻微的侵权行为采取这种程度的必要措施明显违反了“比例原则”。综上所述，对于网络直播平台而言，“通知–必要措施”几乎失去了改造适用的余地，而该规则的失灵很可能导致《民法典》中网络侵权责任制度落空。

典型案例 5-1

《三生三世十里桃花》信息网络传播权纠纷案①

原告优酷网络技术(北京)有限公司(以下简称“优酷公司”)，经合法授权依法对涉案电视剧《三生三世十里桃花》(以下简称涉案作品)享有独家的信息网络传播权。涉案作品上线播出后，被告北京百度网讯科技有限公司(以下简称“百度公司”》)经营的百度网盘有大量用户发布涉案视频文件的分享链接。

原告优酷公司认为百度公司对百度网盘上的侵权内容负有主动审查的义务，在优酷公司先后发送了78封侵权通知函后，百度公司并未及时删除侵权内容，对8名反复发布侵权内容的百度网盘用户也未及时采取禁封等措施，在百度网盘用户利用网盘分享功能向第三方平台和网站分享涉案视频文件时亦未进行屏蔽处理。优酷公司认为百度公司的行为侵害了其对涉案作品享有的信息网络传播权。

被告百度公司对此展开辩解，理由包括但不限于：其在庭审过程中已删除了优酷公司举证的涉案侵权链接。优酷公司所称百度网盘中储存有涉案视频文件，不排除是用户存储在自己的网盘账户中的，这属于用户的私密存储空间，亦属于著作权法规定的合理使用范畴。百度公司不提供任何针对百度网盘的搜索服务，除非采取破坏技术措施的手段，否则任何产品无法搜索到百度网盘中的内容。

北京市海淀区人民法院一审②认为：关于赔偿损失，第一，百度公司并非涉案侵权行为的直接实施者，其作为网络服务提供者，仅应承担与其行为及主观过错程度相适应的连带责任。第二，尽管百度公司对相应必要措施的采取存在不够全面、及时或缺失等问题，但从收到通知当日即予以断开的涉案链接达到64%等事实看，其对部分侵权行为已经采取了较为积极的制止措施，在一定程度上避免了更大损害后果的发生。第三，即使按照优酷公司主张的平均每条涉案链接的访问量为2000~3000次进行统计，同时参考涉案作品对外许可的使用费金额以及各授权平台的播放数量，所能推算出的损失金额也远远难以达到该公司主张的2900万元。结合以上各方面因素及

① 参见2020年中国法院50件典型知识产权案例。

② 参见北京市海淀区人民法院〔2017〕京0108民初15648号民事判决书。

在案证据，最终裁量确定赔偿金额为100万元。优酷公司主张的诉讼支出，均有相关票据等予以证明，亦在合理范围之内，应由百度公司一并负担。

优酷、百度公司均不服一审判决提起上诉。优酷公司认为百度公司用户将涉案视频文件上传、储存在百度网盘的行为与后续的分享行为密不可分，百度公司应当且有能力采取必要措施制止百度网盘用户上传、储存涉案视频文件。本案不存在百度公司或者百度网盘用户获得涉案视频文件授权的情形，亦不存在合理使用的情形。百度公司没有采取遏制侵权行为蔓延的合理措施，其后续侵权行为转变为与用户构成共同直接侵权，百度公司还应当为其直接侵权行为承担法律责任。百度公司则认为其通过与北京网络版权监测中心的合作，处理了大量涉案侵权链接，主观上没有帮助侵权的故意，因此一审判决赔偿金额过高，应改判在50万元内赔偿优酷公司的经济损失。北京知识产权法院二审①审查后认为一审判决认定事实清楚，适用法律正确，应予维持。判决驳回上诉，维持原判。

本案例中涉及大量互联网技术问题，与著作权法相关规定形成紧密联系。例如，数字符号MD5值(全称为“信息摘要算法第五版”②)、视频指纹技术、屏蔽关键词等技术，与著作权法中“通知-必要措施”规则的适用具有紧密联系，是认定侵权责任和裁判案件的关键考量因素。由此可见，数字技术带来的私人复制行为使得著作权人无时无刻不经受着大量社会公众的侵权，传统的以减少侵权为主的“闭锁性”著作权保护模式已经无法适应适应数字网络技术的发展。新技术不仅给著作权制度带来了挑战，也为著作权制度的发展创造了新的机遇。

典型案例5-2

腾讯诉抖音短视频侵权系列案

2021年8月18日，腾讯视频就其平台独播电视剧《扫黑风暴》被侵权起诉抖音，请求判令抖音的运营主体北京微播视界科技有限公司立即采取有效措施，删除、过滤、拦截侵权视频，停止通过传播涉案侵权视频谋取不正当利益的行为，并向其索赔1亿元。腾讯视频认为抖音上存在大量未经授权搬运剪辑的《扫黑风暴》的侵权视频，并在开播前已连续三天向抖音多次发送《权利预警函》，在发现侵权视频后又多次发送《侵权告知函》，但抖音并未在原告发函后12小时内删除侵权视频，也未采取有效措施禁止用户上传侵权视频，反而主动向用户推荐侵权视频。

在此之前，腾讯与抖音已有多次交锋。同年6月，腾讯以抖音上出现大量未经授权的有关其自制动画《斗罗大陆》的剪辑视频为由，起诉抖音并向其索赔超过6000万元。紧接着，字节跳动又以腾讯视频上存在未经授权的以《亮剑》为素材进行剪辑的短视频为由起诉腾讯，并索赔1000万元。

① 参见北京知识产权法院〔2020〕京73民终155号民事判决书。

② MD5值是采用标准函数算出的数字符号，可以用来校验文件的一致性。

腾讯与抖音的较量背后是长视频与短视频的正面交锋。短视频产业蓬勃发展，不断占领市场，因其创作门槛低、播放时间短等特点获得大量用户。随之而来的是越来越多的短视频作者任意剪辑影视作品，侵犯原作者的复制权、信息网络传播权等合法权益。2021 年 4 月 9 日，53 家影视公司、5 家视频平台及 15 家影视行业协会发表联合声明，呼吁保护影视版权，对影视作品内容未经授权进行剪辑、切条、搬运、传播等行为发起维权行动。

第二节　思想与表达二分法

一、思想与表达二分法理论概述

(一)思想与表达二分法的内涵

“思想”是指客观存在反映在人的意识中经过思维活动而产生的结果。① 思想不能被占有、消耗，反而会随着使用和传播不断发展。“表达”是指将思想、情感等通过语言、表情、写作等特定方式加以展现的一种行为。随着数字技术的发展，表达的方式越来越广泛，不仅包括文学作品、书法作品、影视作品等，还包括以互联网为载体的由各种数字、符号、代码等构成的数字作品。实践中，思想与表达的界限较模糊，没有公认的绝对的区分标准，需要根据具体情况加以判定。

思想与表达二分法是著作权法中的一项基本原则，指著作权只保护思想的表达，但不保护思想本身。作品是指文学、艺术和科学领域内具有独创性并能以一定形式表现的智力成果。② 思想和表达均是作品的必要组成部分，同一个思想可以通过不同的表达方式加以展现，作者因其表达方式的独特性获得著作权法的保护。

为什么著作权法不保护思想。首先，保护思想会阻碍社会发展和进步。著作权法实质上是一种相对意义上的垄断行为，垄断就意味着未经许可不得使用。如果思想有著作权，那么未经许可使用他人的思想就会构成侵权。③ 在这种情况下，可以预见的是，老师将无法传授知识，因为教学活动均是以传播前人的思想与理论为前提的；科学研究将停滞不前，因为科学界的大多探索均是在参照前人的研究基础上展开；影视剧将难产，因为大量的故事情节均是以特定思想和历史事件为蓝本。思想作为创造的本源，无疑是推动社会进步的根本动力。

其次，保护思想不具有现实可操作性。思想存在于人脑中，不经特定方式加以表达无法被人感知。如果将思想纳入法律保护范围，一方面很难认定侵权行为，另一方面，现有技术手段也很难取证。在这种情况下，法官就侵权的时间、范围，甚至连谁是侵权人都难

---

① 参见《现代汉语词典》。

② 参见《著作权法》第 3 条。

③ 王迁：《知识产权法教程》(第七版)，中国人民大学出版社 2021 年版，第 85 页。

以确定。另外，保护思想违背了著作权法的立法本意。法律赋予作者著作权的最终目的是鼓励创作。从公平利益的角度而言，作品都是通过借鉴、利用现有作品创作的，将利用公共领域的作品而创造的作品交由作者独占，不利于新作品的创作。[①]

为什么著作权法保护表达。表达本质上是特定人从事的智力劳动，具有独创性，且能被他人感受和识别。思想属于公有领域，不能被个人独占，也不会因为被使用而消耗，因而不受著作权法的保护；人类劳动使得思想从共有领域转化到私有领域，这就奠定了表达受保护而思想不受保护的基础。思想者借助物质媒介，将意象转化为形象、将抽象转化为具体、将主观转化为客观、将无形转化为有形。要注意的是，并不是所有的表达都受到著作权法的保护。受著作权保护的表达必然具有独创性，作者以思想、情感为基础，通过加工，将抽象、概括的内容转化为具体的描述，使得每个作品都具有区别于其他作品的鲜明特点。

（二）思想与表达二分法的产生

思想与表达二分法从产生到现在已经有一百多年的历史，作为著作权法的基本原则，已被世界各国（地区）普遍接受。该原则在实践中的第一次成功运用可以追溯到英国的Millar案件和Donaldson案件[②]，美国以判例法的形式对该原则的确立源于Baker v. Selden案[③]，并于1976年正式纳入《美国版权法》。该法第102条[④]规定，无论作品以何种形式表达，对作品的著作权保护不得扩大到思想。在国际立法层面，《伯尔尼公约》明确规定，著作权保护思想的阐述或表达，不保护思想本身。TRIPs协议（1994年）第9条第2款[⑤]规定版权保护不包括思想、概念与程序本身。我国台湾地区"著作权法"（1998年）新增的第10条[⑥]也规定了著作权法的保护只及于表达而不包括思想。

虽然我国实践裁判中法官对该原则早有适用，然而，由于不同地区的法官水平参差不齐，这一原则一直未能很好地发挥作用。直到2001年，我国才在《计算机软件保护条例》第6条[⑦]对思想与表达二分法作出规定。2012年，我国《著作权法》（第三次修订草案）将该原则加以明文规定，至此该原则才在我国著作权侵权认定的司法实践中有法

---

① 吴汉东：《著作权合理使用制度研究》，中国政法大学出版社1997年版，第43页。

② Richard H, The Myth of the Idea/Expression Dichotomy in Copyright Law, Pace Law Review, 1990(10)：551-557.

③ Baker v. Seldon. 101U. S. 99(1879).

④ 参见《美国版权法》第102条规定："在任何情况下，对于作者原创性作品的著作权保护，都不延及思想、观念、程序、工艺、系统、操作方法、概念、原则和发现，不论它们在该作品中是以何种形式描述、解释、说明或体现的。"

⑤ 参见《与贸易有关的知识产权协议》（简称TRIPs协议）第9条规定："版权的保护应该延及表述方式，但不延及思想、程序、操作方法或数学概念本身。"

⑥ 参见我国台湾地区"著作权法"第10条规定："依本法取得之著作权，其保护仅及于该著作之表达，而不及于表达之思想、程序、制程系统、操作方法、概念、原理、发现。"

⑦ 《计算机软件保护条例》第6条规定："本条例对软件著作权的保护不延及开发软件所用的思想、处理过程、操作办法或者数学概念等。"

可依。

二、思想与表达的划分方法

由于著作权法只保护表达而不保护思想，这就意味着法官在著作权侵权的诉讼中必须正确区分思想与表达。但思想与表达的界限并不清晰，需要结合具体情况加以分析。

(一)抽象检验法

美国著名的汉德法官在1930年判决的“Nichols诉环球电影公司案”中首次提出了“抽象检验法”，该方法被世界各国引用。任何一部作品都是思想和表达的共同体，该方法将作品的内容比做一个金字塔，金字塔的顶端是作品所包含的思想，底端是构成作品的具体表达。越靠近金字塔的顶端，抽象和概括的程度越高。以文学作品为例，从每一句话的文字表达，到作品的主题思想，可以看作是一个不断抽象和概括的过程。我们可以依次对每个段落、每节、每章的内容进行概括和归纳，最后提炼出作品的主题思想。整个提炼过程对应着金字塔由下至上的递进关系，越靠近金字塔的顶端，越属于“思想”的范畴。在这个金字塔中会有一个分界线，分界线之下就是受到著作权法保护的“表达”。分界线以上的内容属于公共领域，任何人都可以加以利用，但他人未经作者许可擅自使用分界线以下的内容时，就可能构成著作权侵权。

典型案例5-3

尼科尔(Nichols)诉环球电影公司案①

原告尼科尔的剧本《阿比的爱尔兰玫瑰》(*Abie's Irish Rose*)和被告环球电影公司制作的名为《科恩家庭与凯莉家庭》(*The Cohen's and The Kelly's*)的电影的主要内容都是：犹太人的儿子和爱尔兰人的女儿相爱，他们不顾双方父母的反对，经过一系列的努力，两人秘密结婚并生子，最后双方父母和解。

原告认为被告抄袭了她的剧本，但汉德法官认为：就戏剧作品而言，可以将作品内容细分为一个个具体情节，将这些具体情节逐个抽离，每次剩下的是越来越抽象的、概括的思想。在这一系列的抽离过程中，会有一个分界线，分界线之外的部分属于“思想”，不再受到著作权法的保护。在这个案例中，虽然两部作品的轮廓相似，但在应用“抽象概括法”进行区分之后发现两者的相似之处属于“思想”的范畴，具体情节方面的设计差别很大，均具有独特性，因此判定被告不构成侵权。

虽然“抽象检验法”能够在一定程度将思想与表达进行区分，但在实践中，仅利用该方法难以给出正确判定，因此仍需要结合具体案情进行分析。汉德法官曾在判决中表明

① Nichols v. Universe Pictures Co. 45F. 2d 119, at 121(2nd Cir., 1930).

“思想与表达”之间的界限“没人曾经能够找到，也没能够找得到”。由此可见，法官在裁判案件时受到较大程度上的主观认识的影响。

(二)混同原则

“混同原则”又被称为“有限表达原则”，指“思想”与“表达”在某些情况下，对某种“思想”只有一种或极其有限的表达。[①] 我国《计算机软件保护条例》第29条规定：“软件开发者开发的软件，由于可供选用的表达方式有限而与已经存在的软件相似的，不构成对已经存在的软件的著作权的侵犯。”在描述某规则的方式有限时，为了避免语言冗杂，“思想”和“表达”的界限得以模糊。若将这种“表达”加以保护，会在一定程度上构成对此种“思想”的垄断，是不合理的。例如，各种菜品都有相应的制作方法，将制作步骤加以描述，即可转化为文字形式的菜谱。如果菜谱的文字描述已经非常简洁，则可认为是这种思想的唯一或有限表达，根据混同原则，“表达”不再受著作权法保护。因此，菜谱、比赛规则、销售方案等类型的表达，均被视为“思想”而不再受到保护。

(三)场景原则

“场景原则”是指在文学作品中，如果根据历史事实或者人们的经验、观众的期待，在表达某一主题的时候，必须描述某些场景、使用某些场景的安排和设计，那么这些场景即使是由在先作品描述的，在后作品以自己的表达描写相应场景也不构成侵权。[②] 例如，恐怖片中大多有深夜下雨、打雷、刮风等场景，古代皇帝、官员的场景描述。在这些标准场景中，即使使用了相同或近似的表达，也不认为构成侵权。

三、思想与表达二分法的运用

美国第二巡回上诉法院在1992年的“Computer Associates v. Altai”[③]案中首次创设了“三段论认定法”。该方法包含三个步骤：第一，通过“抽象检验法”剔除涉案作品中不受著作权法保护的思想；第二，过滤法，将涉案作品中的特定情境、有限表达、公知素材等共有领域的内容剔除；第三，对比法，将经过前两步剔除后的剩余部分进行对比，寻找相同点与不同点，并以此为依据判定是否构成侵权。在“Computer Associates v. Altai”案中，法院首先将涉案计算机程序抽象为代码、模块等层次，在对程序的逐层抽离过程中将思想逐个排除在外，剩下程序的基本功能；再将计算机程序中包含的硬件环境、效率因素、共有领域等因素的内容加以过滤；最后将剩余部分内容进行对比，寻找是否具有相似的内容。在该案中，第二巡回上诉法院引证了美国最高法院1991年在Feist案[④]中关于电话号码簿不受著作权保护的判决，在独创性标准中加入了创造性因素。因此，受到著作权法保护的作品必须是具有独创性的。

---

① 王迁：《知识产权法教程》(第七版)，中国人民大学出版社2021年版，第91页。

② 王迁：《知识产权法教程》(第七版)，中国人民大学出版社2021年版，第92页。

③ Computer Associates International Inc. v. AltaiInc. 952F. 2d693(2d Cir. 1992).

④ Feist Publications Inc. v. Rural Telephone Service Co. Inc. 499U. S. 340(1991).

典型案例 5-4

张某燕诉雷某和等著作权侵权纠纷案①

原告张某燕于1999年12月改编创造《高原骑兵连》剧本，2000年8月根据该剧本拍摄20集电视连续剧《高原骑兵连》(以下简称“张剧”)，被告雷某和作为《高原骑兵连》的名誉制片人参与了该剧的摄制。后被告雷某和作为第一编剧和制片人、被告赵某作为第二编剧拍摄了电视剧《最后的骑兵》(以下简称“雷剧”)。原告张某燕发现“雷剧”中主要人物关系、故事情节以及其他方面与“张剧”雷同，认为“雷剧”对“张剧”剧本及电视剧构成侵权。被告雷某和辩称：其与原告张某燕签订了合作协议，但只负责军事保障，不参与艺术创作，其没有看到张某燕的剧本，且“雷剧”与“张剧”的播出时间不同，“雷剧”并未影响“张剧”的播出。

判断作品是否构成侵权，应当从两方面进行判断：第一，被诉侵权作品的作者是否“接触”要求保护的权利人作品；第二，被诉侵权作品与权利人的作品之间是否构成“实质相似”。本案各方当事人对雷某和“张剧”剧本以及电视剧并无争议。因此，本案争议焦点在于“雷剧”与“张剧”是否构成实质相似。结合张某燕的主张，法院主要从以下几个方面进行判断：

关于题材主线相同的主张，“雷剧”与“张剧”均系以20世纪80年代中期骑兵部队撤编为主线展开的军旅历史题材作品，是社会的共同财富，不能被个人垄断，因此各作品作者均有权以自己的方式对此类题材加以利用。

关于人物设置、人物关系相似的主张，法院认定“雷剧”与“张剧”相同、相似的部分多属于共有领域素材或缺乏独创性的素材，多数故事情节所展开的具体内容和表达并不相同，且两部作品间多处相似的语言表达属于特定情境下的惯常用语，并非独创性表达。

从整体来看，“张剧”与“雷剧”具体情节不同，内容侧重点不同，主人公性格不同、结尾不同。两者的相同、相似情节在“雷剧”中占比极低，不构成“雷剧”的主要部分，不会导致读者和观众对两部作品产生相同、相似的欣赏体验，因此不能得出两部作品实质相似的结论。

根据《最高人民法院关于审理著作权民事纠纷案件适用法律若干问题的解释》第15条②应当认定“雷剧”与“张剧”属于由不同作者就同一题材创作的作品，两剧都有独创性，各自享有独立著作权。

山东省济南市中级人民法院一审判决③驳回张某燕的全部诉讼请求。张某燕不

---

① 参见最高人民法院第16批指导性案例第81号。

② 《最高人民法院关于审理著作权民事纠纷案件适用法律若干问题的解释》第15条规定：“由不同作者就同一题材创作的作品，作品的表达系独立完成并且有创作性的，应当认定作者各自享有独立著作权。”

③ 参见山东省济南市中级人民法院〔2010〕济民初84号民事判决书。

服，提起上诉。山东省高级人民法院二审判决①驳回上诉，维持原判。张某燕不服，向最高人民法院申请再审，最高人民法院经审查，裁定驳回张某燕的再诉申请。

典型案例 5-5

中国杂技团与张硕杂技团等侵害著作权纠纷案②

原告中国杂技团有限公司（以下简称“中国杂技团”）系杂技节目《俏花旦·集体空竹》的权利人，被告吴桥县桑园镇张硕杂技团（以下简称“张硕杂技团”）在许昌市建安区广播电视台（以下简称“建安区电视台”）举办的2017年春节联欢晚会上表演了杂技项目《俏花旦》，包含该节目的相应晚会视频在深圳市腾讯计算机系统有限公司（简称腾讯公司）网站，以及认证主体为建安区电视台的“映像许昌”微信公众号上均可点播。中国杂技团认为，杂技节目《俏花旦·集体空竹》属于杂技艺术作品，张硕杂技团表演的杂技节目《俏花旦》在动作组合、背景音乐、演员服装等方面均抄袭《俏花旦·集体空竹》，侵害其著作权，而建安区电视台制作、播出该节目，腾讯公司对该节目视频在其网站传播未尽审查义务，亦构成侵权。

一审法院认为，中国杂技团享有《俏花旦·集体空竹》除各作者署名权之外的著作权。经比对，涉案两个杂技节目所使用的《俏花旦·集体空竹》《俏花旦》节目名称相近、音乐曲目基本相同；二者在开场表演桥段高度相似、存在舞蹈动作与抖空竹动作之间的衔接、舞蹈脚步律动编排上的部分内容一致，在部分演出环节，演员在演出场地的走位编排等设计相似，不能用“巧合”“偶然相似”来解释。张硕杂技团对中国杂技团的涉案杂技艺术作品构成部分作品内容的抄袭，其涉案演出行为侵害了中国杂技团涉案杂技艺术作品的表演权、获得报酬权。建安区电视台侵犯了中国杂技团对涉案杂技艺术作品享有的广播权、信息网络传播权。腾讯公司不存在过错，不应承担赔偿责任。据此，一审法院判决③张硕杂技团停止侵权，张硕杂技团、建安区电视台共同赔偿中国杂技团经济损失5万元等。张硕杂技团不服提起上诉。

二审法院认为，杂技艺术作品以动作为基本元素，技巧也通过具体动作展现，但并不保护技巧本身，通常也不保护特定的单个动作，而是保护具备一定艺术性的连贯动作的编排设计。如果仅仅是公有领域常规杂技动作的简单组合、重复，则独创性不足，不应受到著作权法的保护。当前许多杂技节目吸收舞蹈元素进行动作设计和编排，包括杂技动作及其衔接之间引入舞蹈动作等。在此种情形下，以杂技动作设计为主要内容，又融入一定舞蹈动作设计的作品，仍可按杂技艺术作品予以保护，并无必要将连贯动作强行分割为支离破碎的舞蹈动作与杂技动作分别进行保护。此外，由于立法已明确限定杂技艺术作品系通过形体动作和技巧表现，因此，即便杂技节目中的配乐构成音乐作品，服装、舞美设计构成美术作品，并不属于杂技艺术作品的组成部

① 参见山东省高级人民法院〔2011〕鲁民终194号民事判决书。
② 参见最高人民法院发布2021年中国法院十大知识产权案件之七。
③ 参见北京市西城区人民法院〔2017〕京0102民初14340号民事判决书。

分，而应作为不同类型作品分别独立保护。二审判决①驳回上诉，维持原判。

由此可见，在裁判案件时应重点关注以下几点：第一，公知素材不受著作权法保护。以文学作品为例，以同一历史题材创作的作品中的题材主线、整体线索脉络，属于思想范畴，不能被个人垄断，是社会的共同财富，任何人都有权对此类题材加以利用并创作作品。例如，2022年上映的两部电影《长津湖之水门桥》《狙击手》均以抗美援朝为故事题材，表达中华民族不畏强暴、不怕牺牲、敢于斗争等思想。第二，判断作品是否构成侵权时，可以从以下方面入手：侵权作品作者是否接触过权利人作品、被诉侵权作品与权利人作品之间是否构成实质性相似等。在判断是否构成实质相似时，应比较作者在作品表达中的取舍、选择、安排、设计等是否相同或相似，而不应从思想、情感、对象等方面进行比较。第三，根据著作权法的规定，人民法院应保护作者具有独创性的表达。对素材、共有领域信息、必要场景、具有唯一性或有限的表达形式不予保护。

美国法官 Alex Kozinsiki 曾说过，过度的保护与保护不足同样有害。思想与表达二分法原则是著作权系统的天秤，发挥着平衡公共利益和个人利益的重大作用。一方面，该原则有助于在司法实践中正确认定侵权行为并给予相应惩罚；另一方面，也有助于激发人们主动创作，从而推动社会文化建设，构建文化繁荣。

第三节 著作权侵权判定

一、著作权侵权判定的规则

正如前文所述，在著作权法理论中普遍将侵权事实分为“直接侵权”与“间接侵权”两类。“直接侵权”是指他人在未经著作权人的许可和缺乏法律依据的情况下实施受著作权专有权控制的行为；而“间接侵权”是指教唆、引诱他人实施著作权侵权或在知晓他人侵权行为的情况下，对该侵权行为提供实质性帮助的行为。对于“间接侵权”而言，造成侵权的原因并非是直接侵犯了著作权人的专有权利，因此一般只需按照传统侵权责任理论进行归责与判定即可。而对于“直接侵权”，由于侵权的对象是著作权人的专有权利，该权利源自法律对于“智力成果”这一特殊客体的授权保护，同时侵权方式多表现为抄袭、剽窃、篡改，与侵犯财产权的侵占、妨害、损毁不同，因此侵权判定规则应当与传统侵权法的规定有所不同。② 鉴于此，本节所论述的著作权侵权判定规则皆指著作权“直接侵权”的判定规则，对于“间接侵权”的判定不包含在内。

对于著作权“直接侵权”的判定，在中外司法实践中普遍采取了“接触+实质性相似”这一规则。这一规则最早由美国法院在1869年的 Laurence v. Dana 案中提出，法院认为“如果涉案内容与他人作品中具有价值的独创性部分相似，且无法作为独立创作予以排除，那

① 参见北京知识产权法院〔2019〕京73民终2823号民事判决书。

② 吴汉东：《试论“实质性相似+接触”的侵权认定规则》，载《法学》2015年第8期。

么该不当挪用即造成对原作的实质性侵害"。[①] 自美国通过判例创设这一规则后，其他国家或地区对该规则也多有吸收、借鉴，例如德国和日本虽然未将这一规则以立法方式吸纳进本国法典体系内，但是也在一些判决中引入了实质性相似的侵权判定规则。[②] 20 世纪 90 年代，我国最早将这一规则引入并应用于计算机软件著作权侵权案件中，随后推广至其他作品类型的侵权案件。[③] 在我国司法实践中，这一规则的适用采取积极的借鉴态度，不仅出现在法院内部审理指南的规范中，而且还频繁被各级法院在裁判著作权侵权案件中采用。[④]

对于"接触+实质性相似"规则，可以分为"接触"规则和"实质性相似"规则两部分。具体而言，"接触"是指被控侵权作品或技术的行为人接触了或推定接触了享有知识产权的在先作品或技术，而"实质性相似"是指被控侵权作品或技术复制了或来源于享有知识产权的在先作品或技术，两者的独创性表达相同或相似。根据该规则，如无直接证据证明被控侵权人实施了著作权侵权行为，但是权利人证明了被控侵权人接触过其在先作品，以及被控侵权作品与在先作品之间存在着表达上的实质性相似，那么法院就可以据此判定被控侵权人实施了未经权利人许可的侵权行为。

二、"接触+实质性相似"规则的适用前提

著作权侵权判定主要看著作权所保护的客体即作品是否受到侵害。我国《著作权法》中对于"作品"的定义为"文学、艺术和科学领域内具有独创性并能以一定形式表现的智力成果"。[⑤] 因此，对于判定是否构成著作权侵权、能否适用"接触+实质性相似"规则分析侵权事实，取决于在先作品是否符合"作品"的定义。

---

① 张晓霞等:《侵权行为构成要件对"接触加实质性相似"规则的制衡——论侵害著作权纠纷的裁判思路》，载《知识产权》2021 年第 12 期。

② 日本学者杉山启治与 Dennis S. Karjala 在其合著的"Fundamental Concepts in Janpanses and American Copyright Law"一文中指出，日本法院通常会以思想与表达二分法界定在先作品的保护范围，并依据其他的间接证据判定在后作品是否"不当复制"了在先作品受到著作权保护的实质性内容从而进行侵权判定；德国学者 Eugen Ulmer 在其《德国版权法与出版法》一书中也指出，在后作品虽然使用在先作品中特定内容，但只要该内容在后一作品中被足够弱化为非核心、实质的部分则不宜被认定为侵权，可以视为对"实质性相似"原则的部分吸收。Keiji Sugiyama & Dennis S. Karjala, Fundamental Concepts in Janpanses and American Copyright Law, 36 The American Journal of Comparative Law, 1988, pp. 613, 649-650; Eugen Ulmer, Urheber- und Verlagsrecht 265-78passim(3d ed. 1980).

③ 我国有据可考的最早涉及作品实质性相似侵权的案件产生于 1993 年，该案涉及的是一项计算机杀毒软件著作权侵权纠纷。

④ 2018 年 6 月，北京市高级人民法院《侵害著作权案件审理指南》第 10.7 条侵权认定基本规则，被诉侵权作品与原告主张权利的在先作品的相关内容相同或者实质性相似，被告在创作时接触过原告主张权利的作品或者存在解除的可能，且被告不能举证或者说明被诉侵权作品合法来源的，可以认定被告侵害了原告著作权。

⑤ 《中华人民共和国著作权法》第 3 条对于"作品"做了列举加开放式的定义，除了文字作品、口述作品、艺术作品等八大类作品种类以外，还在第 9 条以开放式定义将所有"具有独创性、并能以一定形式表现的人类智力成果"纳入了作品的范畴。

（一）思想表达二分法

只保护表达、不保护思想，是著作权法的基本原理。在著作权侵权诉讼中，在思想与表达之间划出清晰的界限，往往是判断侵权是否成立的前提。① 思想是客观存在于人脑中并经过思维活动得出的产物，包括思路、观念、理论、构思等；而表达则是将思维所得通过某种物理、机械的方式展示于外的行为。之所以出现保护表达而不保护思想的原理，从深层次原因来看是维护民主社会的思想自由权，著作权本质上是一种垄断权，如果思想也可赋予著作权，那么任何未经许可使用他人思想的行为都可能构成侵权，这显然是为民主自由观念所不能容忍的；而从著作权法追求的目标和效果来看，法律赋予作者著作权的最终目的不是奖励作者而是鼓励创作，而创作作品不可避免地要“站在前人的肩膀之上”，每一个作者创作作品都会不自觉地受到前人的启发，如果赋予思想以著作权，那么就意味着每一个作者在创作之前都要向思想的原始作者获得许可并付费，显然这是不现实也不合理的，会极大地钳制自由创作行为，与著作权法所追求的目标和效果背道而驰。也就是说，假设一名摄影师打算以“黄山迎客松”为创意拍摄一组主题摄影作品，其将这一想法告诉了他人，这一想法不能作为作品获得保护，而他人亦可以这一想法进行不同方式、角度的作品拍摄而不构成侵权。

《美国版权法》第 102 条第 2 款规定：“在任何情况下，对于作者原创性作品的版权保护，都不涉及思想观念、程序、工艺、系统、操作方法、概念、原则和发现，不论它们在该作品中是以何种形式被描述、解释、说明或体现的。”TRIPs 协议第 9 条第 2 款规定：“版权保护应延及表达，而不延及思想、工艺、操作方法或数学概念之类。”我国台湾地区“著作权法”第 10 条之一也规定：“依本法取得之著作权，其保护仅及于该著作之表达，而不及于其表达之思想、程序、制程系统、操作方法、概念、原理、发现。”这些规定都反映了著作权法不保护思想、只保护表达的基本原理。我国《著作权法》对此虽然没有明确规定，但是在司法实践中却对此普遍认同。例如，北京高院就在其发布的 2015 年度知识产权十大典型案例之首——琼瑶诉于正案②中明确了文学作品中思想与表达的区分标准。在本案中，法院指出要判定于正的《宫锁连城》是否抄袭琼瑶的《梅花烙》，首先要区分这两部作品的思想与表达，只有被控作品《宫锁连城》的表达与原告作品《梅花烙》的表达构成实质性相似，才有可能构成侵权。若仅是思想相似，那么被告的行为可能违反道德要求，但却并非侵权行为。

（二）作品具有独创性

独创性与侵权认定具有密切关系。“智力成果”具有独创性是其构成作品、受到著作权法保护的重要前提，任何主体只能就自己独创的“智力成果”主张著作权保护。在著作权侵权诉讼中，即使被告的“作品”与原告的“作品”构成实质性相似，但若被告能够举证证明该“作品”或“作品”组成部分之一并非原告独创，而是源自第三人，那么原告的诉讼

① 王迁：《著作权法》，中国人民大学出版社 2015 年版，第 45 页。

② 参见北京市高级人民法院〔2015〕高民（知）终字第 1039 号民事判决书。

请求也不可成立。例如，在王晓岫诉搜狐公司、金狐公司、梦幻星公司一案①中(后统称“匆匆那年案”)，被告金狐公司对原告认为《匆匆那年：好久不见》网络剧与其作品《匆匆那年》部分情节构成实质性相似提出抗辩时即认为，虽然《匆匆那年：好久不见》网络剧中存在使用小说“番外”的一个情节，但是在小说改编网络剧中使用小说“番外”的内容属于同类剧的常见内容或通用情节，因此该部分不构成独创性。尽管在该案中金狐公司未能就该抗辩提供充分证据予以证明，法院对这一主张没有支持，但也足见“作品”是否构成独创性对于其是否能受到著作权法保护至关重要。

同时，也应当注意被控侵权“作品”具有独创性并非抗辩理由，被控侵权“作品”具有独创性并不当然排斥了侵权的可能性。独创性只是判断一项“智力成果”是否构成作品、是否受著作权法保护的标准，而并非是认定该“智力成果”作为侵权作品的标准，因为其完全可能既构成作品又侵犯他人著作权。例如，将上文中提及的《匆匆那年》小说拍摄为网络电视剧，拍摄而成的网络电视剧毋庸置疑具有独创性，构成我国《著作权法》中所规定的“视听作品”，但如果未经许可拍摄并播放，就当然构成侵犯小说《匆匆那年》著作权的行为。

因此，在认定侵权作品行为时，仍应当遵循“接触+实质性相似”规则。在被告曾接触过原告作品，其被控侵权成果又与原告作品存在实质性相似的情况下，除非存在合理使用、法定许可等法定免责事由，否则被控侵权“作品”与原告作品相比是否存在独创性，只影响对侵犯何种具体权利的判断，而不影响对侵权的认定。如果被控侵权“作品”与原告作品相比不具有独创性，那么被控侵权“作品”实质上只是原告作品的“复制件”，此时应当认定被告侵犯了原告的“复制权”；如果被控侵权“作品”与原告作品相比具有一定的独创性，那么则可能构成原告作品的“演绎作品”，此时应当认定被告侵犯了原告的“演绎权”。上文所举例“匆匆那年案”中金狐公司作为《匆匆那年：好久不见》的出品单位、著作权人，未经王晓岫许可将《匆匆那年》小说“番外”的涉案部分内容改变、拍摄为《匆匆那年：好久不见》一剧的行为，即分别构成对《匆匆那年》小说“番外”的“改编权”“摄制权”(均是“演绎权”的子权利)的侵犯。

三、“接触+实质性相似”规则的具体适用方法

(一)作品“接触”的判定方法

作品“接触”指的是在后作品的创作者有看到、听到或以其他方式获取在先作品内容的合理机会、可能性或实际的行为。作品接触的举证，一般以作品创作完成、发表、出版等时间先后顺序表明相似性作品之间的来源关系，而包括合同关系、发表等在内的举证事实均属于作品接触的具体手段。因此，作品接触的判定集中于两点：一是两部作品产生的先后顺序，二是在后作品实际或可能接触在先作品的事实。

作品广泛传播通常是作品“接触”判定的首要考察因素。正如美国著名版权法学者Nimmer所言：“广泛传播的作品已足以表明作品接触的事实，即使在被告独立创作的情况

① 参见北京知识产权法院〔2017〕京73民终2113号民事判决书。

下，该接触与作品的相似性也足以证明复制行为的存在”①。例如，在 Bright Tunes v. Harrisongs 一案中，被告主张自己与其音乐小组在 1970 年瑞士哥本哈根的一个音乐演唱活动中创作了一首《我甜蜜的上帝》的音乐作品。然而，根据原告提交的证据表明，被告的作品与其在 1962 年创作的作品《他很好》具备相似性，尤其是在原告作品中独有的由“sol-mi-re”与四重奏的“sol-la-do-la-do”音符部分存在明显的相似性，同时原告的《他很好》作品曾经在美国 billboard 榜单上持续四周排名第一。综上所述，该案审理法官认为“音乐创作可以有多种途径，但利用已经成功的、流行音乐作品的基本音符无疑是一条捷径。因此，在作品广泛传播的情况下，无论是被告在后续创作中潜意识抄袭了原告作品，或是被告故意为之，原告音乐流行程度以及两部作品的相似性表明，被告已经构成了著作权侵权”。② 应当看到，作品广泛传播表明了一般社会公众能够轻松地通过各种渠道获知作品的内容，与之相应的潜在侵权者有实施著作权侵权行为的合理可能性。不同作品流传的程度存在差别，越是知名的作品往往蕴含更大的经济价值，而潜在侵权人受到利益的驱使更加倾向于针对知名作品实施侵权行为。随着网络、数字化技术的发展，作品传播的门槛大为降低，任何作品形式均可以转为数字格式借助网络在世界范围内传播，更增加了作品接触的合理可能性。除网络渠道外，在先作品传播的程度还应当考虑作品发表、发行的情况，例如作品所依附的发表物处于何种流通级别，作品载体发行的数量、版次等。

而在作品未经发表、发行的情况下，则应当考察被诉侵权者能否与在先作品产生充分联系。在作品未经发表、发行的情形中，一般社会公众难以获取作品的复制件，也就难以知晓作品的具体内容。因此，作品潜在的侵权者限于与在先作品产生足够的联系的特定群体，一般可以分为如下情形：(1)在先作品为寻求发表、出版的磋商环节中的接触主体；(2)与在先著作权人存在合同关系(委托、雇佣、许可等)的主体；(3)在作品尚未发表、发行前采取通过不当手段获取作品的其他主体等。

除上述三种情形外，如果是在先作品在相对较小的范围内进行表演、展览等情形，则应当分别考察作品的公开范围和公开时间，以及在作品公开之时被告是否能够与在先作品产生足够的联系。例如在王某诉朱某某本、中央电视台、王某一案中③，诉争对象为一首音乐作品。原告王某诉称，其在 1959 年曾根据江西民歌赣南采茶调《长歌》加以改编创作，重新谱曲，并由曾宪屏、冯江涛作词，创作《送同志哥上北京》(以下简称《送》曲)，演出后深受好评，并被编入《江西民间歌曲选》《歌唱井冈山歌曲集》等音乐杂志。被告朱某本则辩称《十送红军》(以下简称《十》曲)系其 1960 年春天与空政文工团的几位创作人员到井冈山采风，听到当地居民所唱送别红军歌，于是深有感触而创作。一审法院认为：作为一名采风者去采风，必然会接触当地的一些民歌，并会着意搜集整理，庭审中也查明朱某本确实记录了一些民歌和演唱形式，只是不能确定就是《送》曲。根据采风的时间和当时的情况，以及《送》曲和《十》曲存在的一些相似之处，法院推定朱某本接触了《送》曲，只是由于当时的署名情况等原因，其当时也许并不知道是王某改编的《送》曲，仅认为是《长

① M. B. Nimmer & D. Nimmer, Nimmer on Copyright, New York: Matthew Bender, 1978, p. 349.

② Bright Tunes Music Corp. v. Harrisongs Music, Ltd., 420 F. Supp. 177 (S. D. N. Y. 1976).

③ 参见北京市海淀区人民法院〔2003〕海民初字第 19213 号民事判决书。

歌》的不同唱法而已。同时，对于侵权事实法院认为即使认定朱某本确实接触了《送》曲，也不能认为其是据此改编的，更不能由此认定朱某本侵权。因为朱某本当时收集了《长歌》的不同版本唱法，并听取了宣传员的演唱和演出节目，《送》曲与《十》曲同源于《长歌》这种民间歌曲的情况，会使二者不可避免地存在诸多的相似之处。因此，并不能仅凭"接触"这一行为就认定构成侵权。

总而言之，无论是作品"广泛传播"还是"充分联系"因素均是相对化的判定因素，换言之，作品"接触"的判定存在一个证明力大小的问题。具体来说，当"接触"的概率较高时，认定抄袭对作品内容相似的程度要求相对较低；当"接触"的概率较低时，则需要证明作品内容高度相似，或存在无法解释的相同独特性表达甚至相同的错误等情形，才足以推定抄袭行为的存在。如前文所述，"接触"行为本身并不具备独立的侵权举证意义，单纯的作品"接触"与著作权侵权不存在必然的联系。因此，依据著作权侵权的判定路径，侵权行为的成立仍然需要法院对"接触"与"实质性相似"的证据一并考察并进行判定。

(二)作品"实质性相似"的判断方法

在司法实践中，对于作品"实质性相似"的判断不仅需要当事人提供相关证据，而且需要审判法官在判定案件时选择适当的法律方法。总体而言，目前我国法官在认定作品"实质性相似"时一般采取以下两种方法。

1. 整体观感法

所谓整体观感法即指通过普通观察者对作品整体的内在感受来确定在后作品是否利用了在先作品的核心和精华，以此判断两部作品是否构成实质性相似。① 整体观感法最早源自美国纽约州南部地区联邦地方法院审理的 Daly 案②，在该案中原告和被告作品都描述了被绑在铁道上的人在列车即将撞到前的最后一刻逃出的场景，法院根据该作品是否给普通观察者留下了实质相同的印象这一标准进行判断，最后肯定了两部作品的实质性相似。

具体来说，整体观感法采取独特的"两步测试"模式，即外部测试(extrinsic text)和内部测试(intrinsic test)。第一阶段：外部测试。外部测试阶段主要判断原告和被告作品中是否存在思想上的实质性相似，该阶段可以对事实进行分解剖析、参考专家证言作出判断，所判断的具体标准主要包括作品的类型、主体、设定等。第二阶段：内部测试。如果在第一阶段的测试中可以确定两部作品存在思想方面的相似，则需要进行第二阶段的内部测试。内部测试主要以普通观察者的视角，对原告和被告作品的表达方面是否存在实质性相似进行判断，该阶段通常不允许采用专家证言。在第一阶段，外部测试是基于一系列特定的标准(如素材、作品的种类、主题的设定等)对思想进行相似性判断，但在第二阶段，内部测试无须拘泥于这些外来指标等抽象分析，其判定主要依赖于普通观察者对作品整体的相似性判断。

如果在第二阶段的内部测试中分析得出原告和被告作品存在表达方面的实质性相似，

① 许波：《著作权保护范围的确定及实质性相似的判断——以历史剧本类文字作品为视角》，载《知识产权》2012 年第 2 期。

② Daly v. Palmer, 6 F. Cas. 1132, No3, 552(C. C. S. D. N. Y. 1968)。

那么法官就可以据此判定存在著作权侵权行为的存在。在庄羽诉郭敬明一案中，围绕被告创作的小说《梦里花落知多少》与原告创作的小说《圈里圈外》是否存在实质性相似的问题，审理该案的北京市高级人民法院就将两本作品从整体上进行对比，认为“两者在主要人物及情节上存在大量雷同，因此构成实质性相似”。①

2. 抽象、过滤、比较三步法

所谓抽象、过滤、比较三步法是指一种在抽象阶段，将不受保护的思想从作品表达中分离出来，然后将作品表达中不受保护的内容要素过滤出来，最后对余下要素进行比较以确定两作品之间是否存在实质性相似的方法②。抽象、过滤、比较三步法由美国联邦第二巡回法院在 Altai 案③中确定，法院在判断原告所创造的“Adapter”计算机程序与被告所创造的“Oscar”计算机程序是否构成实质性相似时，首先对计算机程序进行抽象，然后根据硬件环境、兼容性条件、效率因素、公有领域因素等外部因素过滤出不受保护的内容，最后把过滤后剩余的部分与被指控侵权的程序再逐个抽象层次进行比较，以确定被告是否复制了过滤后剩下的“表现”。

具体而言，抽象、过滤、比较三步法可以分为三个阶段，即抽象化(abstraction)、过滤(filtration)、比较(comparison)。

第一阶段：抽象化。“抽象化”阶段首先将原告作品按照其组织结构对构成要素进行分解、模块化，然后从作品较低级别的模块开始进行抽象化处理，并在抽象化的过程中不断将细节部分省略。

第二阶段：过滤。“过滤”阶段主要对抽象化后各个级别中结构的构成要素进行分析，将原告作品中不受保护的要素与受保护的要素予以分离后，过滤掉不受保护的要素，其目的在于明确原告作品著作权的权利范围。该阶段主要就以下三个方面进行具体分析：第一，各个抽象级别的结构内容是否属于“思想”，是否为有效实现其功能的要素。如果结构内容是为实现其思想的要素，由于可选择的表达方式有限，基于思想表达混同原则，该内容不属于著作权法所保护的对象。第二，结构内容是否为外在因素所需。外在因素指的是在程序制作时不可避免地需要考虑到的标准或技术要求。如果结构内容是外在因素所要求的要素，基于必要场景原则，该内容也不属于著作权法所保护的对象。第三，结构内容是否取自公有领域。公有领域可以为公众所自由利用，取自该领域的内容自然不受著作权法保护。

第三阶段：比较。通过前两个阶段的抽象过滤后，剩下的内容即为原告作品中受著作权保护的表达，第三阶段将对该内容与被告作品进行对比以确认是否构成实质性相似。法院在判断时需对两个方面的问题进行重点审查：一是被告是否复制了原告作品中受保护的表达，二是被告复制的内容对于原告整体作品而言有多大程度的重要性。

在“琼瑶诉于正案”一案中④，北京市高级人民法院即主要运用抽象、过滤、比较三步

---

① 参见北京市高级人民法院〔2005〕高民终字第 539 号民事判决书。

② 阳贤文：《美国司法中实质性相似之判断与启示》，载《中国版权》2012 年第 5 期。

③ Computer Associates International, Inc. v. Altai, Inc. 982 F. 2d 693 (2d Cir. 1992).

④ 参见北京市高级人民法院〔2015〕高民终字第 1039 号民事判决书。

法分析得出琼瑶主张的剧本21个情节，其中3个不构成著作权法保护的表达，9个情节属于著作权法保护的表达但与《宫锁连城》不构成实质性相似，9个情节构成实质性相似，最终判定于正作品剽窃了琼瑶作品的独创性表达构成实质性相似。

应当注意的是，“接触+实质性相似”规则仅适用于认定被控侵权人实施复制行为，而不可用于发行、出租或传播行为。这是因为发行、出租或传播行为均是对被控侵权作品或其复制件的利用，而不涉及创作侵权作品或制作侵权复制件的行为，同时发行、出租或传播行为均具有公开性，权利人完全可以提出直接证据，无须采取“接触+实质性相似”这种推定方式。

典型案例5-6

我国首例侵犯短视频模板著作权纠纷案①

剪映App是一款视频编辑软件，为用户提供多种素材、音乐、特效等，协助用户自行对短视频进行编辑。原告微播公司是抖音App的运营者。剪映App由抖音官方出品，经微播公司授权确认，由脸萌公司负责运营。2020年2月27日，制作人“阿宝”在剪映App上发布了“为爱充电”短视频模板，用户可通过替换模板中的可更换素材形成自己的短视频。二原告经制作人授权取得相关著作权权利。同年2月28日，被告看影公司、小影公司在运营的Tempo App上传了被控侵权短视频模板，用户可点击播放，也可替换素材嵌入模板进行编辑、下载及分享等。被控侵权短视频模板在Tempo App上以售卖会员等方式收费。

二原告主张二被告侵害其信息网络传播权、复制权、改编权及汇编权，诉请二被告立即停止提供被控侵权短视频模板的在线播放及供用户使用、下载服务，刊登声明消除影响，并赔偿经济损失及合理费用50万元。

案件焦点：其一，“为爱充电”短视频模板是否构成类电作品(是否需要对类电作品在脚注下进行解释)；其二，二被告的行为是否构成侵权。

案情分析：(1)在判定“为爱充电”短视频模板的“独创性”时，法院考量如下因素：

第一，涉案短视频模板系由制作者独立创作完成。短视频模板本身属于短视频，但与短视频相比，其特别之处在于用户可以将其中两张人物图片替换后通过该短视频模板生成自己的短视频。涉案短视频模板的创作路径并不是制作者完全独立从无到有创作，而是在已有成果的基础上进行创作，其选择的音乐、贴纸、图标、特效、动画等部分元素虽来源于剪映App的素材，但使用公开元素与是否独立创作完成并不矛盾。判断涉案短视频模板是否符合“独立完成”的要求，应以该短视频模板与上述元素间是否存在能够被客观识别的差异为条件。本案制作者将上述元素进行选择与编排制作出的短视频模板与既有各个独立的元素存在客观明显的差异，且没有证据证明在发布前存在相同或近似的短视频内容，故应当认定该短视频模板由制作者独立创作完

① 参见杭州互联网法院〔2020〕浙0192民初8001号民事判决书。

成。二被告关于涉案短视频模板来源于公有领域元素并非制作者独立完成的抗辩意见，法院不予采纳。

第二，涉案短视频模板体现了创作性。具体创作性表达体现在剧情的安排和画面的组合上，其以“女生节表达爱意”为主题，塑造了女生面对追求从面临选择、内心犹豫、作出决定、开始追求、情感积累到恋爱达成后幸福满溢、甜蜜温馨的情感故事。在画面的组合上，以显示为 3 月 7 日 5:20 的苹果手机待机界面为背景，意寓“女生节，我爱你”，通过在“Player”与“Watcher”中的选择体现面对追求时内心的犹豫以及最终决定追求的决心。随着苹果充电图标中粉红色爱心充满电池的动画，体现爱情的升温，最终在电量满格后，背景图中朦胧的女生以清晰的图形出现，音乐随之高昂，彩虹、爱心、星星散花般迸出布满屏幕，产生类似“烟花爆炸”的特效体现恋爱达成后幸福甜蜜的情感体验。由此可见，该短视频构成了一个有机统一的视听整体，其中包含制作者多方面的智力劳动，制作者根据想要表达的思想主题，奠定风格基调，寻找合适的背景音乐、图片，再根据音乐的节奏点搭配不同的贴纸、特效、滤镜、动画等元素，并结合主观需要协调多种元素的排列方式、大小、顺序和持续时间，整个创作过程存在智力创造空间。虽然该短视频是在已有元素的基础上进行创作，但其编排、选择及呈现给观众的效果，与其他短视频不同，在音乐、动画、特效、滤镜等效果整体搭配上有一定的设计感，具有独特的选择、安排与设计，体现了制作者的个性化表达。因此，应当认定涉案短视频模板符合创作性的要求。对于二被告认为时长过短影响短视频创作性的抗辩意见，法院认为，视频时间的长短与创作性有无的判定没有必然联系，涉案短视频模板能较为完整地表达制作者的思想感情，时长较短不影响创作性的判定。

综上所述，法院认为，“为爱充电”短视频模板具备著作权法的独创性要求，构成类电作品。

(2)在判定二被告的行为是否构成侵权时，法院主要以“接触+实质性相似”原则作出如下判定：法院认为，被控侵权短视频本身亦属于短视频模板，用户亦可使用该短视频模板制作短视频。经对比，涉案短视频模板和被控侵权短视频模板除可自由替换的两张照片外，其他不可编辑部分的内容基本相同。而作为可任意替换的人物图片不是该视频模板的核心要素，也并非该短视频模板的独创性所在，因两短视频模板在个性化的选择、设计与排列上相同，故涉案短视频模板和被控侵权短视频模板在整体上构成实质性相似。对于二被告提出的被控侵权短视频与涉案短视频模板不构成实质性相似的抗辩意见，法院不予采纳。

关于二被告抗辩涉案短视频模板的工程文件中作品元素的底板形成时间为 2020 年 3 月 7 日，反映涉案视频模板形成于同年 2 月 27 日之后，且说明作者可以在视频上传后对元素进行修改，不能证明公证取证时的视频模板与原视频模板相同的意见，法院认为，剪映 App 上有关涉案短视频模板的发布、点赞及最早评论时间为 2020 年 2 月 27 日等事实相互印证，可以证明涉案短视频模板形成于同年 2 月 27 日之前。对于工程文件中底板形成时间不一致的问题，法院认为，作者声明在创作涉案短视频模板时为体现女生节主题将其手机系统时间进行了修改并截图应用，导致底板时间显示为2020年3月7日的解释具有合理性，且涉案短视频模板至今仍存在于剪映App上，其内容亦与公证取证时的短视频模板相同，故对二被告的上述抗辩意见不予采信。

综上所述，涉案短视频模板发布于2020年2月27日，而被控侵权短视频晚于涉案短视频模板的发布时间，且二被告与二原告同属于提供视频交互服务的互联网公司，二被告具有接触到涉案短视频模板的合理机会，二被告提供被控侵权短视频的行为符合著作权侵权“接触+实质相似”的构成要件。

第四节　著作权侵权的“避风港”规则

网络时代的到来改变了作品的传播模式，通过网络这一新的载体和途径，作品可以高效便捷在世界范围内广泛分享，从而导致“对保护文学和艺术作品作者权利的深刻影响”。① 从社会学角度而言，新的传播模式必将推动文化的进一步扩散并最终推动人类社会的进步；然而，从知识产权保护的角度来说，这也同时加大了著作权侵权的风险以及侵权责任承担的复杂程度。仅以我国2015年至2016年数据为例，全国著作权侵权案件在知识产权案件中占比50.2%，其中有3/4属于侵害作品的信息网络传播权、放映权的案件②，足见在网络著作权侵权问题上的紧迫性。在网络著作权侵权问题中关系最密切的主体，即是著作权人与网络服务提供者（Internet Service Provider，简称ISP），而要厘清二者之间的冲突，有必要对“避风港”规则进行正确的解读。

一、“避风港”规则的基本概念与沿革

“避风港”规则是指在符合法定免责条件的情况下，网络服务提供者不承担间接侵权责任的一种制度。③ “避风港”规则主要为以下四类网络服务提供者提供适用：(1)提供传输通道服务的网络服务提供者，即通过自己的硬件设施向用户提供以电话线、光缆或微波方式接入互联网的服务者；(2)提供系统缓存服务的网络服务提供者；(3)提供信息储存空间服务的网络服务提供者，即以自己的服务器为网络用户提供存储空间，允许其上传信息，以供他人浏览或下载的服务者；(4)提供信息定位服务的网络服务提供者，即根据网络用户输入的关键词查找包含该关键词的网站和信息的服务者。如果上述四类网络服务提供者客观上为侵权活动提供了“实质性帮助”，但是对此并没有主观过错，那么就不对损害后果承担侵权责任。这四种情形基本上涵盖了网络服务提供者在提供正常网络服务过程中面临的情况，使得其可以免受侵权的担忧，“避风港”这一名称也由此而来。

“避风港”规则最早源自美国国会在1998年出台的《数字千年版权法案》(*Digital Millennium Copyright Act*，简称DMCA)第512条“在线版权侵权责任限制”(Online Copyright

---

① 参见《世界知识产权组织版权条约》序言。

② 参见《知识产权侵权大数据报告：为侵权人敲响一记警钟》，载国家知识产权战略网，http://www.nipso.cn/onews.asp?id=37932，最后访问日期：2023年4月8日。

③ 王迁：《网络环境中的著作权保护研究》，法律出版社2011年版，第208页。

Infringement Liability Limitation)的规定[①]。尽管该规则现在已经成为对于网络服务提供者侵权责任限制的共识，但是在其诞生之初，美国新兴互联网企业与版权利益集团存在着巨大的利益博弈。1993年，美国政府成立了信息基础设施工作组，就互联网对版权产业的影响等议题展开研究。工作组在向社会公众征求意见后，于1995年首次发表了《知识产权和国家信息基础设施》的报告(又称《美国白皮书》)。由于最初设立该工作组的目的主要是回应版权人的要求，该报告对于侵权责任承担的结论是：让网络服务提供者为其用户的侵权行为承担责任并不会对互联网以及在线服务的发展产生负面影响。具体理由主要有三点：第一，网络服务提供者拥有断网能力，可以很好地实现执法功能；第二，豁免网络服务提供者的间接侵权责任可能会为其无视侵权行为提供不当激励；第三，侵权行为会增加网络服务提供者的流量，网络服务提供者从中收益的同时理应承担相应的责任。此报告一出即遭到了互联网企业特别是提供网络服务企业的强烈反对，他们动用强大的游说力量最终阻止了该建议转换成法律文本的结果发生。作为回应，互联网企业不仅要求建立和扩大责任免除制度，而且要求法律必须具有明确性和可预见性，因为"只有这样，它们才能明确知道何时以及如何对网络著作权侵权行为承担责任"[②]。后来，美国国会针对版权人与网络服务提供者双方的利益诉求，制定了一系列的改革、让步和激励措施，这些措施试图鼓励网络服务提供者继续在互联网产业继续投资，并展开与版权人在打击盗版等问题上的合作。这一系列活动最终的妥协成果即《数字千年版权法案》第512条特别规定，即限制网络服务提供者侵权责任的"避风港"规则。

在1998年美国出台DMCA法案后，欧盟、中国也相应地制定了适用于网络著作权侵权的统一立法。欧盟于2000年通过《2000年6月8日欧洲议会及欧盟理事会关于共同体内部市场的信息社会服务，尤其是电子商务的若干法律方面的第2000/31/EC号指令》(以下简称《欧盟电子商务指令》)规范网络著作权侵权规则。《欧盟电子商务指令》主要是在第2章第4节规定了"避风港"规则，该节第12~14条规定了提供"纯粹传输服务"、缓存、宿主服务的这三类网络服务提供者的"避风港"，第15条规定的则是"不承担监控的一般义务"[③]。相较于美国DMCA中的"避风港"规则，《欧盟电子商务指令》主要存在以下三点不同：第一，不要求网络服务提供者承担监控侵权行为之义务，该指令规定在网络服务提供者提供第12~14条所涉服务时，成员国不应当要求网络服务提供者承担监控其传输和储存的信息的一般性义务，也不应当要求网络服务提供者承担主动收集表明违法活动的事实或情况的一般性义务。第二，并未规定"通知-删除"规则的具体程序，原因在于制定该指令的各方普遍认为"通知-删除"规则的具体程序应当交由成员国立法去规定，而非该指

① U.S. Copyright Office Summary：The Digital Millennium Copyright Act of 1998，http：//www.copyright.gov/legislation/dmca.pdf，最后访问日期：2023年4月8日。

② 范思泓：《欧盟与美国法律中的互联网服务商版权侵权责任》，载《我们眼中的欧洲法律——中欧法律和司法合作项目学术论文精选》，中国法制出版社2005年版，第127页。

③ Directive 2000/31/EC of the European Parliament and of the Council of 8 June 2000 on certain legal aspects of information society services，in particular electronic commerce，in the Internal Market，https：//eur-lex.europa.eu/legal-content/EN/TXT/？uri=CELEX%3A32000L0031&qid=1655455565831，最后访问日期：2023年4月8日。

令本身。第三，《欧盟电子商务指令》中的“避风港”规则并不仅限于在版权领域适用，也可用于商标以及诽谤、误导性广告等民事领域。

我国“避风港”规则起源于2006年制定的《信息网络传播权保护条例》。该条例在第20~23条分别规定了四类网络服务提供者的“避风港”条款，即提供网络自动接入或传输、网络自动存储、信息存储空间、搜索引擎服务的网络服务提供者在发生著作权侵权时，如不存在主观过错，则不承担间接侵权责任。同时，该条例第14~17条规定，著作权权利人在发现侵权现象后可通过书面通知方式要求网络服务提供者对涉嫌侵权作品进行删除或断开连接处理，网络服务提供者在接到书面通知后应当立即删除涉嫌侵权的作品，或者断开与涉嫌侵权的作品的链接，并同时将通知书转送给著作权权利人。而如今，“避风港”规则已经不再仅仅适用于网络著作权侵权领域，特别是自《电子商务法》《民法典》实施以来，“避风港”规则的运用已经扩展到整个网络服务平台所涉侵权领域，《民法典》第1194~1197条就明确规定在网络侵权中适用“通知-删除”规则。例如，在某电商平台销售的商品或服务涉嫌侵害知识产权行为时，权利人有权通知电商平台经营者并要求下架；电商平台经营者初审后采取下架措施，并向平台内经营者转送通知；平台内经营者收到通知后，认为其销售的商品或服务未侵害他人知识产权的，可以向电商平台经营者提交不存在侵权行为的声明；电商平台经营者向权利人转送声明后最长20日内未收到权利人开始行政或司法维权的通知，应停止下架措施。可以肯定的是，“避风港”规则在当今日益复杂的网络著作权环境中发挥着越来越重要的作用。

二、“通知-删除”规则的适用

上文已经指出，对于网络服务提供者而言，在发生网络著作权侵权时若自身没有主观过错，则可以“避风港”规则来免责。但是，拥有这一免责条款并不意味着网络服务提供者可以消极不作为，相反，为了与权利人共同打击侵权行为，同时也为了在诉讼中证明自己没有主观过错，DMCA首创了法定的“通知-删除”规则，我国也在《信息网络传播权保护条例》第14~17条以及《民法典》第1194~1197条移植了这一规则。

“通知-删除”规则这一法律术语表面上是指一种程序，即先由权利人向网络服务提供者发出通知，再由网络服务提供者移除或屏蔽通知中指向的侵权内容，但其实质上是指针对通知“删除”后的法律效果。① 也就是说，网络服务提供者一旦收到了权利人的通知，就应当视为已经知晓其服务器中存在侵权内容或指向侵权内容的链接，如网络服务提供者及时删除或屏蔽该侵权内容或指向侵权内容的链接，那么网络服务提供者可据此获得“避风港”规则的免责，如网络服务提供者未能及时删除或屏蔽该侵权内容或指向侵权内容的链接，那么应当推定其存在主观过错，承担间接侵权责任。

（一）“通知”

如前所述，“通知”的作用不仅在于使网络服务提供者知晓其服务器中存在侵权内容并对侵权内容进行删除或屏蔽，而且还关系到是否能有效适用“避风港”规则来进行免责。

① 王迁：《网络环境中的著作权保护研究》，法律出版社2011年版，第251页。

因此，无论是 DMCA 还是我国《信息网络传播权保护条例》《民法典》的相关规定，都对“通知”的形式要件作出了明确规定：第一，“通知”应当以书面形式作出；第二，“通知”应当包含权利人的姓名(名称)、联系方式和地址，要求删除或断开链接的侵权作品、表演、录音录像制品的名称和地址，构成侵权的初步证明材料。只有符合法定形式要件的“通知”送达网络服务提供者，才可认定网络服务提供者已经知晓侵权内容的存在。

至于“通知”中是否需要列明全部侵权作品的名称和地址，还是仅需列出具有代表性的侵权作品的名称和地址，法律对此并无明文规定。在华纳唱片公司诉北京阿里巴巴信息技术有限公司一案中①，法院认为：“被告收到原告通知函件后，即可获取原告享有录音制作者权的相关信息及被控侵权的相关歌曲信息，应知其网站音乐搜索服务产生的搜索链接结果含有侵犯原告录音制作者权的内容。但被告仅删除了原告提供的具体 URL 地址的 24 个侵权搜索链接，怠于行使删除与涉案歌曲有关的其他侵权搜索链接的义务，放任侵权结果的发生，其主观上具有过错，属于通过网络帮助他人实施侵权的行为，应当承担相应的侵权责任。”可见，在司法实践中部分法院认为网络服务提供者的删除义务并不仅限于“通知”的范围。我国部分学者对这一观点存在质疑，例如王迁、于雯雯等认为，“要求网络服务提供者承担超出权利人通知以外的删除义务与‘通知-删除’义务设置的初衷相悖，网络服务提供者如果仅凭权利人的通知去在海量的信息中主动查找、识别、删除，那么这一要求无疑会给网络服务提供者增加巨额负担，是既不现实也不合理的，因此权利人的通知书中必须列出明确的侵权名称和地址，并且网络服务提供者的删除责任也以权利人通知的范围为限”。

但是，对于反复侵权的情形，此时网络服务提供者理应尽到更高的注意义务或采取一定的措施。例如，杭州互联网法院审理的字节跳动公司、今日头条公司诉某技术服务公司侵害作品信息网络传播权纠纷一案②中，法院即认为被告某技术服务公司所运营的 A 平台在发生侵权事实后接连收到两原告 40 余次“要求删除侵权视频，并采取‘能够有效制止侵权’的必要措施以制止持续侵权行为”的通知后并未有效制止侵权，应当对 A 平台用户提供 38 条被控侵权视频的行为承担间接侵权责任。

(二)“删除”

“删除”的主要作用在于制止侵权行为的进一步发生、防止侵权损害的扩大化以及避免网络服务提供者日后承担连带责任。网络服务提供者在接到权利人的通知后，应当立即采取删除侵权内容或断开指向侵权内容链接的措施。根据《民法典》《信息网络传播权保护条例》的相关规定，“删除”措施主要包括“删除”“断开链接”“屏蔽”。

“删除”是指网络服务提供者将侵权内容直接从其服务器上删掉，主要针对的是侵权内容已经上传至网络服务提供者所架设或管理的服务器上的情形。例如，论坛管理员可将用户发表至论坛的含有侵权内容的帖子进行删除，UGC 视频分享网站可以将用户抄袭或

---

① 参见北京市第二中级人民法院〔2007〕二中民初字第 02630 号民事判决书。

② 参见《管控侵权短视频不力，平台被判赔 30 万》，https://baijiahao.baidu.com/s?id=1730618224843631252&wfr=spider&for=pc，最后访问日期：2023 年 4 月 8 日。

非合理使用搬运的视频内容删除等。

"断开链接"是指网络服务提供者将指向侵权内容的网络链接断开，主要针对的是侵权内容并不存在于网络服务提供者所架设或管理的服务器上，而是通过设置链接的方式为访问侵权内容提供通道的情形。目前常见的通过链接实施侵权行为的方式主要有两种：一是，网络内容提供者在网页或云服务器上汇集了指向侵权内容的链接，点击该链接即可访问侵权内容，例如通过网页或云盘等工具发布、分享涉侵权内容的链接，其他用户在点击该链接后即可访问、下载侵权内容；二是，搜索引擎服务提供者通过提供信息定位服务，为用户提供侵权内容的访问通道，例如通过百度、谷歌等搜索引擎检索相关关键词，查出相应内容的访问通道。

"屏蔽"是指网络服务提供者通过利用"关键词屏蔽"等技术方式将侵权内容禁止访问。相较于前两者，"屏蔽"措施更为严厉，如果采取的是"屏蔽"措施，且并非采用"定向屏蔽"，那么受到影响的将可能还会有其他网络用户，已经超出了"删除"和"断开链接"这类定向清除措施达到的效果。假设，一用户未经授权将新版《西游记》视频资源上传至某视频分享平台供其他用户观看、下载且点击量特别巨大，毫无疑问该行为构成侵犯信息网络传播权，此时该视频分享平台接到新版《西游记》权利人的通知，要求采取"有效制止侵权"的必要措施，随即该平台以"西游记"为关键词非定向屏蔽了服务器上的所有相关内容，此时受到影响的不仅有侵权内容，而且还可能存在将该剧的正版资源、存在合理使用情形的评论、解说、用户名等一并屏蔽的情况。

除此之外，我国的"通知-删除"规则相比较于美国而言，将"删除"的内涵进一步扩充，不再仅局限于"定位清除"，而是进行开放式列举将其扩展至包括"删除、断开链接、屏蔽等必要措施"。因此，在适用时网络服务提供者能够更加自如地选择合适、有效的措施来制止侵权行为，避免造成措施过度。

（三）"反通知与恢复"

"反通知与恢复"规则是"通知-删除"规则的必要补充，其合理性在于：法律为了在网络环境下合理保护著作权，推定权利人发出的符合法定要件且足以使网络服务提供者知晓其服务器中存在或链接指向侵权内容。然而，权利人在其通知中的侵权指称确实有可能失实、网络服务提供者所采取的必要措施也有可能存在过度，在此情况下，合法的内容上传者将会因此而遭受损害，"反通知与恢复"规则即可在此情况下为合法的内容上传者提供救济。美国的 DMCA 和我国的《民法典》《信息网络传播权保护条例》中均明确规定了"反通知与恢复"规则，并规定了在网络服务提供者根据反通知恢复了被"删除"的内容后，权利人不得再向网络服务提供者发出要求删除同样内容的通知。法律要求网络服务提供者对于通知与反通知的真实性给予同样的信任，如果二者发生冲突，则只能诉诸司法途径解决，而不得要求网络服务提供者作出判断①。

① 王迁、王凌红：《知识产权间接侵权研究》，中国人民大学出版社 2008 年版，第 56~57 页。

（四）错误通知的损害赔偿责任

无论是指控侵权的权利人还是被指控侵权的对象都应当对其通知与反通知的真实性负责，因此，对于恶意通知或通知不实而造成对方当事人和网络服务提供者的损失，应当由错误通知的作出方承担相应的赔偿责任。除一般性的损害赔偿责任以外，我国针对电子商务平台这一特殊主体还规定了惩罚性赔偿制度。《最高人民法院关于涉网络知识产权侵权纠纷几个法律适用问题的批复》第4条明确规定："因恶意提交声明导致电子商务平台经营者终止必要措施并造成知识产权权利人损害，权利人依照有关法律规定请求相应惩罚性赔偿的，人民法院可以依法予以支持。"

三、"避风港"规则的挑战与新发展

现今，距离1998年DMCA出台已经过去了二十余年的时间，在这二十余年里互联网产业发生了天翻地覆的变化，各种新技术、新商业模式不断涌现，而作为调整网络著作权利益分配格局重要指引，"避风港"规则在很多方面已经不能适应当下的社会生产、生活实践，需要各国根据本国国情作出相应调整。以下将简要介绍在近10年里"避风港"规则所面临的主要挑战以及各国对于"避风港"规则在当前乃至未来网络环境下调整应用所作出的探索。

（一）新技术革命背景下"避风港"规则的挑战

美国DMCA出台时，互联网产业尚处于以网站为主的"Web1.0"时代，当时的立法者对互联网的理解只不过是所谓的"数字点播机"，即由传统的创作者（电影公司、唱片公司）按需将传统创作内容（电影、音乐）单向传输给受众。① 所设想的"通知-删除"规则的应用场景也完全依赖于人工检索侵权信息并逐一发送通知、接受反通知。然而，上述愿景在近20年飞速发展的新技术革命下已经完全破灭，UGC（User-generated Content，用户生成内容）取代了传统的PGC（Professionally-generated Content，专业生成内容）、OGC（Occupationally-generated Content，品牌生成内容）成为互联网行业的宠儿，大量网络用户成为网络内容的创造者，互联网成为一个双向甚至是多向传播的平台；大量UGC的产生带来的是侵权的风险与数量急剧增加进而导致海量通知的出现；算法、人工智能的兴起逐步取代了人工在互联网运营的主要作用……在此情况下，新的商业模式也给传统的"避风港"规则增添了新的挑战。

1. UGC的兴起与发展

UGC，中文译称用户生成内容，是指用户自身原创的并将其通过互联网展示或提供给其他用户的内容。② UGC是伴随着以提倡个性化为主要特点的Web2.0而兴起的，其最大

① [美]保罗·戈斯汀：《著作权之道：从古登堡到数字点播机》，金海军译，北京大学出版社2008年版，第185页。

② 参见MBA智库·百科"UGC模式"词条，https://wiki.mbalib.com/wiki/UGC%E6%A8%A1%E5%BC%8F，最后访问日期：2023年4月8日。

的特征即是用户的网络参与模式从单向输出发展为双向互动，用户即是受众也是内容的创造者和传播渠道。当下，UGC 模式或 UGC 平台已经成为互联网行业最热门的运营方式，不少火爆的网站或平台都是采用 UGC 模式来运营，例如美国的 YouTube 视频分享网站、Facebook、Instagram 以及中国的微博、抖音短视频平台、Bilibili 网站等。

UGC 模式与传统作品创作、传播模式存在着显著区别，这就造成以往适用于传统创作、传播模式的著作权规范与 UGC 的创作模式产生了冲突，尤其是在作品侵权和合理使用的判定上形成了全面挑战。① 从创作模式来看，UGC 的创作主体大多是不以创作为职业的非专业性人士(相较于 PGC 的创作者而言)，他们的创作大多不以营利为直接目的，而是出于分享或兴趣爱好，同时其创作大多会利用在先的享有著作权的作品，例如以某一电影片段重新配音制作的搞笑视频、基于现有游戏平台而创作的游戏模组(MOD)②等。从传统的著作权规范来看，个人的、非出于营利目的的使用应当属于合理使用的范畴，然而现有 UGC 的运营模式决定了 UGC 创作者可以通过收获流量来间接获取利益，这就造成了两者之间的严重冲突。从传播模式来看，传统的作品传播依赖出版社、唱片公司、电影制片公司、广播电台等专业传播媒介机构，著作权法为规制其在传播过程中的权利与义务也赋予了“邻接权人”的地位。然而，UGC 模式下的传播更多依赖于网络服务提供者这一角色，面对日益复杂的传播态势和网络著作权权属纠纷，现有的著作权法体系，特别是“避风港”规则出现了不适用的情形，急需重新反思对于作品侵权和合理使用的判定标准问题。

2. 海量通知的出现

正如前文所述，“通知”作为“避风港”规则或者说“通知-删除”规则中的重要程序，对于制止侵权行为的进一步发生、防止侵权损害的扩大化以及避免网络服务提供者日后承担连带责任具有重要作用。然而，近几年来随着 UGC 模式的兴起与发展，海量的 UGC 不断涌现，越来越多的著作权权利人开始利用基于大数据、算法、人工智能的自动程序检索涉嫌侵权的作品并向网络服务提供者自动发出通知，从而极大地改变了“通知-删除”规则的实际操作模式。以美国的谷歌公司为例，2009 年时它收到的依据 DMCA 第 512 条请求断开链接的移除请求数量还不到 100 项，然而仅仅过了 5 年，2014 年收到的数量就飙升至 3.45 亿项，到 2016 年这一数量更是突破 10 亿项。③

海量通知的出现不仅导致网络服务提供者面临巨大的审核、经营压力，而且存在大量将合法的内容上传者上传内容“误删”的情况。面对权利人的海量通知，网络服务经营者往往选择更保守、简便的方式即“通知就删除，通知就屏蔽”以规避经营过程中的诉讼风险，而对“通知-删除”的实质性要件选择性忽略。尽管“通知-删除”规则还设置了“反通

---

① 熊琦：《“用户创造内容”与作品转换性使用认定》，载《法学评论》2017 年第 3 期。

② MOD 是英文单词 Modification(意为修改)的缩写，汉语音译作“模组”，也称游戏模组，它是游戏的一种修改或增强程序。游戏模组就是对电子游戏中的道具、武器、角色、敌人、事物、模式、故事情节等作出修改，又或是加入新的道具及事物，是一种为游戏玩家所喜闻乐见的游戏程序，多由玩家自行编写、设计。

③ Jennifer M. Urban et. al. Notice and Takedown: Online Service Providers and Rightsholder Accounts of Everyday Practice, Journal of the Copyright Society of the USA, Vol. 64, No. 3, 2017, p. 382.

知-恢复”程序，似乎可以为被“误删”的权利人提供救济，但是实际情况是该程序很少被启用。有研究显示，美国电影协会在6个月的时间里依据“通知-删除”规则向各类网络服务提供者发出了含有2500万个涉嫌侵权网址的通知，但只收到了8个反通知。① 出现这一结果的原因既有用户不了解反通知程序、被通知对象本身构成侵权等外因，也有反通知程序本身存在程序繁琐、耗时较长等内因。

除此之外，“通知-删除”规则还出现了滥用的情况。由于“通知-删除”规则将网络服务提供者的角色定位限定为一个“权利人”与“被通知人”之间的中间人角色，网络服务提供者必须对双方的通知与反通知予以同等的信赖，因此权利人往往得以借用这一规则较低的证明成本实现类似于诉前禁令的效果。若将此规则不当用于打击竞争对手、攫取商业利益，则会引起不正当竞争的问题。例如，在最高人民法院公布的互联网典型案例之八——天津市嘉瑞宝金属制品有限公司诉徐某珍、邓某辉、赵某全、天津多维斯地毯有限公司、天津欧豪雅地毯有限公司、第三人浙江天猫网络有限公司不正当竞争纠纷一案②中，赵某全、多维斯公司即以著作权侵权为由恶意利用阿里巴巴知识产权保护平台规则，先后对“嘉瑞宝旗舰店”的三款热销商品发起五次投诉，致嘉瑞宝公司商品链接被删除，最终法院认定该行为构成对嘉瑞宝公司的不正当竞争。

3. 算法与人工智能技术的兴起

自21世纪特别是近10年以来，人工智能、大数据等信息传播技术的快速发展带来了“信息大爆炸”，人类每天面对呈几何倍数增长的海量信息陷入踟蹰。在此情况下，算法推荐技术也应运而生。依托人工智能与大数据技术对用户的阅读偏好进行跟踪，算法推荐技术能够精准地为用户提供“个性化服务”，实现高效的传播效率，人类传播并由此从“大众传媒时代”走向“算法时代”。

“算法推荐”，又被称为“个性化推荐算法”，是指一种利用数学算法预测用户喜好并向其推送相关内容的技术。“算法推荐”目前主要有5个分类：基于内容的推荐、基于关联规则的推荐、基于知识的推荐、协同过滤推荐和混合推荐。虽然存在不同分类，但是“算法推荐”的运行一般来说都需要经过信息优化、分类、关联、过滤四个环节。其中，信息优化、分类环节主要是通过智能算法对平台的海量信息数据库进行识别、筛选、优化分类；随后运用智能算法关联用户个人信息、行为习惯、社交关系等对用户进行“画像”；最后根据上述算法得出的“用户画像”或“用户标签”为用户推送内容。

从“算法推荐”技术本身的运用来看，其带来的结果是信息分发效率的提高，有利于知识的传播与分享。然而，不可忽视的是部分网络服务提供者却以“技术中立”原则为理由滥用“算法推荐”技术，将推荐侵权作品的行为后果推卸至技术本身以试图获得免责。例如，在北京市海淀区人民法院审理的爱奇艺公司诉字节跳动侵害《延禧攻略》信息网络

① Boyden B, The Failure of the DMCA Notice and Takedown System, George Mason University Center for the Protection of Intellectual Property, 2013.

② 参见《最高人民法院发布互联网十大典型案例》，载中国法学会：https：//www.chinalaw.org.cn/portal/article/index/id/29931/cid/10.html，最后访问日期：2023年4月8日。

传播权案①中，字节跳动公司即以其“今日头条”平台推荐侵权视频完全是算法推荐的结果，平台本身并无主观过错为由主张免责。面对这一问题，众多学者以及相关行业从业人员展开了激烈讨论，各地法院针对此类案件也相应作出了各自判决，虽然目前尚无定论，但是毫无疑问的是“算法推荐”及人工智能技术的兴起已对现有的网络著作权侵权责任规范产生了强烈挑战。

(二)“避风港”规则的新发展

1. 美国“避风港”规则的最新发展

针对进入新世纪后美国网络版权发展的现状，在听取了版权权利人、互联网企业、法律界代表的意见后，美国版权局局长于 2015 年 4 月建议众议院司法委员会在就美国版权法进行综合审查时，基于当下的形势并考虑未来的发展，对第 512 条展开正式研究。众议院司法委员会同意了美国版权局局长的建议并要求美国版权局就该项问题进行研究。②

经过历时 5 年的研究，美国版权局最终于 2020 年 5 月 21 日发布了关于第 512 条研究项目的最终成果。研究报告的基本结论是：“避风港”在当前形势下需要进行调整，但是不宜做大规模的结构性修改。美国版权局还在研究报告中针对以下问题提出了具体建议，请美国国会予以适当考虑：

(1)符合条件的网络服务提供者的类型。美国版权局认为，国会应当针对目前符合“避风港”规则的网络服务提供者的类型予以澄清。第一，除了提供互联网基础架构以外的其他技术服务，例如 P2P 服务、支付服务等，是否属于第 512 条(a)款所涵盖的范围；第二，第 512 条(b)款所指的“临时性”一词的具体要求；第三，在以往的司法实践中，第 512 条(c)款之“进行”储存往往被扩张解释为还包含于储存相关的服务，这与国会的立法本意不符。

(2)对于“重复侵权”的政策。美国版权局认为，对于“重复侵权”的政策目前并未以书面方式告知用户，这导致该政策缺乏威慑力，建议采取通过立法方式予以明示并就何种情况下采取终止用户账号措施提供进一步立法指导。

(3)对于“知道”含义的解释。明晰“知道”的具体含义对于判定侵权人主观过错具有重要意义。美国版权局认为，国会可以就以下问题作出解释：第一，“实际”知道与“红旗原则”的知道之间的区别；第二，“故意无视标准”的适用情形；第三，普通法上的替代责任的构成要件。

(4)对于虚假陈述与滥用通知、反通知的政策。美国版权局认为，要构成滥用通知、反通知应当是主观上构成实际知道或故意无视的情况下进行虚假陈述，而不应当包含过失状态下的虚假陈述，对于主观上存在故意虚假陈述的情况加大惩罚力度。同时，还建议国会考虑 Lenz 案③判决的影响，研究在发出通知之前是否应当考虑合理使用的问题。

---

① 参见北京市海淀区人民法院〔2018〕京 0108 民初 49421 号民事判决书。

② U. S. Copyright Office: Section 512 Study, https://www.copyright.gov/policy/section512/，最后访问日期：2023 年 4 月 8 日。

③ Lenz v. Universal Music Corp. 801 F. 3d 1126(9th Cir. 2015).

(5)对于“通知”的标准要求问题。美国版权局注意到，近年来许多大的网络服务提供者所采取的通知机制已与第512条(c)款的要求不符。为了保证效率，许多网络服务提供者选择采取基于网络提交表格的方式接收通知，从而增加了中小权利人发送通知所需的时间和精力。此外，第512条(c)款所规定的一些“通知”标准已经随着技术的发展而变得过时。因此，美国版权局建议国会将构成合格通知的最低限度要求改为动态标准，使版权局能够基于技术的不断发展来制定更灵活的政策。

(6)对于期限的要求问题。第512条规定网络服务提供者在注意到侵权材料后应当“迅速”删除。虽然各法院根据个案情况较灵活地解释了“迅速”一词的含义，这一灵活解释也是必要的，但是基于目前的商业模式以及诉讼的现实情况，在收到反通知后恢复内容访问的法定期限10~14天对于权利人和用户而言都不利：对于权利人来说，时间过短，不利于其准备充足材料提起诉讼；而对于用户来说，时间太长，影响其言论自由的行使。

2. 欧盟“避风港”规则的最新发展

欧盟在“避风港”规则的调整上相对较为激进，2019年欧盟在版权法领域又通过了一项新指令，这是继2000年欧盟颁布《欧盟电子商务指令》以来再次对欧盟版权制度进行的重大改革。

2019年3月26日，欧洲议会以348票支持、274票反对、36票缺席的结果通过了《欧盟数字单一市场版权指令》。该指令的第17条虽然字面上并未提及，但是实质上已经引入了过滤策略，被各方认为欧盟的“避风港”规则发生了重大转向。① 而在欧盟内部，该指令也引起了轩然大波，从该指令的投票结果也可见一斑，反对者普遍认为该指令是对《欧盟电子商务指令》《欧盟信息社会版权指令》的违背，而且也违反了《欧盟基本权利宪章》。

欧盟之所以不惜违背先前对于“避风港”规则的制度设计也要促成《欧盟数字单一市场版权指令》的出台，其最根本的原因还是在于传统版权产业与互联网产业之间的利益博弈。由于欧洲传统版权产业较发达，而其互联网产业发展相较于美国而言处于劣势，因此为了保护其传统竞争优势欧盟选择通过立法方式对互联网产业予以限制。具体来说，导致欧盟出台《欧盟数字单一市场版权指令》的一个主要原因是2015年左右开始的音乐产业游说活动。音乐行业认为：像YouTube和DailyMotion这样的内容平台声称它们只是提供中立的宿主服务有权适用版权法的豁免(即“避风港”规则)，而不是像Deezer和Spotify那样的网络平台提供的是数字化发行服务，此种服务并不能适用于“避风港”规则。这严重扭曲了版权权利人与内容平台的谈判地位，使得内容平台得以不公平地利用音乐行业宝贵的知识产权资源。经过游说，欧盟委员会被说服了，也认为内容平台受到“避风港”规则的保护，不利于“价值的公平分配”。

最终，《欧盟数字单一市场版权指令》第17条对“避风港”规则作出了重大调整，引入

① 万勇：《网络著作权法避风港规则研究》，法律出版社2021年版，第148页。

了过滤义务①。尽管第 17 条相较于草案第 13 条措辞有所缓和，并未直接使用“内容识别技术”“措施运行与部署”这类直白的措辞，但是网络服务提供者要想满足第 17 条之规定，继续适用“避风港”规则，则不得不采取过滤措施。

从美、欧两大版权发达国家/地区的实践来看，其都对“避风港”规则在新技术革命背景下的遭遇挑战作出了回应，或务实或激进，事实上都是对于本国或本域网络著作权相关产业利益分配格局的积极探索。我国作为一个历史悠久的国家，不仅拥有丰富的文化资源，更占有后发的互联网发展优势，如何处理好国内互联网产业与著作权权利人的利益冲突问题对于我国来说同样重要。美、欧两国在“避风港”规则的探索，或许能为我国构建本国新的“避风港”规则提供些许借鉴。

典型案例 5-7

我国首例算法推荐侵权案②

爱奇艺公司系在线视频平台“爱奇艺”的经营者，经授权依法享有热播影视作品《延禧攻略》(以下简称延剧)在全球范围内独占的信息网络传播权，并为此支付了巨额的版权费用，有权针对侵权行为依法进行维权。

字节公司未经授权，在延剧热播期间，通过其运营的“今日头条”iOS 和安卓版手机应用程序(以下合称今日头条 App)，利用信息流推荐技术，将用户上传的截取自延剧的短视频(以下简称涉案短视频)向公众传播并推荐，导致播放量极高，其中单条最高播放量超过 110 万次。基于其与用户签署的用户协议，字节公司获得了涉案短视频的相关权利，并与用户共享收益，与用户构成分工合作共同提供涉案短视频，侵害了爱奇艺公司对延剧享有的信息网络传播权。

爱奇艺公司主张，即使字节公司被认定为仅提供信息存储空间服务，亦主张其构成帮助侵权。因在延剧首播、独播、热播期间，字节公司在明知或应知用户上传侵权内容情况下，未尽到合理的注意义务，存在主观过错。

案件争议焦点：

(1)字节公司是否构成侵权；

(2)字节公司是否构成帮助侵权？使用“算法推荐”是否构成侵权主观状态判断要

① 参见《欧盟数字单一市场版权指令》第 17 条第 4 款规定：如果未获得授权，在线内容分享服务提供者应对未经授权地向公众传播(包括向公众提供)受版权保护的作品和其他内容的行为承担责任，除非服务提供者证明其有以下行为：(a)已经尽最大努力获得授权；(b)对于权利人已向服务提供者提供了相关且必要信息的作品和其他内容，根据专业注意义务的较高行业标准(high industry standards of professional diligence)，已经尽到最大努力来确保特定作品或其他内容不被获得；(c)在收到权利人发出的充分实质通知(sufficiently substantiated notice)后，已经迅速采取行动，从其网站上移除或断开访问所通知的作品或其他内容，并根据(b)项的规定，尽最大努力防止它们将来被上传。即要求平台对于权利人事先提供了相关必要信息或发出充分实质通知的作品，尽最大努力阻止其出现在平台上并阻止将来上传(过滤义务)。

② 参见北京市海淀区人民法院〔2018〕京 0108 民初 49421 号民事判决书。

件“明知或应知”。

案情分析：

(1)本案中，公众通过使用今日头条App可以在其个人选定的时间和地点获得截取自延剧的涉案短视频，而这些短视频的上传、发布者均为未经合法授权的头条号用户，故应认定爱奇艺公司对延剧享有的信息网络传播权受到了侵害，字节公司的头条号用户直接实施了涉案侵权行为。

(2)判断字节公司是否存在帮助侵权行为，关键在于其是否知道或者有合理理由应当知道其用户实施了侵权行为。

尽管字节公司在本案中实施信息流推荐所基于的算法推荐技术本身并不针对某一短视频的具体内容进行识别，而在爱奇艺公司向字节公司发送的预警函及律师函中，也并未包括涉案短视频的具体URL等能够精确定位侵权文件的信息，但并不能据此简单地得出字节公司无从知晓今日头条App中涉案侵权情况的结论。

本案中的下列具体事实，亦应作为判断字节公司对其用户侵权行为认知情况的重要因素：

(1)有关延剧43天总播放量突破150亿次的相关媒体报道以及头条指数网(index. toutiao. com)发布的《〈延禧攻略〉今夏爆红》一文中对延剧热度指数的相关介绍等，均证明延剧在爱奇艺平台的首轮播出期间引起了公众极大关注，具有较高知名度，产生了较大影响力。而绝大部分涉案侵权短视频在今日头条App上的传播，也正值延剧的热播期间。

(2)爱奇艺公司在延剧开播前及首轮播出期间，向字节公司连续发送了20余封预警函及律师函，告知了延剧相关的权利归属、播出平台、播出计划等情况，要求字节公司针对侵权采取必要措施，并附联系方式。尽管上述函件的内容不符合《信息网络传播权保护条例》第14条第1款第2项的要求，与该条所规定的通知在性质和效力上有所不同，但在权利人已通过上述方式多次、持续进行预警、告知的情况下，字节公司对于其平台中侵害延剧权利的情况，已不可能仍处于毫不知晓或无从了解的状态。

仅根据上述函件的内容，虽不能要求字节公司履行立即删除全部侵权短视频的义务，但对于专业的短视频平台经营者而言，据此亦应引起其对用户侵权行为合理、必要的关注，制止、预防大规模或严重的侵权后果，而不宜仅因上述函件在内容方面的瑕疵就采取完全无视的态度。

(3)涉案短视频均集中在字节公司专门设置的“西瓜视频-推荐”“首页-视频”的视频栏目中，其位置非常明显，且并非混杂于文字、图片、音频等多种内容、形式、类型等文件之中，因此进行识别的难度相对较小。

(4)从爱奇艺公司取证的方式和过程看，普通用户通过不断刷新的方式即可连续获取今日头条App推送的涉案短视频，14天内仅由一人使用一台设备就已经取证到1314条。结合“算法模型会记录用户在今日头条上的每一次行为，在海量的资讯里知道你感兴趣的内容，甚至知道你可能感兴趣的内容，并将它们精准推荐给你……”以及“图文、视频、UGC小视频、问答，每种内容有自己的特征，今日头条推荐系统的内容线上分类，采用典型的层次化文本分类算法，比如分类中有科技、体育、财经、娱乐这样的大类，下面再细分……”等相关资料的介绍，相对于字节公司的技术水平、专业程度、服务方式和信息管理能力而言，发现涉案侵权短视频并不具有较高难度。

(5)相当一部分涉案短视频的标题含有与延剧及其角色人物名称密切相关的关键词，仅采用简单的技术手段即可实现查找、定位。

(6)涉案侵权短视频在今日头条App的发布、传播期间长达数月，涉及侵权账号200余个，仅14天的公证取证所显示的侵权视频即达到1314条，相应的播放量高达9400余万次。而根据字节公司产品特点和服务模式，结合常理推断，爱奇艺公司的这种取证方式不可能穷尽当时今日头条App中传播的全部侵权短视频，涉案短视频的实际总量应大于当前通过取证所固定下来的1314条，而实际的播放总量亦应高于目前统计所得出9400余万次。由此可见，今日头条App中的涉案侵权行为，已远非个别用户所实施的偶发、零散、小规模的，既不严重亦不明显的侵权现象。在此情况下，如仍认为字节公司没有合理理由知道其用户侵权行为的存在，则显然与常理及证据所反映出的事实不符。

(7)根据专家辅助人的介绍和字节公司自述，当用户上传短视频并点击发布后，通常会经历“初审—冷启动—正常推荐—复审”四个阶段。对于已经被正常推荐、进入传播过程中短视频，平台仍然会对其传播热度(点击量)和评论情况进行监测，并对满足一定条件的短视频进行复审。而本案中，播放量增速最快的1条侵权短视频，在上传次日取证时播放量即达到107万次；播放量在数十万的侵权短视频亦不在少数；评论区中，包含大量“我在头条快把延禧攻略看完了”“爱奇艺VIP白买了”“我要取消爱奇艺会员，守着头条，就可以看完此剧”“头条真厉害，这部电视剧在头条就看完了”等用户评论内容。对于上述相关信息，并不存在字节公司难以知晓的可能。

(8)字节公司称其于2018年8月16日起即开始针对延剧采取主动的版权管理措施，随后又以扩大筛查关键词范围的方式升级了上述措施。由此足以说明，其在8月16日之前已经对涉案短视频在今日头条App中的传播情况有了充分的了解，应当知道其用户实施涉案侵权行为这一明显事实。

(9)爱奇艺公司的代理人于2020年7月31日和8月3日模拟用户使用今日头条App上传、发布短视频时，相关结果显示截取自延剧的短视频，即使标题与延剧无关，亦因侵犯版权而无法通过系统审核；而内容并非源自延剧的短视频，即使标题与延剧有关，却仍能通过审核发布成功。由此可以证明，即便是在基于协同过滤的推荐技术无法识别视频内容的条件下，字节公司仍有能力通过其整体服务中算法推荐以外的其他环节，在一定程度上识别用户上传的短视频是否侵权。

综合以上因素，法院认为字节公司作为今日头条App的运营者，具有充分的条件、能力和合理的理由知道其众多头条号用户大量地实施了涉案侵权行为，属于法律所规定的应当知道这一情形。

在上述认定之外，另有下列情况需要加以强调：

第一，本案中，字节公司向用户提供的并不仅仅是信息存储空间服务，而是同时提供了信息流推荐服务。涉案侵权短视频的大范围传播，是用户的侵权行为与上述两种服务相结合的结果。

字节公司以其服务特点和技术优势帮助用户在移动互联网上高效率地获得更多的曝光和关注的同时，也为自身获取了更多的流量和市场竞争优势等利益。但不容忽视的是，字节公司更加先进和高效的服务也存在着提高侵权传播效率、扩大侵权传播范围、加重侵权传播后果的风险。正因为存在获取更多优势、利益与带来更大侵权风险并存的上述情况，字节公司与不采用算法推荐、仅提供信息存储空间服务的其他经营者相比，理应对用户的侵权行为负有更高的注意义务。当然，更高的注意义务必然会导致运营成本的相应增加。但对于避免类似本案侵权后果所对应的成本增加，是否会高到不合理的程度，乃至影响到字节公司的正常经营甚至本行业的良性发展，这一判断需要通过真实的数据、相应的证据和专业的分析方可得出。然而遗憾的是，字节公司在本案中未能为相关分析判断提供相应的证据、数据等客观依据。在此情况下，如果仍认定字节公司不负有相应注意义务，未构成侵权，则相当于在看到侵权用户享受到网络服务、字节公司获得商业利益的同时，却最终将如此明显的侵权所导致的不利后果，完全分配给著作权人承担。这明显与著作权法的基本规则相悖，亦与相关法律法规和司法解释的规定不符。

第二，字节公司所采用信息流推荐技术，仅仅起到了向用户精准、高效推荐的作用，其本质上是该公司向用户提供网络服务的辅助工具，具有实质性非侵权用途，因此，其本身并不是法院在本案判断是否构成帮助侵权的对象。本案的评判对象，是作为这一技术应用者或工具使用者的字节公司，在采用信息流推荐技术为用户提供服务的过程中，是否对涉案侵权后果的产生具有过错，应否承担相应的法律责任。应当看到，对基于协同过滤算法的涉案信息流推荐技术的应用，仅仅是实现短视频在今日头条 App 中从上传到最终推送至用户进行浏览的这一过程中的部分环节。在“初审—冷启动—正常推荐—复审”的全部流程中，算法推荐尽管是实现服务不可或缺的重要部分，但绝不是全部。因此，即使通过算法推荐识别短视频具体内容不具有技术可行性，但对于允许哪些短视频进入被算法推荐的范围，如何设置和优化算法推荐的具体应用方式，以及如何将已经进入推荐范围的侵权短视频纳入复审环节以避免其被大范围、长时间地传播等方面，字节公司仍可以通过在其服务和运营的相应环节中施以必要的注意、采取必要的措施加以完善。至于具体应当采取哪些措施，法院不宜也无法直接作出要求，应交由字节公司根据其服务和用户等实际情况制定相应策略，自主进行决定，并在个案中验证其实际效果，即是否能够实现及时、有效制止和预防明显的侵权行为和后果。正如字节公司自己在《3 分钟了解今日头条算法原理(科普版)》视频中所言：算法分发并非把所有决策都交给机器，我们会不断纠偏、设计、监督并管理算法模型，希望能让更多的人理解算法，并共同参与到算法模型的制定中来，让算法为社会创造更大的价值。

第五节　直播兴起与著作权保护

近年来，直播兴起，网络直播的内容、种类、形式均不断扩充。从我们熟知的各类平台所授权的游戏直播，再到各类体育赛事的网络直播，拉近了我们与这些娱乐活动的距离，尽享互联网时代下实时观看比赛的乐趣。但与此同时，直播的兴起也增加了一系列侵权行为的发生。例如，在未经游戏生产商的许可下，主播随意直播游戏比赛画面是否构成侵权；网络游戏画面是否可以成为著作权法保护的客体；未经授权许可体育赛事直播是否可以转播。这些新兴事物的发展挑战着著作权法现有的法律条文。本节通过一些经典案例和司法判例来进一步说明目前的著作权法是如何保护着网络直播的发展以及如何规制相关侵权行为。

一、网络直播的概述

网络直播作为现阶段兴起的一种新兴传播方式，是指用户在移动智能设备上安装直播软件后，采用移动设备摄像头实时呈现多种活动，如生活、比赛、采访、学习、旅行、发布会等方面，其他网民通过直播平台直接观看和互动的网络现象。从各个平台实际经营内容来看，能够划分为游戏类、生活类、综合类、商务类、资讯类、教育类以及财经类等。直播包括三个关键要素：一是“即时景象”，指自然江河山川和人类社会活动（包括会议、庆典、文艺表演和体育竞技等）等当下存在或正在进行的现实景象；二是“信息技术”，指能够将即时景象信息传递出去的广播、电视和网络等技术手段；三是“表达形式”，即反映即时实景的内容，包括文字、声音和声像画面等。“直播”传（播）送的即时景象不限于体育赛事，能够涵盖人类自然和社会生活的方方面面。“直播”的技术形态也不仅仅限于互联网，还包括广播、电视和移动互联网等①。

二、游戏直播画面的著作权保护

（一）电子游戏的定义

电子游戏是由计算机编写的代码化指令序列预先设定好程序，通过游戏玩家的操作和控制，最终显示在计算机或手机屏幕上的文字、音乐、美术和视听作品等。电子游戏主要包含两个部分，代码化指令序列和被代码化指令序列调用的其他类型作品或不构成作品的数据。大体说来，电子游戏机通常包括一个高速显像管、声音控制系统、玩家操作系统和若干集合电路板。其中的集合电路板又包括微处理设备和存储器，可以将被代码化指令序列调用的数据或者其他类型的作品存储到该设备中。而通过微处理设备执行计算机软件代码化指令序列的调用指令，就可以将存储设备中的文字、美术、音乐和摄影作品等展现出来②。我国目前针对电子游戏采用的是将电子游戏作为计算机软件进行保护的模式。

① 王自强：《关于体育赛事直播有关版权保护问题的再思考》，载《知识产权》2018年第7期。

② 李明德：《美国〈版权法〉对计算机软件的保护》，载《科技与法律》2005年第57期。

(二)游戏整体画面的著作权保护

我国目前对于游戏整体画面的著作权定性问题存在着比较大的争议。而争议的焦点主要在于游戏整体画面是否构成具有独创性的作品；如果构成作品的话，应当作为何种类型的作品予以保护。

一部分学者认为，应当将游戏整体画面视作一系列作品及非作品素材的集合体作为汇编作品受到著作权法的保护。游戏整体画面呈现了游戏开发者预先设计的游戏素材及游戏程序对这些游戏素材进行有机组合后所形成的结果，游戏作品本身固定的内容以及游戏过程中呈现出的整体或局部内容可能分别归属于计算机程序、美术、文字、音乐、电影作品等多种作品类型之下，在立法者没有对游戏作品的保护作出明确具体的规定之前，将其视为各种独立作品及汇编作品提供保护是理所应当的①。另一类观点则认为，游戏整体画面应当纳入视听作品的范畴。网络游戏的本质要素是呈现于计算机屏幕之上的，随着玩家的交互性操作而不断变化的连续动态图像，完全符合视听作品的表现形式②。

国际上更倾向于将电子游戏的连续画面归于视听作品予以保护。例如，美国第二巡回上诉法院在 Stern 案中说明，游戏中不断出现的画面、声音和电影作品没有实际性的区别，都是满足消费者的视听享受，因此可以作为视听作品③。

在我国 2020 年 11 月 11 日修改的《著作权法》中，将原有的“电影作品和以类似摄制电影的方法创作的作品”改为“视听作品”，同时将视听作品区分为“电影作品”和“电影作品、电视剧作品以外的视听作品”，进一步将电子游戏的连续画面归为视听作品予以保护。

典型案例 5-8

《奇迹 MU》游戏侵权案

上海壮游信息科技有限公司(以下简称壮游公司)诉广州硕星信息科技有限公司(以下简称硕星公司)、广州维动网络科技有限公司(以下简称维动公司)一案中，壮游公司为网络游戏《奇迹 MU》在中国大陆的独家运营权人，该游戏于 2003 年开始在中国运营。硕星公司于 2013 年 12 月开发完成网页游戏《奇迹神话》，于次年 1 月授权维动公司在中国独家运营，哈网公司的“99YOU”网站上有该游戏运营网站的链接。两款游戏均为韩式风格、魔幻背景、升级打怪的角色扮演游戏。经比对，《奇迹神话》在 400 级之前的 18 个地图名称与《奇迹 MU》的相应地图名称及等级限制相同或基本相同，大量场景的位置设置、构成要素及整体外观一致，角色名称、图标相同或基本相同，大量怪物、武器、装备的名称、造型相同或高度近似。在《奇迹神话》的宣传文章中，有“时光仿佛倒流到 10 年前”“十年神话，奇迹再现”等宣传。在《奇迹神

① 崔国斌：《认真对待游戏著作权》，载《知识产权》2016 年第 2 期。

② 王迁：《论网络游戏画面的作品定性》，载《中国版权》2016 年第 4 期。

③ Stern Electronics, Inc. v. Kaufman, 669 F. 2d 852(2d Cir. 1982).

话》官网论坛中，不少用户认为该游戏为《奇迹 MU》的页游版。另查明，原告授权他人将《奇迹 MU》改编为页游，基本授权费 300 多万元或 800 多万元，同时根据每月营收进行分成。

原告认为，被告的行为侵犯了原告对《奇迹 MU》游戏画面享有的著作权、对"MU"商标享有的商标权，并构成擅自使用知名商品特有名称、虚假宣传等不正当竞争。故诉请判令各被告停止侵权、赔偿损失 1000 万元及合理开支 105000 元、消除影响。

一审法院认为，网络游戏画面具有独创性且能以有形形式复制，应受著作权法的保护，其在创作过程、表现形式等方面与电影作品相似，可作为"类电影作品"进行保护。可通过比对游戏中的情节、人物、场景等相关素材来认定游戏画面的相似度。经比对，可以认定《奇迹神话》的整体画面与《奇迹 MU》构成实质性相似，侵犯了原告的复制权、信息网络传播权。此外，两被告的行为还构成擅自使用原告的知名商品特有名称及虚假宣传的不正当竞争。由于被告侵权行为给原告造成的损失已超过了法定赔偿的最高限额，法院综合考虑原告游戏商业价值、侵权程度等因素，在法定赔偿最高限额之上确定赔偿数额。法院遂判决两被告停止侵害原告对涉案游戏享有的著作权的行为，停止擅自使用涉案知名商品特有名称及虚假宣传的不正当竞争行为，两被告赔偿经济损失 500 万元及合理开支 104990 元并消除影响①。

一审判决后，被告硕星公司、维动公司提起上诉。二审审理中，原告申请撤回关于擅自使用知名商品特有名称的诉请，二审法院予以准许，并据此最终判决两被告停止侵害原告对涉案游戏享有的著作权的行为、停止虚假宣传的不正当竞争行为、两被告赔偿经济损失 400 万元及合理开支 104990 元并消除影响②。

(三)游戏直播画面的"合理使用"

美国《版权法》第 107 条列举了法院在认定合理使用时应考虑的四个要素，其中第一个因素是"使用的性质和目的"。美国法院认为，对作品的使用是否具有转换性，对于该因素的运用最为重要③。所谓"转换性使用"，是指对原作品的使用并非为了单纯地再现原作品本身的文学、艺术价值或者实现其内在功能或目的，而是通过增加新的美学内容、新的视角、新的理念或通过其他方式，使原作品在被使用过程中具有了新的价值、功能或性质，从而改变了其原先的功能或目的④。

网络游戏的直播行为不同于玩游戏，所具有的可转换性可认定为属于合理使用。一方面，对网络游戏的直播行为在某种程度上会促进电子游戏的发展。我们日常所接触的电子游戏与视听直播存在着比较大的区别。电子游戏不仅仅是依靠视觉和听觉被动欣赏的作

① 参见上海市浦东新区人民法院〔2015〕浦民三(知)初字第 529 号民事判决书。

② 参见上海知识产权法院〔2016〕沪 73 民终 190 号民事判决书。

③ American Geophysical Union v. Texaco, 60 F3d 913 c.

④ Campbell v. Acuff-Rose Music, Inc., 510 U. S. 569, 579(1994).

品，而且依赖于每一位用户玩家对于电子游戏的个性把握和高度互动。每位电子游戏玩家通过个人的操作和对游戏的参与来获取心理上的满足，这就与单纯地欣赏游戏画面和观看故事情节或思想感情有所区分。不仅如此，由于游戏具有强烈的可参与性，每位玩家在游戏操作中都有各自独特的理解，对游戏角色也存在着个性化的装扮，这些都增加了玩家对游戏的投入，包括金钱投入和时间精力的投入。同时，在游戏直播当中旁观了他人运行游戏过程后，会激发其他用户购买欲望，来增加自己对于电子游戏的成就感、提高游戏体验舒适度，因此增加了游戏的使用量，也能达到宣传作用①。同时，由于直播方投入了巨大的人力、物力、财力，对于直播画面的利用，可能违背商业规则，成为反不正当竞争法所规制的范畴。

典型案例 5-9

耀宇公司诉斗鱼公司游戏直播侵权案

原告上海耀宇文化传媒有限公司（以下简称耀宇公司）和完美公司（系世界知名电子竞技 DOTA2 游戏在中国大陆地区的运营商）协议约定双方在中国大陆合作举办 DOTA2 亚洲邀请赛，原告耀宇公司对该赛事享有独家视频转播权。为此，原告耀宇公司投入大量资金举办 DOTA2 亚洲邀请赛，并通过其经营的电子竞技游戏直播网站“火猫 TV”对赛事进行实时网络直播。被告广州斗鱼网络科技有限公司（以下简称斗鱼公司）系电子竞技游戏直播网站“斗鱼 TV”的经营者，未经授权，在其网站对涉案赛事进行实时视频直播，播出画面来源于涉案游戏的旁观者观战功能，并在视频播放框上方突出使用“火猫 TV”标识。原告耀宇公司向法院起诉称：被告斗鱼公司的行为侵害了原告对涉案赛事享有的信息网络传播权，并构成不正当竞争，造成重大经济损失。请求法院判令被告斗鱼公司停止著作权侵权和不正当竞争行为，消除影响，赔偿经济损失 800 万元和合理开支 211000 元。

一审法院审理认为，电子竞技网络游戏进入市场领域后具有商品属性，原告享有涉案赛事独家视频转播权承载着该公司可以由此获得的商誉和经济利益，属于法律保护的财产性民事利益。原、被告具有同行业竞争关系，被告在未取得任何授权许可的情况下，向其用户提供涉案赛事的视频直播，并在视频播放框上方突出使用原告公司品牌标识，损害了原告在独家转播涉案赛事的市场竞争优势，亦损害了网络游戏直播网站行业的正常经营秩序，严重违反了诚实信用原则和公认的商业道德，构成不正当竞争。遂判决被告赔偿原告经济损失 100 万元和合理开支 10 万元，并消除影响。

一审判决后，被告斗鱼公司提起上诉，二审法院判决驳回上诉，维持原判。

① 王迁：《电子游戏直播的著作权问题研究》，载《电子知识产权》2016 年第 2 期。

第六章　专利法前沿

【学习目标】

1. 掌握《专利法》最新修改的内容
2. 掌握专利开放许可制度的概念及特征
3. 掌握专利间接侵权的类型
4. 掌握标准必要专利、FRAND原则的含义

第一节　我国《专利法》最新修正

一、我国《专利法》修正历程

1984年，第六届全国人民代表大会常务委员会第四次会议通过《中华人民共和国专利法》(以下简称《专利法》)，这是我国在改革开放的新形势下颁发的第一部专利法，简短的69条内容，为中国科技发展注入了强劲活力。1992年9月4日，《关于修改〈中华人民共和国专利法〉的决定》第一次对专利法进行了修正。该次修改的重点是与TRIPs协议相协调，提高《专利法》的适用性。2000年8月25日，《关于修改〈中华人民共和国专利法〉的决定》是专利法的第二次修正，这是结合中国国情以及WTO政策框架所作出的修改。2008年12月27日，第十一届全国人民代表大会常务委员会第六次会议《关于修改〈中华人民共和国专利法〉的决定》第三次对专利制度进行修订。此次《专利法》主要突出"科学技术创新"的作用，提升专利立法促进创新的重大意义和使命。

2020年10月17日，第十三届全国人民代表大会常务委员会第二十二次会议《关于修改〈中华人民共和国专利法〉的决定》是专利法第四次修正。本次修改重在切实解决实践中的问题，对于维护专利权人的合法权益，增强创新主体对专利保护的信心，充分激发全社会的创新活力具有重要意义。

我国《专利法》第四次修正经历了复杂曲折的过程。2014年，国家知识产权局启动《专利法》第四次全面修改起草工作；2018年12月5日，《中华人民共和国专利法修正案(草案)》经国务院常务会议审议通过；同年12月23日，十三届全国人大常委会第七次会议对草案进行了第一次审议；直至2020年6月28日，十三届全国人大常委会第二十次会议进行了第二次审议。我国正在从知识产权大国向知识产权强国转变，知识产权工作正在从追求数量向提高质量转变。纵观此次《专利法》修正，共新增7条，删除1条，修改21条，主要包括三方面的重点内容。一是加强对专利权人合法权益的保护，包括加大对侵犯专利

权的赔偿力度，对故意侵权行为规定1~5倍的惩罚性赔偿，将法定赔偿额上限提高到500万元，完善举证责任，完善专利行政保护，新增诚实信用原则，新增专利权期限补偿制度和药品专利纠纷早期解决程序有关条款等。二是促进专利实施和运用，包括完善职务发明制度，新增专利开放许可制度，加强专利转化服务等。三是完善专利授权制度，包括进一步完善外观设计保护相关制度，增加新颖性宽限期的适用情形，完善专利权评价报告制度等。《专利法》此次修正对于切实解决实践中存在的问题，有效维护专利权人的合法权益，增强创新主体对专利保护的信心，充分激发全社会的创新活力具有重要意义，为新时代专利工作提供了法律遵循，必将为进一步激发全社会创新活力提供有力的法律保障①。

二、《专利法》新增重点：惩罚性赔偿制度

（一）惩罚性赔偿制度的渊源

我国知识产权领域，最早建立惩罚性赔偿制度的是2013年《商标法》，其中第63条规定："对恶意侵犯商标专用权，情节严重的，可以在按照上述方法确定数额的1倍以上5倍以下确定赔偿数额。"2019年《商标法》第四次修改和《反不正当竞争法》第三次修改将惩罚性赔偿的倍数由原规定的"1倍以上3倍以下"提高为"1倍以上5倍以下"。此次《专利法》修改则直接引入惩罚性赔偿，明确规定惩罚性赔偿为1倍以上5倍以下。值得关注的是，此次《专利法》修改以及之前的法律修订都体现了加强知识产权保护的总体趋势。一方面通过惩罚性赔偿，切实提高侵权人的侵权成本，使得侵权无利所图；另一方面在有些案件中，恶意侵权、反复侵权的行为常常较为隐蔽，难以被发现，因而适用惩罚性赔偿在某种程度上也有助于补偿权利人损失。

（二）惩罚性赔偿制度的功能

惩罚性赔偿具有惩罚、遏制功能。此次修改建立惩罚性赔偿制度，切中了当前专利保护的痛点。首先，就惩罚功能而言，在代理专利纠纷业务实务中，相较于其他民事纠纷，专利侵权诉讼的成本居高不下，证据获取难度高、技术门槛复杂度高，更由于审理程序中可能出现技术鉴定等环节，导致专利维权成本高、相对侵权成本低的结果。现实中，一些不法者实施规模性、持续性侵权行为，社会影响恶劣。长此以往，弱化了专利制度对于创新驱动的作用力，且难以在社会形成尊重知识产权的氛围，更难以创建创新文化。增加惩罚性，能够显著提高侵权成本，大力促进创新活动。

其次，就遏制或示范功能来讲，惩罚性赔偿制度的引入，除对具体被告故意的侵权行为加重赔偿、以防止重犯，亦展示面向社会的导向示范作用，更重要的是可实现惩戒目的，重视对侵权者的惩罚以及对潜在侵权行为的遏制，亦是在全社会形成对法律的敬畏。引入了惩罚性赔偿制度，即为构建以充分实现知识产权价值为导向的侵权赔偿制度。

---

① 参见国家知识产权局官方网站相关内容。

(三)惩罚性赔偿制度的适用

新《专利法》对于惩罚性赔偿制度的规定为“对故意侵犯专利权，情节严重的，可以在按照上述方法确定数额的1倍以上5倍以下确定赔偿数额”。此次修改对于采用惩罚性赔偿制度，规定了“故意侵权”和“情节严重”两个要件。但对何种行为属于“故意侵权”以及达到何种程度才称为“情节严重”并未细化，仍需在《专利法实施细则》或者相应的司法解释中予以明确，根据实际案件情形决定。

一般情况下，如果人民法院作出了专利权侵权裁决决定或司法调解书、知识产权行政执法机构作出了行政调处决定，或者仲裁机构作出了仲裁决定书，或者专利权人在向涉嫌侵权人发出律师函要求停止侵权行为并附以相应担保措施后，侵权人继续进行专利侵权行为的，则可以被认定为“故意侵权”。如果专利侵权行为对专利权人造成重大经济损失、非法获利数额巨大或者产生严重不良社会影响的，则可以认定为侵权行为“情节严重”。

此外，根据我国《民事诉讼法》“不告不理”的原则，《专利法》规定的惩罚性赔偿制度的适用也应当以专利权人提出申请为前提条件。在专利权人没有明确提出惩罚性赔偿申请情况下，法院应当尊重当事人的权利，不能干涉当事人的选择自动使用惩罚性赔偿制度，避免对惩罚性赔偿制度的滥用。

第二节　专利开放许可制度

一、专利开放许可制度的概念及特征

(一)专利开放许可制度的概念

专利开放许可(Open License)最早出现于英国1919年修订的《专利和外观设计法》中，也被称为专利当然许可(License of Right)。德国、法国、俄罗斯、南非等多个国家的专利法中也规定了开放许可制度，法国称之为“License of Office”，德国称之为“Lizenzbereitschaft”。

我国学者也从不同角度对其进行了定义，认为专利开放许可的定义实质上是以专利行政管理部门为核心，将专利权人进行专利开放许可的审查权力赋予行政管理部门，以此来构建专利开放许可制度①。专利开放许可是指专利权人通过在专利局的登记发出要约，潜在被许可方一旦作出承诺，专利实施权合同即成立的合同订立方式。

(二)专利开放许可制度的特征

1. 自愿性

专利开放许可制度具备自愿性特征，它指的是专利许可权人可按照自己的意愿决定是否公开专利，或者将部分专利权转移到他人身上。若违背个人意愿处于强迫公开状态，则

① 徐红菊:《专利许可相关法律问题研究》，法律出版社2007年版，第10页。

形成的专利开放许可结果无效。

2. 广泛性

专利开放许可对象并不是特定的群体，它具有广泛性特征，即达到专利许可权人报价要求、申请条件后，方可获取专利被许可权，在其出具声明后，需按照权利的划分标准辨别专利使用权，不可以独立权为基础进行占用。

3. 公开性

专利权人在拥有专利权后，一旦进入专利开放许可阶段，需要接受行政部门的公开审查，避免存在虚假交易行为，导致被许可方权益受损。

4. 自主性

专利许可权需要保持一定的自主性，即对于专利撤回权，有着明确的规定，并且在合法的前提下编制书面报告，审查无误后准予专利权人收回专利许可权。

由此可见，建立专利开放许可制度有助于降低交易成本和交易风险，让技术需求方能以公开、合理、无歧视的许可费和便捷的方式获得专利许可，并能削弱技术供需双方及相关市场中存在的信息不对称现象。建立专利开放许可制度促进供需双方对接，既是鼓励专利转化运用的重大举措，也是促进科技成果转移转化的一项重要制度创新。

二、我国专利开放许可制度的立法目的

《专利法》第四次修正进一步明确规定了专利开放许可制度，相关法条是专利法第50条、第51条、第52条。

一方面，引入开放许可制度有利于消除信息壁垒。开放许可制度的一个基本功能是能够通过降低专利许可的交易成本来提升专利许可率。交易成本一直以来都被认为是阻碍专利交易发生的重要因素，专利开放许可制度意味着专利行政部门在专利权人向其提出意愿实施开放许可的声明之后，旋即向全社会公布该许可的相关信息，为愿意实施相关专利的潜在被许可人提供了全面而完备的专利。新《专利法》实施下我国专利开放许可制度的确立与完善信息，这就相当于搭建了一个全国性的专利交易平台及市场化的专利信息公示平台。因此可以说，该制度成本的降低主要是依赖信息搜寻。信息搜寻成本通常来自交易双方信息的不对称，由此可见，专利许可率的提升关键在于尽可能消弭许可双方的信息壁垒。

另一方面，专利开放许可制度与我国国情契合。考察开放许可制度的域外史会发现，法国在历史上也曾实施过该制度，但在2005年将其废止，首要原因是实际达成的开放许可协议数量过少，导致其几乎没有起到预想达到的效果。[①] 尽管这一历史经验的价值不言而喻，但是考虑我国专利权人常年来表现出的强烈许可意愿与需求，类似的不利情况在我国发生的概率较为有限。企业对外许可其专利技术的倾向会随市场竞争的激烈程度先上升后下降，而我国的技术市场还远没有达到开始下降的拐点，因此从政策角度来讲，政府在

① 日本財団法人知的財産研究所『産業財産権に係る料金施策のあり方に関する調査研究報告書』，62頁；E. G. van Zimmeren & G. R. L. Van Overwalle, A Paper Tiger? Compulsory License Regimes for Public Health in Europe, International Review of Intellectual Property and Competition Law, 13(2011).

现阶段应该加快技术的分享与传播。各国的开放许可制度都允许行政机关通过调解或裁决等方式参与到许可过程中，而行政机关由于具有业务上的专门性，能够在很大程度上起到替代技术转移专业队伍的作用。①

三、对我国专利开放许可制度的理解

根据我国《专利法》第 50 条的规定，专利权人自愿以书面方式提交声明，愿意许可任何单位或者个人实施其专利，是一种要约，由国务院专利行政部门对声明予以公告。这与我国《民法典》中要约相似，并且该专利开放许可声明经国务院专利行政部门登记并公告后，任何单位或者个人实施该专利并以书面方式通知专利权人的行为，可理解为构成承诺。

根据对规定的解读，专利开放许可应属于一般许可范畴，应为自愿行为而非排他或独占许可。但专利开放许可并不能简单等同于普通许可，因为当专利开放许可声明经国务院专利行政部门登记并公告后，专利权人将无权再选择被许可人和更改许可条件，这与普通许可中，专利权人可通过协商谈判自主决定是否许可、向谁许可及其许可条件，有所不同。

总之，专利开放许可是一种自愿许可，其充分体现了专利权人的自愿性，其申请和撤回完全依照专利权人的意思而进行，并且开放许可的使用方可以是任何人，开放许可如同给专利贴上了一个开放使用的标签，可以大幅降低许可谈判的难度，大幅减少专利的交易成本。而专利开放许可的开放性意味着专利权人不得拒绝许可。但专利权人不得拒绝许可并不意味着专利权人失去选择交易对象的自由。第一，专利权人自愿作出专利开放许可声明，这意味着专利权人具有交易对象不确定的认识，第二，交易对象固然是不确定的，但能够获得专利开放许可，意味着被许可人完成专利权人的条件。这种许可条件的限制使得专利权人选择交易对象的权利得到保障。因此，本次《专利法》修订对专利开放许可制度的引入具有降低专利许可成本、促进专利实施的积极作用。

四、专利开放许可制度的适用

国家知识产权局于 2021 年 5 月 31 日发布专利开放许可声明受理业务办事指南（过渡期适用），为专利开放许可制度的适用提供基石。其中，专利开放许可声明是专利权人按照其意愿，向国家知识产权局提出专利开放许可声明，表明许可意向与许可条件，并作出对任何人给予公平许可的承诺。提交文件合格的，国家知识产权局予以受理，并将在新修改的《专利法实施细则》施行后对上述声明进行审查，对符合规定的予以公告。该指南仅适用于 2021 年 6 月 1 日修改后的《专利法》施行到《专利法实施细则》生效期间的过渡期内专利权人或其委托的专利代理机构提出专利开放许可声明的受理业务。

2022 年 7 月 12 日，在国务院新闻办举行的上半年知识产权相关工作统计数据新闻发布会上，国家知识产权局知识产权运用促进司司长雷筱云提出，加快专利开放许可，破解

① 蔡元臻等：《新〈专利法〉实施下我国专利开放许可制度的确立与完善》，载《经贸法律评论》2020 年第 6 期。

知识产权转移转化难题。专利开放许可制度的创设，旨在促进供需对接、提升谈判效率、降低制度性交易成本。国家知识产权局也在内部下发了《推进专利开放许可实施工作方案》，向地方知识产权局印发了《专利开放许可试点工作方案》，在2022年年底前，发动超过100所高等院校参与试点。方案的顺利实施对于加快专利开放许可，推动专利的转移转化有非常重要的作用。

五、专利开放许可制度的域外适用

虽然各国专利开放许可制度的运行模式和原理大体相同，但关于开放许可的申请、使用费、撤回条件等细节上仍存在一些区别。

(一)大部分国家为自愿申请

实行开放许可制度的国家大多规定，申请由专利权人自愿提出，而非他人申请或由专利行政部门强制。例如，西班牙《专利法》中规定，开放许可是专利权人按照本章的规定订立的非排他性合同。如果专利权人提供了完整的许可，他以书面形式向西班牙专利商标局声明，愿意将本发明的使用授权给任何相关方(作为被许可方)，在收到声明后将专利年费减半。①

但英国存在例外②，英国《专利法》除了规定自愿申请外，还在第48条第1款规定了强制的开放许可制度，即在以下两种情况下必须实施开放许可：在专利颁发之日起满3年或其他规定期限届满后，任何人可根据《专利法》中规定的理由(如未充分实施等)请求该专利的强制许可或登记为开放许可；对于未注册的外观设计，英国规定在其保护期(最长15年)的最后5年也必须实施开放许可。某种程度上，英国将强制的开放许可被视为与强制许可类似的防止专利权滥用的措施。

(二)均设置了年费优惠政策

我国新《专利法》规定，在开发许可申请提出时需明确许可使用费支付方式及标准。而部分国家在许可使用费规定方面较为灵活，例如英国和南非规定可由专利权人和被许可人之间达成开放许可费用和条款的协议，无法达成协议时，可由专利局局长根据当事人的申请决定协议的条款；巴西工业产权法规定，在开放许可满1年后，可以调整使用费。

在年费优惠政策方面，绝大多数国家均设置了不同程度的优惠力度。例如英国、俄罗斯、捷克、南非、中亚五国(哈萨克斯坦、吉尔吉斯斯坦、塔吉克斯坦、土库曼斯坦和乌兹别克斯坦)等多个国家规定在批准开放许可后，年费优惠50%。与上述国家相比，我国

---

① 宋萍等：《中国与西班牙专利制度中关于专利开放许可的比较及思考》，载《中国发明与专利》2020年第S1期。

② 万小丽等：《英国专利开放许可制度实施效果的验证与启示——基于专利数量和质量的分析》，载《图书情报工作》2020年第23期。

《专利法》中虽然增加了年费优惠条款，但未细化年费减免的比例，仍待进一步确认。①

（三）各国撤回条件区别明显

与年费优惠条款相似，我国《专利法》虽然规定了专利权人可撤回开放许可声明，但未明确规定撤回的时间、条件及费用等。相对来说，其他实施开放许可的国家在撤回条件上规定较明确。

表 6-1　　其他国家关于撤回专利开放许可的内容

国别	法律/法规	具体内容
俄罗斯	《俄罗斯联邦民法典》	专利权人在公开当然许可信息后两年内未收到签订许可合同的书面协议，可申请撤回开放许可，并补缴自当然许可信息公布之日起减免的年费，在此之后缴纳全额年费。
捷克	《专利法》	开放许可不能撤销。
南非	《专利法》	专利权人可在作出开放许可后的任何时间申请撤销，并补齐因开放许可被减免的年费（50%），且如果专利局登记处确信没有现存的许可或被许可人同意撤销的，可以撤回开放许可声明。

另外，在中亚五国中（哈萨克斯坦、乌兹别克斯坦、吉尔吉斯斯坦、塔吉克斯坦、土库曼斯坦），除了塔吉克斯坦，其他国家均规定不可撤销开放许可。

专利开放许可是一种自愿许可，其充分体现了专利权人的自愿性，其申请和撤回完全依照专利权人的意思而进行，并且开放许可的使用方可以是任何人，开放许可如同给专利贴上了一个开放使用的标签，可以大幅降低许可谈判的难度，大幅减少专利的交易成本。因此，本次《专利法》修订对专利开放许可制度的引入具有降低专利许可成本、促进专利实施的积极作用。然而这仅仅是一个开始，如何最大限度利用专利开放许可制度仍是我国知识产权发展的重要命题之一。

六、专利开放许可制度的完善

专利开放许可制度是由国家行政机关进行的二次平衡调节，其最终目的应该是更加灵活地推动高质量专利的转化率和产业化率的提高，因此必须构建一个快速高效的专利开放许可制度的运行模式，使得更多"沉睡"专利更好地在市场上释放经济效益。在我国迈向创新型国家的关键阶段，同时存在大量专利无法得到实施的大背景下，引入专利开放许可制度将发挥积极作用。就目前专利开放许可所涉及的条款，还需要进行以下完善②。

① 丁文等：《论专利开放许可制度中的使用费问题——兼评〈专利法修正案（草案）〉第 16 条》，载《知识产权与市场竞争研究》2021 年第 1 期。

② 王永民：《专利开放许可制度的运行规制研究》，载《中阿科技论坛（中英文）》，2022 年。

（一）以优惠措施鼓励申请人尽早开放专利

现有《专利法》规定专利权人才可以声明开放专利，应该增加申请人在申请阶段也可以进行声明，有助于更多专利被尽早开放，让公众第一时间开始实施工作。为鼓励更多申请人和专利权人进行专利开放许可，应该给予开放的专利申请和专利申请费较大幅度减免，费用优惠幅度应该明显高于未开放专利；还可以考虑对在申请阶段开放的实用新型和外观设计专利申请由专利局主动出具专利权评价报告，对授权后开放许可的，评价报告费用也应该给予优惠或免费，否则将导致大量专利权人因高昂的评价报告费用不愿意进行许可开放；或者直接删除要求做评价报告的要求。

增加规定专利申请时开放许可声明而未获得授权的，已经支付的费用申请人不予返还，尚未支付的费用不再支付，双方另有约定的除外。作为在申请阶段进行了开放许可声明而最终未获得专利权的情况的补救措施，为保持经济秩序稳定，对于已经支付的费用不再返还，也具有公平性，毕竟实施人也获得了一项普通技术的实施权；由于不再受专利保护，因此，后续费用可以不再支付。这一规定与专利被宣告无效后的处理方式完全相同，保持了在法律上对同类情况的同等对待。

（二）对撤回开放专利许可应该给予限制

现有草案对撤回开放许可未规定任何限制性条件，有可能对已经着手进行某项专利实施工作的公众造成损失。国家知识产权局已部署开展专利开放许可试点工作，[1] 建议增加开放专利实施预登记制度，欲实施开放专利的公众在国家知识产权局进行备案登记，权利人撤回声明需要备案登记人同意，只有在登记备案人在一定期限（比如 3 个月）内未签署许可合同或放弃主张，国家知识产权局才对撤回声明予以公告。这样避免前期已经对开放专利实施研究者因某种原因尚未签署许可合同而造成社会资源浪费。同时，作为限制措施，可以要求撤回开放专利者补足减免的申请费和年费，补交专利权评价报告费用。

（三）构建开放许可配套机制

首先，允许涉嫌侵权人按照开放许可专利条件免除侵权责任。对于非故意侵权人，应该规定在诉讼或行政处理过程中，允许被告或被请求人可以单方面按照开放许可条件转换为合法实施人，这样不仅有助于快速解决纠纷，也能促进专利实施，同时专利权人的利益也得到了保护。

其次，给专利开放许可人设定有协助完成专利实施的义务并能满足技术效果。一方面，很多专利并不能仅仅根据专利文件就可以得到实施，还需要发明人给予协助或指导；另一方面，有些专利申请人为获得授权，在申请文件中对技术效果进行了不适当的夸大，使得实际很难达到说明书所能达到的效果。因此，从公平角度来说，被许可方依据声明条件支付了许可费，专利权人自然有义务确保专利得到实施并达到声明的效果，这不仅有助于减少纠纷，也有助于提高专利申请的质量，让专利申请人在申请阶段更加慎重。

---

① 根据国家知识产权局官方网站发布的资料整理。

再次，采用纠纷行政裁决制度，提高纠纷解决效率。《专利法》中规定纠纷由国家知识产权局调解，不利于快速解决纠纷，建议改为行政裁决，对裁决结果不服再进入司法程序，也与同为特别许可的强制许可费用裁决程序保持一致。

最后，发挥国家知识产权局专利公告平台作用，确保双方交易实现。《专利法》规定，愿意实施专利者只需要书面通知专利权人，并依照公告的许可使用费支付方式、标准支付许可使用费后，即获得专利实施许可。为防止专利权人在未撤回许可声明条件下以不接受费用方式拒绝许可的情况出现(比如专利市场看好，准备提高许可价格)，尽管也可以通过提存公证方式支付，但毕竟需要花费公证费和办理公证花费精力时间。所以可以由国家知识产权局建立类似“支付宝”的支付平台，只要实施者将费用打入平台就视为完成许可手续，不仅可以防止权利人反悔或不合作，也有助于提高专利许可实施的效率。专利开放许可制度作为一项新的专利制度被引进我国，是符合我国知识产权强国战略的重要制度。这项制度有利于加快知识产权在市场经济中的快速流转，为原有的专利许可制度增添一份新鲜血液。专利开放许可制度因其开放、共享的特点，有利于推动专利信息在工业生产领域的流通，也有利于打破目前存在的专利信息壁垒，将很多在专利分布上本应该具有很强的科研能力的高校和科研机构的专利开发潜力释放出来，这对于改善我国目前的专利转化率低、产业化率低下的专利交易市场大有裨益。①

第三节　专利间接侵权制度

一、专利间接侵权的概念

专利间接侵权不同于传统专利侵权，传统专利侵权的判断标准是全面覆盖原则，即专利权的保护范围以权利要求为基础，当一个产品覆盖了专利的全部技术特征则构成侵权。如果一个专利包括两个以上的技术特征，行为人只生产或销售了有部分技术特征的产品，因不符合全面覆盖原则，所以不认定为侵权。如一项专利包括 A、B、C 三个技术特征，甲生产的产品是 A、B、C 或 A、B、C、D 时，构成侵权；若甲生产的产品是 A、B、D 时，就不构成侵权。

根据这种判断标准，实践中存在着一些情况是行为人不直接实施专利权人的专利，而是通过生产、销售具有专利部分技术特征的产品来规避侵权。以美国法院 1871 年审理的 Wallace v. Holmes 案为例。在该案中，专利权人拥有一项由灯头和灯罩两个部分组成的煤油灯专利，被告不是直接制造销售整个煤油灯，而是只制造销售灯头这一个部分，购买者可以通过另行购买一个灯罩就可以组成专利产品，给专利权人造成了实质损害。原告诉被告侵犯其专利权，被告称自己并未制造销售完全覆盖原告专利中含有全部技术特征的煤油灯，不构成侵权。Woodruff 法官认为，“我不同意这个保护被告人的原则……毫无疑问的是，他们是对原告专利的共同侵权”。Woodruff 法官不支持被告的抗辩理由，认为被告已

① 卜红星:《数字时代专利开放许可制度的社会信用体系构建研究》，载《济南职业学院学报》2021 年第 1 期。

经实际地制造销售了专利的全部，并且有暗示引诱购买者使用原告专利的行为。Wallace v. Holmes 案是最早涉及专利间接侵权的案件，虽然没有明确出现专利间接侵权的概念，但通过共同侵权的理论扩大了专利保护的范围，弥补传统专利侵权的缺陷，奠定了专利间接侵权的理论基础。

目前我国法律条文中尚未明确定义“专利间接侵权”的概念，国家科委《中国知识产权制度》蓝皮书认为专利间接侵权行为可以包括：(1)故意制造、销售、进口只能用于专利产品的关键部件；(2)未经专利权人许可，擅自许可他人实施专利技术；(3)专利许可合同的被许可方违反合同中关于“不得转止”的约定，擅自许诺第三方实施专利技术；(4)专利权共有人未经其他共有人的同意，而许可第三人实施专利技术；(5)技术服务合同的受托方，在为委托方解决特定的技术问题时，未经专利权人的许可，而利用了专利技术①。

学术界对其界定有不同的看法：一种观点认为，专利间接侵权是行为人虽未直接侵犯专利权，但积极帮助第三人并促使其实施直接侵权行为，一般来说帮助的方式包括积极的鼓励、怂恿等。② 另有观点认为，专利间接侵权行为可表现为：行为人明知专利权已经存在，且知道第三人受其帮助后会实施侵权行为，仍然向该第三人提供除用于实施专利外别无他用的专利关键部件；行为人为第三人提供可用于实施专利的常用物品，并积极诱导其实施侵权行为，并且需产生直接侵权的结果。③ 还有观点认为，在专利领域，间接侵权的主要形态是通过向他人提供专用于制造专利产品的零部件而帮助或引诱他人实施直接侵权行为。④ 为区别于专利直接侵权，基于专利间接侵权的类型，可将专利间接侵权定义为：行为人虽未直接侵犯专利权，但以教唆或帮助第三人实施的方式侵犯专利权。

二、专利间接侵权与直接侵权的关系

对于专利间接侵权的成立是否需要直接侵权发生为前提这个问题，学术界存在着不同的观点，可以分为独立说和从属说。独立说认为，专利间接侵权的成立不需要专利直接侵权的发生即可成立；从属说则认为其成立需要专利直接侵权的发生。之所以注重探讨间接侵权与直接侵权之间的关系，是基于对专利权保护范围方面的考量。⑤ 从属说的存在是为了专利的保护范围不被扩大，实现公共利益与专利权人个人利益之间的平衡；独立说是基于现实中存在直接侵权并未发生而仍有权追究行为人间接侵权责任的情形，以保护专利权人的利益，防止其权益难以救济。

坚持从属说的学者认为：“直接侵权结果的存在是间接侵权成立的前提要件，没有直接侵权的结果则没有间接侵权的成立，不能追究该行为人的侵权责任。”⑥“在认定间接侵

① 中国科学技术蓝皮书第 7 号《中国知识产权制度》，1992 年。

② 田力普：《关于专利保护与专利侵权中若干基本问题研究》，载《中国专利与商标》1996 年第 3 期。

③ 张玉敏等：《专利间接侵权制度三论》，载《学术论坛》2006 年第 1 期。

④ 王迁：《知识产权法教程》(第七版)，中国人民大学出版社 2021 年版，第 483 页。

⑤ 张初霞等：《对专利间接侵权制度理论构建的再思考》，载《中国社会科学院研究生院学报》2020 年第 5 期。

⑥ 程永顺：《中国专利诉讼》，知识产权出版社 2005 年版，第 212 页。

权成立时，首先，必须要具有专利直接侵权的发生；其次，行为人提供了实施他人专利的有效且必要途径；最后，行为人知道或者根据情况可以知道自身行为为他人提供了侵权的便利途径。”①

同意此独立说观点的学者认为：“行为人未获得专利权人的许可，但却向无权使用该专利的第三人提供了该项技术的关键部分，从而起到了教唆诱导第三人实施专利的作用，并不要求第三人必然构成专利的直接侵权。”②

在司法实践中，认定专利间接侵权主要采取从属说，存在着大量适用从属说的案例，如杭州路加罗布贸易有限公司与陈欢侵害外观设计专利权纠纷一审民事判决书中写道：“二是直接的专利侵权行为的存在。间接侵权行为一般应以直接侵权的发生为前提条件，没有直接侵权行为发生的情况下，不存在间接侵权。……如他人购买了被诉侵权产品后拼装成奖杯后使用的，并不侵害原告的专利权。本案中原告公证时购买了 5 件被诉侵权产品，该数量无法推定被告明知他人购买包饰件是为了生产、销售而仍然销售了被诉侵权产品，原告也没有提供证据证明专利侵权行为必然存在。故本院认定被告销售被诉侵权产品的行为亦不构成间接侵权。”③

但也有支持间接行为独立说的案例，如在天津市高级人民法院民事判决书〔2008〕津高民三终字第 003 号中，法院认为：“本案亦非必要共同诉讼，WAC 公司可以单独对晶丰公司的侵权行为提起诉讼。故晶丰公司提出的即使在构成间接侵权的情况下，也不能单独对其提起诉讼的主张，本院不予支持。”

专利领域中，间接侵权人之所以与直接侵权行为人承担连带责任，是因为间接侵权行为与直接侵权行为的成立之间存在因果关系，并且间接侵权行为人主观上存在明显的过错。因此，构成专利间接侵权需以直接侵犯专利权行为的存在为前提。

三、专利间接侵权的类型

专利间接侵权制度起源于美国，通过 Wallace v. Holmes 案，美国开始了对专利间接侵权的探索。其他发达国家如德国、日本也根据本国的国情和司法实践规定了有关制度。

表 6-2　**各国专利间接侵权的探索**

国别	立法模式	与直接侵权的关系
美国	诱导侵权+帮助侵权	从属
德国	诱导侵权+帮助侵权	独立
日本	只规定帮助侵权，而无诱导侵权	有争议

1993 年的“太原重型机器厂诉太原电子系统工程公司”案代表着我国开始对专利间接

① 申惠恩：《韩国专利权间接侵权制度研究》，载《知识产权》2015 年第 4 期。
② 杨萌：《专利“间接侵权”与专利侵权判定原则》，载《法治论坛》2011 年第 4 期。
③ 参见浙江省义乌市人民法院〔2015〕金义知民初字第 535 号民事判决书。

侵权问题的探索。山西省高级人民法院在此案中指出："被上诉人阳泉电子设备二厂受太原电子系统工程公司的委托，加工生产了该专利产品的专用部件激磁线圈，客观上也构成了对上诉人专利的共同间接侵权。二被上诉人应共同承担侵权的赔偿责任。但阳泉电子设备二厂主观上不具有侵犯上诉人专利的明显故意，应减轻其责任。"①在该案中，法院认为侵权人虽主观上不具有明显故意，但客观上已经构成侵权，并未完全遵循传统意思联络的理论。由此，我国在司法实践中开始对提供专用品的第三方追究侵权责任。②

目前我国《专利法》中没有关于专利间接侵权的规定。主要根据《民法典》第 1168 条及第 1169 条的规定，作为判定专利间接侵权成立和追究侵权责任的法律依据。《民法典》第 1168 条规定："二人以上共同实施侵权行为，造成他人损害的，应当承担连带责任。"《民法典》第 1169 条规定："教唆、帮助他人实施侵权行为的，应当与行为人承担连带责任。"《最高人民法院关于审理侵犯专利权纠纷案件应用法律若干问题的解释(二)》(以下简称《专利纠纷司法解释(二)》)第 21 条虽然仍未提起间接侵权的概念，但是对间接侵权的情形作出了一定描述，以司法解释的形式，对间接侵权作了规定："明知有关产品系专门用于实施专利的材料、设备、零部件、中间物等，未经专利权人许可，为生产经营目的将该产品提供给他人实施了侵犯专利权的行为，权利人主张该提供者的行为属于侵权责任法第 9 条规定的帮助他人实施侵权行为的，人民法院应予支持。明知有关产品、方法被授予专利权，未经专利权人许可，为生产经营目的积极诱导他人实施了侵犯专利权的行为，权利人主张该诱导者的行为属于侵权责任法第 9 条规定的教唆他人实施侵权行为的，人民法院应予支持。"

基于《专利纠纷司法解释(二)》和《民法典》的规定，专利间接侵权的行为可被分为两类：帮助型间接侵权和教唆型间接侵权。

(一)帮助型间接侵权

辅助侵权可见于《美国专利法》第 271 条(c)款，我国《专利侵权纠纷司法解释(二)》第 21 条第 1 款也规定了帮助侵权行为。根据该条款，在主观方面，我国规定行为人须明知其提供的产品专用于实施专利。在行为方式方面，我国规定为"提供"。在行为对象方面，我国对于行为对象的限定比较严格，仅包括用于实施专利的专用品。一般来说，认定专用性是认定帮助型间接侵权的主要因素，既可以将侵权行为尽数囊括，又不会对第三方的生产经营活动产生影响。

典型案例 6-1

爱利生公司与东莞钜升公司侵害发明专利权纠纷案

在爱利生文教用品(惠州)有限公司、东莞市钜升金属科技有限公司侵害发明专

① 参见山西省高级人民法院〔1993〕晋经终字第 152 号民事判决书。

② 林威：《论专利间接侵权规则的移植——以权利限制为视角》，载《科技与法律》2021 年第 1 期。

利权纠纷案①中，爱利生公司上诉，认为本案涉及名称为“具有改善的对准装置的化学蚀刻模具”、专利号为 201210246535.8 的发明专利权(以下简称涉案专利)，钜升公司向他人提供专用于实施涉案专利的被诉侵权产品属于帮助他人实施侵权行为，构成间接侵权。并认为被诉侵权产品是实施涉案专利的专用品。涉案专利中的第一模具对于实施专利方法具有实质性作用，被诉侵权产品中的刀模符合第一模具的技术特征，是实施涉案专利的专用工具，不具有任何“实质性非侵权用途”。

法院审理认为：依据《最高人民法院关于审理侵犯专利权纠纷案件应用法律若干问题的解释(二)》第 21 条第 1 款规定，本案中，认定钜升公司是否构成帮助侵权主要取决于被诉侵权产品是否构成专用品，即司法解释所规定的“专门用于实施专利的材料、设备、零部件、中间物”。一般而言，专用品对实现涉案专利技术方案不可或缺，且不具有实质性非侵权用途，即除了用于专利技术方案外没有其他合理用途。爱利生公司应围绕上述两方面进行举证。钜升公司制造被诉侵权产品中的“刀模”的过程对应涉案专利方法的步骤 2，“刀模”属于实施专利方法必须使用的产品，对专利技术方案不可或缺，但使用印章只是将成形件的形状印刷在片材上从而实施步骤 1 的方法之一，还可以采用打印等方法，印章并非实施专利方法必须使用的产品。另外，为证明被诉侵权产品为专用品，爱利生公司还需要证明被诉侵权产品除用于实施专利方法外，没有其他合理的用途，即对被诉侵权产品的合理使用必然再现专利方法。权利要求 1 记载使用滚压机切割成形件，并且为了实现精准切割，步骤 1、3 在实施上有先后顺序。爱利生公司既没有提供证据证明对被诉侵权产品的使用必然使用滚压机，再现权利要求 1 记载的步骤 4，也没有证明在使用被诉侵权产品切割成形件的过程时，在步骤 1、3 上必然具有先后顺序，本院因此认定在案证据尚无法证明对被诉侵权产品的使用必然再现专利方法。综上所述，本院认定在案证据无法证明被诉侵权产品为实施涉案专利方法的专用品，爱利生公司主张钜升公司构成帮助侵权不能成立。

(二)教唆型间接侵权

诱导侵权可见于《美国专利法》第 271 条(b)款，我国《专利侵权纠纷司法解释(二)》第 21 条第 2 款也规定了教唆侵权行为。教唆他人实施专利侵权行为的构成要件为，在主观方面，教唆人明知专利权存在，却积极诱导他人实施专利；在客观方面，第三方未经许可实施专利的事实已经发生，同时第三方的行为是在教唆人的诱导下所致。

典型案例 6-2

诺瓦提斯公司诉重庆新原兴药业专利侵权案

在诺瓦提斯公司(Novartis AG)诉重庆新原兴药业有限公司专利侵权案②中，中新

① 参见最高人民法院知识产权法庭〔2021〕最高法知民终 1258 号民事判决书。

② 参见重庆市高级人民法院〔2008〕渝高法民终字第 230 号民事判决书。

原兴公司提起上诉，请求撤销一审判决第一项中关于“新原兴公司立即停止生产、销售和许诺销售哌嗪苯甲酸的行为”的判决事项。

法院审理认为，根据新原兴公司在二审提供的发明名称为“苯并噻嗪二氧化物的衍生物的制备方法”的发明专利申请审定说明书，哌嗪苯甲酸或其盐酸盐曾经作为中间体用于合成某种已知药物的前体药，因此可以认为哌嗪苯甲酸具有其他用途。但是即便如此，新原兴公司在网站、书面宣传材料以及实际销售行为中明确将哌嗪苯甲酸作为甲磺酸伊马替尼的中间体进行许诺销售和销售。新原兴公司在二审审理期间才提供其他用途证据的做法也证明了新原兴公司在本案纠纷发生前并没有意识到哌嗪苯甲酸尚具有其他用途，而是完全将其用于制造甲磺酸伊马替尼的。

因此，新原兴公司销售和许诺销售哌嗪苯甲酸就是为了诱导直接侵权的发生，已经构成对涉案专利的间接侵权。当然，由于哌嗪苯甲酸具有其他用途，并非专门用于制造甲磺酸伊马替尼，新原兴公司只要不以任何能够让人把哌嗪苯甲酸和伊马替尼或甲磺酸伊马替尼联系起来的方式销售哌嗪苯甲酸，法律都是允许的。一审法院在判决“新原兴公司立即停止生产、销售和许诺销售甲磺酸伊马替尼及其中间体氢化物(氨基物)、哌嗪苯甲酸的行为”的时候，已经包含了这一层意思。

第四节 标准必要专利

一、标准必要专利的概念

(一)标准与专利

1. 标准的含义

我国2020年发布的GB/T1.1—2020中将标准定义为：“通过标准化活动，按照规定的程序经协商一致制定，为各种活动或其结果提供规则、指南或特性，供共同使用和重复使用的文件。”

对于标准的定义，各标准化组织也有着自己的解读。如1983年国际标准化组织发布的ISO第二号指南(第四版)对标准的定义是：“由有关各方根据科学技术成就与先进经验，共同合作起草，一致或基本上同意的技术规范或其他公开文件，其目的在于促进最佳的公众利益，并由标准化团体批准。”

常见的标准有播放机的DVD标准、蓝光标准(标准化组织：蓝光协会)，视频编解码的H.264、H.265标准(标准化组织：ISO/IEC)，移动通信的W-CDMA、LTE标准(标准化组织：3GPP)等。标准在产品规范化、提高生产效率等方面发挥了重要作用，以我国的网络DVD播放机设备技术规范(WH/T 34—2009)为例，其中提道：“本标准规定了网络DVD播放机设备的业务能力、功能要求、硬件系统、软件系统、管理功能要求，性能要求、安全和应用环境、内容提供、运营系统的要求。本标准适用于互联网和移动互联网网络环境下的网络DVD业务、交互式多媒体业务、宽带网络播放业务以及网络DVD播放机设备的研发、制造、检测和应用。”

2. 标准与专利的关系

标准与专利原本是相互排斥的。标准的制定具有公益性、公开性和普遍适用性，是基于社会公共利益而产生，具有一种公益属性。而专利是具有较强排他性的私有产权，追求专利权人的个人利益最大化，更多体现了知识产权人的权益。因此，早期的标准化组织在制定标准的过程中尽可能地避免将专利纳入其中。但是，随着科学技术的发展，自 20 世纪 90 年代，标准开始与专利相结合，标准中包含着一些有专利技术的技术方案，标准化组织也开始对专利制定标准，如国际标准化组织（ISO）、国际电信联盟（ITU）、电气与电子工程协会（IEEE）都制定了针对标准中涉及专利的知识产权政策。虽然企业需要在市场前景不明朗的情况下投入大量的资金、技术、人员来选择一个标准，但自身的私人利益会随着公共标准的推广，取得由技术标准带来的市场竞争优势和垄断利润，许多企业会积极地申请将自己的专利技术纳入标准之中，标准制定中的竞争也逐渐从企业之间上升到国家与国家之间。

（二）标准必要专利的概念和影响

1. 标准必要专利的概念

标准必要专利作为标准和专利结合的产物，源自英文词组 Standards Essential Patents（SEP）。国际电信联盟（ITU）对其的定义是，如果专利/专利申请的权利要求的技术方案为实施标准文件内容所必需的，那么该专利/专利申请为标准必要专利。2013 年 12 月底，我国《国家标准涉及专利的管理规定（暂行）》出台，其中第 4 条规定：“国家标准中涉及的专利应当是必要专利，即实施该项标准必不可少的专利。”

2. 标准必要专利的影响

标准必要专利的优势是可以统一不同区域的标准，消除贸易障碍，不论是国际标准还是国内标准，都可以在一定程度上促进不同地域之间的经济与贸易的交往。同时，也激励了 SEP 持有人技术创新，加强技术投入，提高生产效率，专利实施者也可以使用这项专利，免受技术限制，避免技术垄断。另外，对消费者而言，可以减少其适应成本，如在 4G 时代，中国移动执行的是 TD-LTE 标准，中国联通和中国电信执行的是 FDD-LTE 标准，分别执行着不同的 4G 标准，增加了消费成本。

但是，标准必要专利也有负面影响。例如，专利劫持和专利许可费的堆积，SEP 持有人可能利用自身强大的话语权阻碍标准的实施，限制竞争导致垄断的发生，如明显不合理的许可费用、高额的侵权索赔。

二、标准必要专利的产生

发明构思要演变成为标准必要专利，需要经历两个并行的过程，一是标准制定过程，另外是专利申请过程①。对于企业而言，要产生一个标准必要专利需要付出相当大的成本

---

① 国家知识产权局专利局专利审查协作江苏中心组织：《标准与标准必要专利研究》，知识产权出版社 2019 年版，第 1 页。

与精力，包括技术研发、参与标准化组织的标准制定、申请专利等过程。在标准化组织中，一项标准的制定，通常由标准的立项、讨论、审核与发布3个环节组成①。

企业参与标准制定的过程大概如下：当产生新的技术标准需求并具有可行性时，就正式进入了标准制定的过程。在方案讨论阶段，标准化组织一般会组织其成员讨论，成员以组织成员的身份向标准化组织提交本公司的技术方案文稿，并且在提交文稿前进行专利申请。各成员会在多次会议和讨论中，不断修改自己的技术文稿，积极争取投案通过，将自己提交的文稿被标准化组织接受。若提交的技术方案被认可并经过了审核，该技术方案只是具有了成为标准必要专利的初步可能性。

因为最初的技术方案在标准制定过程和申请专利的过程中都会面临不断修改的问题。在上文提及的标准制定过程中，根据标准的内容及复杂程度可能会进行多次修改，也存在着标准制定出后未被发布或发布后未被实施的情况。在专利申请过程中，需经审查，看其是否符合新颖性、创造性、实用性的要求，是否能获得授权。此外，在实质性审查过程中，专利申请人的权利要求书也需要根据专利审查委员会的意见进行修改。只有在标准冻结发布后以及专利获得授权后，标准中的方案与授权的权利要求还能保持对应一致，此时才能产出标准必要专利。②

三、标准必要专利相关若干问题

（一）FRAND原则的内涵和法律性质问题

1. FRAND原则的内涵

1992年，欧洲电信标准化组织（European Telecommunications Standards Institute，以下简称“ETSI”）首次公开提出FRAND承诺这一核心概念。一方面为了平衡SEP持有人私人权益和社会公共利益，另一方面为了缓解SEP持有人和专利实施者之间冲突，标准组织将FRAND原则作为其知识产权政策的主要方面。如ETSI在其知识产权政策第6.1条规定：“ETSI总干事应当立即要求知识产权所有者在三个月内以书面形式给予不可撤回的承诺，该承诺须说明知识产权所有者将准备根据该知识产权中所规定的公平、合理和无歧视条件来授予不可撤销的许可。”即FRAND原则包括公平、合理、无歧视三个方面，但标准组织未明确FRAND原则的具体内涵。我国在《关于审理侵犯专利权纠纷案件应用法律若干问题的解释（二）》第24条第3款中规定了“本条第2款所称实施许可条件，应当由专利权人、被诉侵权人协商确定。经充分协商，仍无法达成一致的，可以请求人民法院确定。人民法院在确定上述实施许可条件时，应当根据公平、合理、无歧视的原则，综合考虑专利的创新程度及其在标准中的作用、标准所属的技术领域、标准的性质、标准实施的范围和相关的许可条件等因素。”这个法条也未明确FRAND原则的具体内涵和法律性质，只提出在审理涉及SEP有关的专利许可纠纷应当以FRAND原则为基础，并以其为基础确定专

① 姚玉凤：《标准必要专利的产生流程及实践中的若干问题》，载《电信科学》2016年第6期。

② 国家知识产权局专利局专利审查协作江苏中心组织：《标准与标准必要专利研究》，知识产权出版社2019年版，第1页。

利许可方式和专利许可费。不过，在《专利法司法解释(二)》发布时，最高人民法院负责人解释称，SEP 的问题十分复杂，各方分歧较大。在制定解释时，只能先规范各方无争议的内容，即确定 FRAND 承诺是解决 SEP 纠纷的关键内容。至于其他问题，只能通过司法实践逐步完善。①

在我国审理的华为公司诉 IDC 公司案②中，IDC 公司上诉认为原审判决对"FRAND"义务内容的解释存在严重偏差。主审法院认为，虽然中国法律没有明确规定 FRAND 原则的含义，但是根据意思自治原则、公平原则和诚实信用原则对其含义进行解释。并且认为"FRAND"义务的含义是"公平、合理、无歧视"许可义务，对于愿意支付合理使用费的善意的标准使用者，标准必要专利权人不得径直拒绝许可，既要保证专利权人能够从技术创新中获得足够的回报，同时也避免标准必要专利权利人借助标准所形成的强势地位索取高额许可费率或附加不合理条件。

随着反垄断机构的执法和司法诉讼案件的不断发生，FRAND 原则的内涵也会得到不断的丰富。技术标准的专利许可一般遵循 FRAND(Fair, Reasonable and Non-discriminatory)原则，即公平、合理、非歧视原则，这也是许多标准化组织与反垄断机关的原则要求。公平原则要求不得无故拒绝许可，不得限制新的厂商进入；合理原则要求许可条款特别是专利许可费率应当合理；非歧视原则要求许可时应当对任何厂商一视同仁，不得因其所属国家、企业规模等原因而厚此薄彼。③

2. FRAND 原则的法律性质

讨论 FRAND 原则的法律性质，有助于了解其法律效力，也能知晓在一方违反 FRAND 原则时应承担何种性质的法律责任。但这个问题仍存在许多争议，本书主要介绍默示许可理论说和单方法律行为说着两种观点。

(1)默示许可理论说。该观点认为 FRAND 原则性质上属于默示许可。专利默示许可(Implied License)是指在一定情形之下，专利权人虽没有明确许可行为但有默示行为，让专利使用人产生了允许自己使用其专利的合理信赖，从而成立的一种专利许可形态④。在季强、刘辉诉朝阳市兴诺建筑工程有限公司侵犯专利权纠纷案中，辽宁省高院就被告是否构成专利侵权向我国最高人民法院请示，请求最高人民法院作出释明。2008 年 7 月 8 日，我国最高人民法院复函称："鉴于目前我国标准制定机关尚未建立有关标准中专利信息的公开披露及使用制度的实际情况，专利权人参与了标准的制定或者经其同意，将专利纳入国家、行业或者地方标准的，视为专利权人许可他人在实施标准的同时实施该专利，他人的有关实施行为不属于《专利法》第 11 条所规定的侵犯专利权的行为。专利权人可以要求实施人支付一定的使用费，但支付的数额应明显低于正常的许可使用费；专利权人承诺放

① 《统一细化专利侵权裁判标准 营造有利于创新的法治环境——最高人民法院民三庭负责人就专利法司法解释(二)答记者问》。

② IDC 公司诉华为公司标准必要专利使用费案：参见深圳市中级人民法院〔2011〕深中法知民初字第 857 号及广东省高级人民法院〔2013〕粤高法民三终字第 305 号民事判决书。

③ 朱雪忠：《知识产权管理》，高等教育出版社 2022 年版，第 250 页。

④ 杨君琳等：《标准必要专利 FRAND 原则的解释与适用》，载《科技管理研究》2016 年第 2 期。

弃专利使用费的，依其承诺处理。”①

(2)单方法律行为说。该观点认为 FRAND 承诺性质上属于单方法律行为。单方法律行为说认为，FRAND 承诺是一种行为，并且是单方法律行为，经专利权人一方面的意思表示即可成立的民事法律行为。根据标准组织的知识产权政策中对 FRAND 原则的有关规定可知，一旦作出 FRAND 承诺就不可撤回，承担 FRAND 原则的义务，并且该义务贯穿于标准必要专利授权许可的磋商、签订、履行的各个阶段。该观点在我国法院审理西电捷通诉索尼公司案②中首次提出。该案的一审法院认为，FRAND 原则仅是 SEP 持有人作出的承诺，是 SEP 持有人单方作出的法律行为。该承诺不应当视为 SEP 持有人和标准实施者之间订立的专利许可合同。

FRAND 原则是标准必要专利权人给其标准必要专利设定负担的单方法律行为，这样可以解决标准必要专利转让后，作为 SEP 受让方未作出 FRAND 承诺时，是否也需要遵循 FRAND 承诺的问题。这类似于不动产所有人在其不动产上设定的负担(地役权)不因不动产所有权或者使用权改变而自动消灭，该负担将伴随标准必要专利始终③。

(二)FRAND 承诺下标准必要专利许可费

专利权人和专利实施者之间对于标准必要专利许可费的确定一直是专利许可事项中的一个难题。如果一个标准上涵盖了多个专利，而多个专利又被不同主体所持有，多个高额的专利许可费用叠加，会造成专利许可费的堆积。在实践中确定一个合理的计算方法需要考虑许多问题，如如何确定专利研发的成本、实施专利能够带来多少利润。专利持有者和专利实施者作为矛盾的双方，一方认为专利实施者给付的使用费过低，另一方认为专利权人提出的许可费用过高，难以达成合意。但标准组织又并未确定一个符合 FRAND 原则的专利许可费的计算方法，当涉及 SEP 的法律纠纷诉诸法院时，常常面临如何判断计算合理的标准必要专利许可费。在国内外司法实践中，法院确定合理的标准必要专利许可费主要采取“专利价值评估法”“参照可比较许可协议法”两种方法。

专利价值评估法是指因为专利权的保护范围是专利权人的权利要求书上的范围，所以确定合理的专利许可费只需计算该专利技术对产品总价值的增值，即专利权人仅就自己的专利所创造的价值获利。可比交易法是指将专利许可费的确定放在真实的市场交易之中，寻找一个在自由协商并且有相似的交易条件下确定的专利协议，即一个具有可比性的交易，以这个专利协议确定的许可费为参考标准。前者是技术路径，用微观视角分析技术在涉案的标准必要专利中的贡献度；后者是商业路径，用宏观视角确定一个可比照协议并以此为基础判断涉案的专利许可费。④

---

① 《最高人民法院关于朝阳兴诺公司按照建设部颁发的行业标准〈复合载体夯扩桩设计规程〉设计、施工而实施标准中专利行为是否构成侵犯专利权问题的函》(〔2008〕民三他字第 4 号)。

② 西电捷通诉索尼公司案，参见北京知识产权法院〔2015〕京知民初字第 1194 号、北京市高级人民法院〔2017〕京民终 454 号民事判决书。

③ 李扬：《FRAND 承诺的法律性质及其法律效果》，载《知识产权》2018 年第 11 期。

④ 赵启杉：《标准必要专利合理许可费的司法确定问题研究》，载《知识产权》2017 年第 7 期。

在“华为诉IDC”案中，我国法院首次提出了标准必要专利FRAND许可费计算的具体参照因素，包括：(1)实施该专利或类似专利所获的利润，以及该利润在被许可人相关产品销售利润或销售收入中所占的比例；(2)标准必要专利权人仅能够就其专利而获利，不能因为标准而获得额外利益；(3)许可使用费数额高低应当考虑专利权人在技术标准中有效专利的多少，要求标准实施者就非标准必要专利支付许可使用费是不合理的；(4)专利许可使用费不应超过产品利润一定比例范围，应考虑专利许可使用费在专利权人之间的合理分配①。

(三)“专利劫持”与“专利反劫持”

专利劫持是指标准必要专利持有人在标准制定后，凭借标准必要专利带来的谈判优势、市场影响力和技术锁定效应导致标准必要专利的难以替代性，以禁令相威胁，要求专利实施者支付高额的专利许可费、接受不合理的专利许可条件。

为了防止标准必要专利持有人进行专利劫持，大部分的标准组织都要求其成员作出与FRAND原则相符合的专利许可承诺。许多国家和地区也以判例或法律的形式，为标准必要专利持有人申请禁令救济设置了严格的申请条件，如我国《专利法解释(二)》第24条第2款规定：“推荐性国家、行业或者地方标准明示所涉必要专利的信息，专利权人、被诉侵权人协商该专利的实施许可条件时，专利权人故意违反其在标准制定中承诺的公平、合理、无歧视的许可义务，导致无法达成专利实施许可合同，且被诉侵权人在协商中无明显过错的，对于权利人请求停止标准实施行为的主张，人民法院一般不予支持。”即只有在专利权人没有违反FRAND原则且无明显过错时，才可以申请禁令。

但对标准必要专利持有人的权利进行规制的时候，也有可能会发生专利反劫持的情况。专利反向劫持，又称“FRAND劫持”，是指专利实施者未经标准必要专利持有人的许可，利用FRAND承诺对专利持有人的限制，以非善意的目的使用其专利，采取拒绝协商、拖延谈判等手段，迟延支付或者不支付专利许可费。这种现象的发生又会让企业的技术创新研发得不到应有的回报，降低企业创新的积极性。

(四)标准必要专利全球许可费率纠纷管辖

标准必要专利同时具备专利的地域性和标准的全球适用性特点，尤其在通信领域，互联互通特点突出，不直接实施专利技术生产或提供服务的非实施实体(Non-Practicing Entity，简称NPE)趋于活跃，通信产品的生产销售地域广阔。因而在涉外标准必要专利纠纷中，案件的争议常与多个国家产生法律上的关联。但各国管辖权规则不尽相同，各国法律体系之间存在差异，在标准必要专利许可费率的认定标准上没有达成一致，导致不同国家法院对同一涉诉专利的费率认定结果可能差距很大。同时，各国关于涉外民商事案件管辖权制度的规定不同，管辖权依据的多元化给当事人挑选法院提供了空间。专利纠纷的当事人也期望通过司法途径争取到更大的经济利益，获得专利许可谈判的更大优势。因此，出现了国际平行诉讼和申请禁诉令等现象。国际平行诉讼常见的情形是一方当事人提

① 参见广东省高级人民法院〔2013〕粤高法民三终字第305号民事判决书。

起一个诉讼后，在其他国家再次对同一被告提起诉讼的重复诉讼，以及不同的当事人各自以原告身份在不同国家起诉对方的对抗诉讼。禁诉令(Anti-suit Injunction)是指一国法院在案件受理后作出裁判前，根据案件一方当事人的申请，针对案件另一方当事人颁发命令，禁止该当事人在他国法院就相同或类似纠纷提起诉讼或继续诉讼。禁诉令制度意味着谁能先提起诉讼，谁就能极大程度阻止对方在他国法院发起平行诉讼，从而在谈判中占据优势地位。[①]

对于同一全球FRAND许可费率纠纷案件，可以行使管辖权的国家非常多。从国际法基本原理看，在商事冲突法中，若在诸多法院都具备管辖权的情形下，“当事人意思自治”和“最密切联系原则”是国际公认的管辖权确立的两大基本原则。所以国际社会合理分配对此类案件的司法管辖权时，需要考虑意思自治原则、最密切联系原则，以减少和避免管辖权冲突问题。

意思自治原则是国际民商事诉讼中一项被普遍承认的管辖权分配原则。根据意思自治原则，标准必要专利双方当事人为达成许可协议进行磋商时，可以平等诚信地自由协商许可费用；若就此产生纠纷，则允许双方当事人在不违反强制性法律规定的前提下，通过平等协商选择某个国家或地区的法律来调整涉外民商事法律关系。这是当事人自由处分其实体权利和程序权利的表现。意思自治原则在此类案件的管辖权分配中具有绝对的优先性，在当事人未达成管辖合意的情况下，可以适用其他原则来分配管辖权。最密切联系原则是指法院在处理国际民商事案件时，应该综合分析与该国际民商事法律关系相关的各种因素，从中找出最本质的联系，并以此为标志适用法律。[②] 如该国专利数量在全球占比最多、该国系涉案专利的主要实施地或者专利产品的主要生产地、该国的市场销售份额在全球居于首位等。

此外，不方便法院原则、最先受诉法院原则和国际礼让原则也是管辖权分配的重要依据。不方便法院原则是指某法院虽然对案件有管辖权，但其审理此案有诸多不便之处，难以公正、高效地解决争议，如果其他法院对该案有管辖权且审理更方便，则原法院可以自身是不方便法院为由拒绝行使管辖权。最先受诉法院原则是指两个以上法院都有管辖权的诉讼，由在先受理案件的法院管辖。在审查哪个法院对案件具有在先管辖权时，可以参考双方当事人协商谈判的意愿范围，以及加入方便法院原则的适用。中国最高人民法院在华为v. Conversant案[③]中对国际礼让原则的适用提出了具体标准：案件受理时间先后、案件管辖适当与否、对域外法院审理和裁判的影响是否适度。国际礼让原则是难以直接作为判决依据的，法官也只能依靠自由心证进行衡量，因此应该具体化国际礼让原则的评判标准，中国最高人民法院提出的三个标准起到了很好的指引作用。

---

① 张玉蓉等：《标准必要专利国际平行诉讼中禁诉令影响因素的实证研究》，载《中国科技论坛》2022年第4期。

② 刘力：《国际民事诉讼管辖权研究》，中国法制出版社2004年版，第184页。

③ 参见最高人民法院(2020)最高法知民终第732、733、734号民事判决书。

第七章　商标法前沿

【学习目标】

1. 了解《商标法》修改重点
2. 了解商标法相关前沿理论
3. 重点掌握商标恶意注册相关知识
4. 掌握商标法典型案例意义
5. 分析商标法相关前沿案例

第一节　经济发展与商标法修改

一、《商标法》修改背景

为贯彻党中央、国务院的决策部署，适应经济社会发展形势，加强知识产权保护，进一步优化营商环境，更加有效地遏制恶意商标注册行为，加强对商标专用权的保护，全国人民代表大会常务委员会第十次会议于2019年4月23日决定修改《商标法》。本次修正案共涉及6条，于2019年11月1日起施行。

近年来，中国政府积极探索政府职能的转变并促进“放管服”(即“简政放权、放管结合、优化服务”)改革成果的落地，从而提高政府高效便民的服务能力，激发市场主体活力。这一行动在商标领域内体现为大力推进商标注册便利化、高效化、公平化，降低市场准入门槛，不断优化营商环境，保障公平有序的竞争。另外，我国近年来积极促进经济发展由高速向高质转型，强调市场经济的高质量、高水平发展，其在商标领域内体现为努力建设具有国际影响力的品牌商标。当前商标注册程序的简化和注册成本的降低，以及公众对商标市场价值认可程度的提高，使市场主体的商标保护意识和战略管理意识不断增强①。据相关数据统计，2020年全球约有6440万件有效商标注册，比2019年增长11.2%。其中，中国就有3020万件，且以约930万件的商标注册申请量居全球首位，美国以260万件位居次位。2021年，我国核准注册商标773.9万件，收到中国国内申请人马德里国际注册申请5928件，新认定地理标志保护产品99个，新核准注册地理标志证明商标、集体商标477件②。可见，中国商标大国的地位是明确的，且呈稳步上升趋势，但

① 杜颖：《〈商标法〉第四次修改的问题面向与基本思路》，载《中国发明与专利》2018年第8期。

② 参见在北京举行的2021年中国知识产权发展状况专题新闻发布会会议记录。

实际上中国本土有国际影响力的、有着良好商誉的商标数量与商标强国还存在一定差距①。

随着我国市场经济的不断发展，现行《商标法》中有些内容已不能适应我国市场经济发展的需要，主要体现在：(1)商标注册程序存在一些不完善的地方，不利于当事人方便快捷地获得商标注册；(2)恶意申请商标注册、恶意提出异议、恶意转让注册商标的情况时有发生，严重影响了有关权利人的合法权益；(3)侵犯商标专用权的赔偿数额缺乏明确规定，对侵权人的惩罚力度不够大。同时，伴随着商标注册程序优化、注册周期缩短、注册成本降低等情况的发生，当事人获得商标注册更加便捷，出现了以"傍名牌"为目的的恶意申请和为转让牟利而大量囤积商标的问题。这些现实情况严重扰乱了市场经济秩序和商标管理秩序，引起了社会广泛关注。

本次修改是从源头上制止恶意申请注册行为，使商标注册申请回归以使用为目的的制度本源。此外，当前市场中的商标代理机构良莠不齐，存在部分不良代理机构协助甚至直接从事恶意申请、囤积注册的行业乱象。本次修改将恶意注册申请纳入商标代理机构不得接受委托的情形以及对商标代理机构予以处罚的事由中，同时也作为对代理机构申请注册商标的行为提起异议和无效宣告程序的事由，更加有利于规范代理行为，净化商标代理市场秩序，鼓励公众监督。

二、《商标法》修改历程

我国现行《中华人民共和国商标法》(以下简称《商标法》)于 1982 年 8 月 23 日制定，并经过 1993 年、2001 年和 2013 年三次修改，第四次修正案在 2019 年正式通过并于 11 月 1 日起施行。从 20 世纪 80 年代到现在，我国商标法从无到有，从被动移植到到自主修订，在实践中不断探索、修改和完善，逐步发展为一部兼具中国特色和国际视野的现代化知识产权法。商标保护的相关战略也不断发展、完善。我国《"十四五"国家知识产权保护和运用规划》实施和《知识产权强国建设纲要(2021—2035)》自印发以来，知识产权事业发展取得显著成效，其中商标保护得到了显著增强。为适应经济发展形势，加强知识产权保护，进一步优化营商环境，解决商标注册领域中突出的实际问题，对《商标法》进行了第四次修订。本次修法重点围绕商标使用和恶意注册行为展开，即致力优化商标注册制度，从源头上打击商标囤积和恶意抢注的行为，使商标申请注册回归以使用为目的的制度本源②。本次《商标法》修改的实质内容不多，主要体现在第 4 条(为回应第 4 条，第 19、33、44 条也做了相应修改)、第 63 条和第 68 条。新法重点增设了不以使用为目的的恶意商标注册申请的驳回制度，并将恶意注册申请作为提出异议和无效宣告的绝对理由，加大了对商标侵权行为人的惩罚力度，明确了对商标代理机构恶意注册和恶意诉讼的处罚手段。新法的实施也弥补了商标注册取得制度的不足，加强了对商标使用的保护，推动了中国知识产权事业的发展和市场营商环境的优化。

---

① 杜颖：《〈商标法〉第四次修改的问题面向与基本思路》，载《中国发明与专利》2018 年第 8 期。

② 参见 2019 年 5 月 9 日国家知识产权局官网发布的《商标法修改相关问题解读》。

三、《商标法》新修法条解读

2019 年 4 月 23 日，第十三届全国人民代表大会常务委员会第十次会议审议通过《关于修改〈中华人民共和国商标法〉的决定》，充分回应了近些年来社会各界对适用商标法时所面临的难题。《商标法》第四次修改乃是应我国内生需求，是推动知识产权高质量发展的重要举措。从修改幅度和具体条款来看，本次《商标法》修改并非大幅度修改且条款较为分散，修法要点主要有三方面：一是强调商标注册应以使用为目的；二是加强商标专用权的保护，提高侵权赔偿标准；三是强化商标代理机构的责任机制。此次《商标法》修改的内容，有助于净化营商环境，规范商标的注册申请行为，提升了对在先使用人、相关利害关系人的保护水准。

（一）强调商标注册应以使用为目的

为了规制现实生活中的恶意申请、囤积注册等行为，2019 年《商标法》第 4 条规定，“不以使用为目的的恶意商标注册申请，应予以驳回”。该新增规定并不意味着我国商标权取得方式会从“注册取得”变成“使用取得”，“以使用为目的”不等于“商标注册需要提供使用证据”。“以使用为目的”实际上是主观判断标准和要求，而非客观要件。在新法第 13 条和第 45 条中，均将第 4 条的“以使用为目的”作为商标异议和无效的绝对理由纳入法条中。

（二）增加对恶意抢注商标行为的规制

2019 年《商标法》修改增强了商标使用义务，在《商标法》第 4 条中增加“不以使用为目的的恶意商标注册申请，应当予以驳回”的规定，具体明确规定了“不以使用为目的的恶意商标注册申请”的后果：(1) 在申请阶段将予以驳回；(2) 在初步审定公告阶段，在先权利人、利害关系人有权据此提出异议；(3) 即使已经注册成功，也将面临被宣告无效。在实践中，该规定首先在审查阶段予以适用，实现了将打击恶意注册的关口前移，并以其作为提出异议和请求宣告无效的事由，直接适用于异议程序和无效宣告程序中。

（三）规范商标代理行为

2019 年《商标法》第 19 条中增加“第 4 条”规定情形，该条文规定商标代理机构知道或者应当知道委托人存在恶意注册行为的不得接受委托，一经发现，依法追究其责任。此外，还对申请人、商标代理机构的恶意申请商标注册、恶意诉讼行为规定了处罚措施，将规制恶意注册行为的理念贯穿于整个商标申请注册和保护程序之中，在责任主体方面既包括申请人和权利人，也包括中介服务机构，全面细致地将商标代理行为进行调整和规范。

（四）提高了“恶意侵犯商标专用权”的赔偿限额及无法确定数额时的赔偿限额

2019 年《商标法》修改比照《专利法修正案草案》的相关规定，对第 63 条进行了修改，将恶意侵犯商标专用权的侵权赔偿数额计算倍数由“一倍以上三倍以下”提高到“一倍以上五倍以下”，并将商标侵权法定赔偿数额上限从“三百万元”提高到“五百万元”。该条款的修订进一步加重侵权成本，惩罚恶意侵权人，严格保护商标专用权，给予权利人更加充分的补偿。

（五）增加“销毁”条款

2019年《商标法》第63条增加第4款、第5款内容，规定：（1）应权利人请求，根据具体情况，法院责令侵权产品以及用于制造侵权产品的材料、工具的销毁、禁入商业渠道。（2）此外，假冒注册商标的商品不得在仅去除假冒注册商标后进入商业渠道。

假冒注册商标行为极大地侵害了消费者利益，严重干扰了市场环境，长期受到全社会的关注。2019年《商标法》明确规定了对假冒注册商标的商品以及主要用于制造假冒注册商标的商品的材料、工具的处置。新增内容规定，在审理商标纠纷案件中，人民法院根据权利人的请求，可以责令销毁假冒注册商标的商品以及主要用于制造假冒注册商标的商品的材料、工具；假冒注册商标的商品不得在仅去除假冒注册商标后进入商业渠道。上述修改将销毁和禁止进入商业渠道作为最主要的处置手段，大幅度提高了假冒注册商标行为人的违法成本，对其形成了有效威慑。同时，增加的规定与《商标法》现行规定的行政机关的处理手段相平衡，使商标权的保护更加全面。

（六）进一步为商标代理机构的违法行为戴上枷锁

2019年《商标法》对第68条进行修改，对商标代理机构的违法行为进行了规制：（1）对恶意申请商标注册行为予以行政处罚；（2）恶意提起商标诉讼的，人民法院依法对其予以处罚；（3）不得申请其代理服务申请商标注册范围之外的商标注册；（4）知道或者应当知道委托人系恶意注册商标申请的行为的，不得接受其委托。否则，在初步审定公告阶段，在先权利人、利害关系人有权据此提出异议。此外，即使注册成功，也将面临被宣告无效。

四、商标惩罚性赔偿的标准

随着商标价值的不断攀升，相应的商标侵权行为所造成的损失也不断增大，出于损害填平的原则和法律威慑力的考量，我国2019年对商标侵权的惩罚性赔偿做了修改，大幅提高了赔偿上限，由2013年的“对情节严重的恶意侵犯商标专用权行为可以按照实际损失额的一至三倍确定赔偿数额”升到2019年的“一至五倍”。2022年4月25日，北京高级人民法院发布《关于侵害知识产权民事案件适用惩罚性赔偿审理指南》（以下简称《审理指南》）。该《审理指南》对惩罚性赔偿的适用要件和计算方式等涉及的实体和程序性问题都进行了具体规定，进一步规范知识产权侵权民事案件中惩罚性赔偿的适用标准，加大了知识产权司法保护力度，对全国法院具有重要的参考意义。

知识产权惩罚性赔偿制度是为了解决知识产权领域“违法侵权成本低”“违法侵权多发高发”问题而诞生的保护制度。该制度最早在《商标法》中得到体现，2013年修正施行的《商标法》规定，“对恶意侵犯商标专用权，情节严重的”，赔偿可以在按照“实际损失或违法所得”的1倍以上3倍以下确定赔偿数额；2019年修正施行的《商标法》将惩罚性赔偿幅度提高至"1倍以上5倍以下"；2021年1月1日起施行的《民法典》规定，"故意侵害他人知识产权，情节严重的，被侵权人有权请求相应的惩罚性赔偿"。至此，我国形成了以《民法典》为基础、知识产权专门立法为组成部分的知识产权惩罚性赔偿法律制度体系。根据前述立法规定，在我国恶意实施侵犯知识产权行为，不论是实施侵犯商标权行为，还是实施侵犯著作权行为，抑或是实施侵犯专利权行为，只要主观上具有故意或恶意情形且情节严重的，都可能会被处以"实际损失或违法所得"1倍以上5倍以下的惩罚性赔偿。

当前，我国已进入新发展阶段。加强知识产权保护是"贯彻新发展理念、构建新发展格局"的重要制度保证，也是激发市场主体创新活力，形成经济社会新动能的重要推动力。2021年10月国务院印发的《"十四五"国家知识产权保护和运用规划》提出，全面建立并实施知识产权侵权惩罚性赔偿制度，加大损害赔偿力度。知识产权惩罚性赔偿制度全面贯彻和施行，推动了知识产权执法司法保护力度和水平的进一步提升，不仅有助于提升国内市场对外国市场主体的吸引力，提升国内市场主体在国内外市场的竞争优势，也将进一步健全完善我国知识产权强国的建设战略。

典型案例 7-1

百度在线诉百度餐饮公司商标侵权案

百度在线网络技术(北京)有限公司(简称百度公司)诉北京京百度餐饮管理有限公司(简称京百度公司)商标侵权案。一审法院认为京百度公司及其分公司在经营活动中突出使用"百度"相关标识，侵害了百度公司的商标权。就此部分侵权行为，一审法院支持百度公司提出的惩罚性赔偿请求。考虑到"百度"商标的显著性和知名度以及被诉行为具体情节等因素，酌情确定"百度"商标对于侵权获利的贡献率为35%。综合考虑侵权主观过错程度、侵权行为持续时间、侵权获利及给百度公司造成的损害等因素，按3倍计算惩罚性赔偿数额。计算公式为：308 903.54 元×5.25 年×35% ×(1+3)= 2 270 441 元。一审判决京百度公司及其分公司赔偿百度公司经济损失2 270 441元①。二审对一审关于惩罚性赔偿计算的方式及数额予以维持②。该案是惩罚性赔偿计算的典型案件，该案适用惩罚性赔偿的赔偿总额为基数及基数与倍数乘积之和，对司法案件中惩罚性赔偿数额的计算十分具有指导意义。

典型案例 7-2

五粮液商标侵权案

"五粮液"商标在"酒"类商品上系中国驰名商标，五粮液公司系该商标的独占使用被许可人。侵权人徐某华，自2015年9月至2017年4月因为其在杭州实际控制经

① 参见北京知识产权法院第七法庭〔2019〕京73民初1335号民事判决书。

② 参见北京市高级人民法院〔2022〕京民终170号民事判决书。

营的古墩路店和凯旋路店销售假冒的“五粮液”“茅台”等品牌白酒受到市场监督管理局处罚。其中凯旋路店从门店门头到收银台、背景墙均标注有“五粮液”的商标字样。之后又继续实施此行为获利巨大，构成销售假冒注册商标的商品罪，被判处有期徒刑等刑罚。五粮液公司随后以徐某华等人对其构成商标侵权为由，向杭州铁路运输法院提起诉讼①，杭州铁路运输法院一审考量了侵权行为模式、持续时间等因素后，认定被告徐某华等基本以侵权为业，对徐某华涉及凯旋路店的侵权情况适用惩罚性赔偿，对古墩路店的侵权情况适用法定赔偿。2020 年 6 月，该院一审判决被告徐某华等人承担 2 倍的惩罚性赔偿责任。之后，杭州市中级人民法院二审维持原判②。

一审中，杭州铁路运输法院结合 2013 年修正的《中华人民共和国商标法》第 63 条规定③进行审查，适用惩罚性赔偿应具备两个条件：一方面，被诉侵权行为必须是恶意侵犯商标专用权、情节严重的行为。本案中，徐某华作为两个店的实际控制人，故意实施侵权行为，侵权获利数额大，被诉侵权产品上的侵权标识与五粮液公司主张的涉案权利商标标识相同或高度近似，符合 2013 年修正的《商标法》第 57 条规定④，这种全面摹仿涉案注册商标及产品的行为足见其侵犯涉案商标专用权、攀附商标专用权人商誉的主观意图十分明显。其次，两店因多次实施针对五粮液相关商标的侵权行为被予以行政处罚，足见其民事侵权情节严重，也可看出其主观上对于侵权行为系明知且客观上继续实施侵权行为。再次，两店均在店招及店内装潢使用“五粮液”字样，且店内销售各种品牌的假冒酒类产品，此种侵权行为造成一般公众对商标使用的混淆进而达到了侵权目的。最后，结合涉案商标的声誉及商业价值、五粮液品牌的知名度，徐某华销售假冒知名白酒，给五粮液品牌通过长久努力积累起来的商业信誉带来负面评价，侵权后果较为严重。另一方面，惩罚性赔偿系在权利人的损失、侵权人的获利以及商标许可使用费的基础上确定 1 倍以上 3 倍以下赔偿数额。如上所述，一审法院仅能认定侵权人在凯旋路店的获利，五粮液公司未充分举证证明古墩路店涉案侵权获利的确切金额，虽然古墩路店不符合适用惩罚性赔偿标准，但一审法院仍对于涉案侵权行为的严重情节予以充分考虑，作出合理判决，二审法院通过审理判决驳回上诉，维持一审原判。

---

① 参见杭州铁路运输法院〔2019〕浙 8601 民初 1364 号民事判决书。

② 参见浙江省杭州市中级人民法院〔2020〕浙 01 民终 5872 号民事判决书。

③ 2013 年修正的《中华人民共和国商标法》第 63 条规定：“侵犯商标专用权的赔偿数额，按照权利人因被侵权所受到的实际损失确定；实际损失难以确定的，可以按照侵权人因侵权所获得的利益确定；权利人的损失或者侵权人获得的利益难以确定的，参照该商标许可使用费的倍数合理确定。对恶意侵犯商标专用权，情节严重的，可以在按照上述方法确定数额的一倍以上三倍以下确定赔偿数额。赔偿数额应当包括权利人为制止侵权行为所支付的合理开支……损失、侵权人因侵权所获得的利益、注册商标许可使用费难以确定的，由人民法院根据侵权行为的情节判决给予三百万元以下的赔偿。”

④ 2013 年修正的《中华人民共和国商标法》第 57 条规定，未经商标注册人的许可，在同一种商品上使用与其注册商标相同或者近似商标的行为以及销售侵犯注册商标专用权的商品的行为均属侵犯注册商标专用权的行为。

第二节　不以使用为目的恶意注册

一、《商标法》新增重点：商标恶意注册

《商标法》的直接立法目的在于保护商标所有人的利益，其主要任务就是要保护商标权人免受不正当竞争的侵害。我国商标法一直严格遵循商标注册取得制，对于注册商标的保护是十分有力的，但对于未注册而实际使用了的商标的保护力度有一定欠缺，且随着商标注册周期的缩短和注册成本的降低，恶意申请商标注册的行为频发，严重危害在先使用人的合法利益，扰乱市场竞争和商标注册秩序。2019年修正的《商标法》就此现实商标问题重点增设了“不以使用为目的的恶意商标注册申请，应当予以驳回”的条款。新修《商标法》增强了商标使用义务并将打击恶意注册的关口前移至审查阶段①。自新《商标法》实施以来，我国商标保护工作取得了较好成效，2022年一季度我国在审查程序中驳回恶意囤积商标1.22万件，驳回恶意抢注商标1628件，依职权主动无效宣告707件②。

但新《商标法》对恶意注册商标的规定还是不够明晰，新法增设的条款还是难以有效、准确地应用于商标治理和司法实践中。自新法实施以来，恶意注册行为没有得到有效抑制。2020年抗疫期间出现了恶意抢注“火神山”“雷神山”“方舱”等商标的乱象；2022年冬奥会期间也频发市场主体为炒卖商标而恶意抢注“冰墩墩”“雪容融”等涉及2022年北京冬奥会、冬残奥会商标的乱象。这些恶意注册商标的行为严重掠夺公共资源并严重扰乱了商标注册秩序。为配合新《商标法》的实施，司法部门和商标行政管理机关对其予以了积极的回应。北京市高级人民法院于2019年4月24日发布的《商标授权确权行政案件审理指南》(以下简称《指南》)第7.1条中解释道：“商标申请人明显缺乏真实使用意图，且具有下列情形之一的，可以认定违反商标法第四条的规定：(1)申请注册与不同主体具有一定知名度或者较强显著特征的商标相同或者近似的商标，且情节严重的；(2)申请注册与同一主体具有一定知名度或者较强显著特征的商标相同或者近似的商标，且情节严重的；(3)申请注册与他人除商标外的其他商业标识相同或者近似的商标，且情节严重的；(4)申请注册与具有一定知名度的地名、景点名称、建筑物名称等相同或者近似的商标，且情节严重的；(5)大量申请注册商标，且缺乏正当理由的。前述商标申请人主张具有真实使用意图，但未提交证据证明的，不予支持。”国家市场监督管理总局也于2019年10月11日公布了《规范商标申请注册行为的若干规定》(以下简称《规定》)，其中第8条规定：“商标注册部门在判断商标注册申请是否属于违反商标法第4条规定时，可以综合考虑以下因素：(一)申请人或者与其存在关联关系的自然人、法人、其他组织申请注册商标数量、指定使用的类别、商标交易情况等；(二)申请人所在行业、经营状况等；(三)申请人被已生效的行政决定或者裁定、司法判决认定曾从事商标恶意注册行为、侵犯他人注册

① 王莲峰：《新〈商标法〉第四条的适用研究》，载《政法论丛》2020年第1期。

② 参见2022年4月24日在国务院新闻办公室举办的2021年中国知识产权发展状况发布会上国家知识产权局副局长何志敏的讲话内容。

商标专用权行为的情况；(四)申请注册的商标与他人有一定知名度的商标相同或者近似的情况；(五)申请注册的商标与知名人物姓名、企业字号、企业名称简称或者其他商业标识等相同或者近似的情况；(六)商标注册部门认为应当考虑的其他因素。”由此可见对新《商标法》第4条规定的法律适用，存在较大差异，各执法机构缺乏共识。而且这两个规范性文件都没有明确“不以使用为目的”和“恶意”的内涵和关系，也没有明确如何认定“恶意”，新法第4条的操作困难还是没有得到克服。因此，为了恪守法制的一致性原则和实现精准执法的要求，应当明晰“不以使用为目的”和“恶意”的具体内涵和认定标准，并对二者的关系进行梳理，从而落实到具体的法律适用上，即审查中具体哪些类型的恶意注册申请会被驳回？

二、“恶意”的解读及适用

通过对商标申请审查经验的总结，国家知识产权局于2021年11月16日发布了《商标审理和审查指南》(以下简称《商标指南》)，认为“恶意”是指商标申请人或者商标代理机构在申请商标注册或者办理其他商标事宜时，通过一定行为表现出来的，明显违背诚实信用原则，明知或者应知其行为违反法律规定、有碍公序良俗、损害公共利益或侵犯他人权利，但为了牟取不正当利益，仍然实施相应行为，并追求或者放任其后果发生的主观心理状态。该《商标指南》就新《商标法》第4条的适用作出了规定：(1)商标注册申请数量巨大，明显超出正常经营活动需求，缺乏真实使用意图，扰乱商标注册秩序的。(2)大量复制、摹仿、抄袭多个主体在先具有一定知名度或者较强显著性的商标，扰乱商标注册秩序的。(3)对同一主体具有一定知名度或者较强显著性的特定商标反复申请注册，扰乱商标注册秩序的。此类反复申请注册的行为如属于《商标法》其他条款规制的恶意注册情形的，应适用其他条款。(4)大量申请注册与他人企业字号、企业名称简称、电商名称、域名，有一定影响的商品名称、包装、装潢，他人知名并已产生识别性的广告语、外观设计等商业标识相同或者近似标志的。(5)大量申请注册与知名人物姓名、知名作品或者角色名称、他人知名并已产生识别性的美术作品等公共文化资源相同或者近似标志的。(6)大量申请注册与行政区划名称、山川名称、景点名称、建筑物名称等相同或者近似标志的。(7)大量申请注册指定商品或者服务上的通用名称、行业术语、直接表示商品或者服务的质量、主要原料、功能、用途、重量、数量等缺乏显著性的标志的。(8)大量提交商标注册申请，并大量转让商标，且受让人较为分散，扰乱商标注册秩序的。(9)申请人有以牟取不当利益为目的，大量售卖，向商标在先使用人或者他人强迫商业合作、索要高额转让费、许可使用费或者侵权赔偿金等行为的。(10)其他可被认定为有恶意的申请商标注册行为的情形。

故对于“恶意”的认定关键在于判断申请人主观上是否存在过错，是否违反诚实信用原则和缺乏真实使用意图，即申请人是否明知或者应当知道自己的申请行为会给他人的在先权或者公共资源造成侵害。实践中，具体适用“恶意”条款可以参考《商标指南》的规定，并综合考虑申请人基本情况、商标具体构成情况和申请人申请商标注册过程中及取得商标注册后的行为等因素，来进行个案判断。

典型案例 7-3

阿里之门商标侵权案

第 7502555 号“阿里之门 ALIDOOR 及图”商标(以下简称“涉案商标”)由东莞阿里之门便利店连锁管理有限公司(以下简称“阿里之门公司”)申请注册。在法定期限内，杭州阿里巴巴广告有限公司(以下简称“阿里巴巴公司”)针对涉案商标向国家知识产权局提起无效宣告申请(参见最高人民法院〔2020〕最高法行再 431 号)。国家知识产权局认为，涉案商标“阿里之门 ALIDOOR 及图”与阿里巴巴公司在先申请或注册的“阿里巴巴”“阿里巴巴 ALIDOOR 及图”、图形等商标在构图要素、设计风格及外观上相近，核定使用在同一种或类似服务上，容易导致相关公众混淆误认，已构成近似商标，裁定涉案商标予以无效宣告。

阿里之门公司不服该裁定，向北京知识产权法院提起行政诉讼。一审法院认定涉案商标与各引证商标不构成近似商标，判决撤销国家知识产权局的行政裁定。阿里巴巴公司不服一审判决，提起上诉。北京市高级人民法院作出二审判决，维持一审判决。

阿里巴巴公司不服一、二审判决，向最高人民法院提起再审申请，最高人民法院审理后作出判决认定，涉案商标与各引证商标的字母和汉字在组成、呼叫上构成近似，涉案商标的人物侧脸图与各引证商标的人物侧脸图在构成要素、视觉效果和设计风格上较为近似。“阿里巴巴”等引证商标在涉案商标申请前已具有较高知名度，阿里之门公司在理应知晓的情形下，不仅在公司门头招牌、装饰和宣传中，刻意突出使用“阿里巴巴 芝麻开门”字样，还申请注册了“阿里之门”“ALIDOOR”等一系列摹仿阿里巴巴公司的商标，进一步证明其有攀附恶意。尤其，阿里巴巴公司提供的已产生实际混淆的证据也证明相关公众在市场中无法区分服务来源。此外，阿里之门公司在后使用涉案商标的情况及其知名度原则上无须考虑，特别是阿里之门公司有进一步攀附阿里巴巴公司商誉且已经产生实际混淆的情况，允许涉案商标维持有效，不能保证涉案商标与引证商标的有效区分，因此最高人民法院作出终审判决：撤销一、二审判决，维持行政裁定①。

三、“不以使用为目的”的解读及适用

商标的使用一般需满足以下要件：(1)商标使用人是商标权利人或经权利人授权的人；(2)商标使用在指定或核定使用的商品或者服务上；(3)规范使用商标标志；(4)商标使用地点在中国境内，包括在中国境内从事商品的生产、加工、销售或提供的相关服务；(5)使用应为公开、真实、合法的商业性使用。“不以使用为目的”即指申请人在申请注册商标的时候，既无实际使用商标的目的，也无准备使用商标的行为，或者依据合理推

① 参见最高人民法院行政判决书〔2020〕最高法行再 431 号行政判决书。

断，无实际使用商标可能性①。“不以使用为目的”的提出意在抑制大量申请商标和意欲借此牟利的意图的实现。从司法实践来看，法院在适用新《商标法》第 4 条时认为民事主体申请注册商标，应该有使用的真实意图，以满足自己的商标使用需求为目的，其申请注册商标的行为应具有合理性或正当性②。可见，对申请人是否具有使用意图的判断正逐步成为保证商标注册制度正常运作和拟制功能充分发挥的要领。故在适用“不以使用为目的”进行商标驳回时，若商标申请人或商标申请机构申请商标不是为了将商标应用于商品或服务，缺乏真实使用意图，而是将商标当作竞争工具来牟利或不正当侵占公共资源，扰乱商标注册秩序，则应驳回。反之只要申请人提供了证据证明了自己的真实使用意图则不予驳回。另外，结合实践中企业出于自保而适量申请预防性商标注册的必要性和合理性的考量，应对其予以排除第 4 条的适用。对此《商标指南》做了规定“以下情形不适用《商标法》第 4 条：(1)申请人基于防御目的申请与其注册商标标识相同或者近似的商标；(2)申请人为具有现实预期的未来业务，预先适量申请商标。”

典型案例 7-4

云铜商标案

“云铜”、牛角图形等系列 97 件商标分别由云南云瑞之祥文化传播有限公司(以下简称为“云瑞之祥”)、美国奥洛海集团公司(以下简称为“美国奥洛海”)、中国云铜集团有限公司(以下简称为“中国云铜”)(上述三方公司统称为被申请人)在多个商品及服务类别上注册。云南铜业(集团)有限公司(系列案件申请人，以下简称为“云南铜业集团”)认为被申请人所注册的“云铜”等系列商标(以下称争议商标)联合囤积注册大量“云铜”等商标，虚假宣传，以牟取非法利益，其系列注册行为严重违反诚实信用原则，对商标注册秩序造成破坏，请求依据《商标法》第 4 条、第 44 条第 1 款等规定，请求对争议商标予以无效宣告。

国家知识产权局商标局经审理认为：被申请人三方公司大量申请、囤积注册商标，以合作为名索取高额转让费，同时利用注册商标进行恶意诉讼，中国云铜在其官网发布于 2019 年和 2020 年其分别以 2.34 亿美元和 43.7 亿美元收购美国奥洛海持有的“云铜”商标进行炒作。上述行为明显有悖于诚实信用原则，具有通过抢注商标牟取不当利益的目的，严重扰乱了正常的商标注册秩序，已构成 2019 年《商标法》第 4 条“不以使用为目的的恶意商标注册申请”以及 2013 年和 2019 年《商标法》第 44 条第 1 款所指“以其他不正当手段取得注册”之情形③。

① 参见国家知识产权局于 2021 年发布的《商标审理和审查标准》。

② 参见北京市高级人民法院〔2012〕高行终字第 582 号行政判决书。

③ 参见商标评审委员会商评字〔2020〕第 0000330346 号裁定。

四、“不以使用为目的”和“恶意”的关系

“不以使用为目的”和“恶意”是并列条件还是从属关系？有些学者认为二者是并列条件，即只有同时满足这两个条件才可适用新《商标法》第4条。但凡其中一个条件缺失就不能依据第4条将该商标申请驳回。具体而言，即使出于恶意，只要申请人证明自己有使用意图或者已经投入使用了就可排除第4条的适用①。另一派学者从语法层面解读，主张“从属关系论”，即“不以使用为目的”是“恶意商标注册申请”的修饰语，对“恶意”的判断才是适用第4条的关键。如果商标申请出于恶意，即使申请人证明了自己的使用目的也可以适用第4条将该申请驳回②。本书认为申请人具有“恶意”才是商标申请被驳回的主要原因，而“不以使用为目的”只是界定“恶意”的一个主要标准。如果将“不以使用为目的”和“恶意”当作并列条件则不利于法律的适用，也不能合理解释例外情形。而将“不以使用为目的”以“恶意”为限定，可以豁免商标权人为了防止他人恶意抢注与自己现有注册商标相同或相似的商标而进行的预防性注册行为，以及出于现实预期而为将来业务预先适量申请商标的行为。而且以“恶意”为驳回主要原因可以很好地规制以使用为目的的“搭便车”“傍名牌”“炒卖商标”的不正常商标申请行为。

典型案例 7-5

恶意商标注册申请案

(1)上海松江区查处上海麦浅贸易有限公司等恶意商标注册申请案中，该公司法定代表人盛某文以商标转让费分成等方式，说服亲友先后注册上海麦浅贸易有限公司等6家公司，并通过上述公司开展不以使用为目的的商标注册申请及转让交易。自2019年11月1日至案发，共申请商标1058件，获准注册504件。截至案发共转让商标15件，正在办理转让的商标16件。2021年12月28日，上海市松江区市场监管局认定上海麦浅贸易有限公司等6家公司属于恶意申请商标注册的违法行为，适用新《商标法》第4条③。

(2)在第31473360号“JOY@ ABLE”商标申请驳回复审案中，商标申请人在短期内提交了大量注册申请，明显超出正常经营活动需要，缺乏真实使用意图，扰乱正常的商标注册秩序，商标局根据《商标法》第4条、第30条和第34条决定驳回该商标注册申请。国家知识产权局经复审认为，申请人在45个商品及服务类别上申请注册了929件商标，其中2018年至2019年不足9个月的时间内申请注册了约500件商标，明显超出了生产经营的正常需要，而其所称近期商标申请均为其实际使用商标扩展注册的复审理由与其实际申请行为及其名下的商标构成情况不符，不能证明其注册行为

① 钟鸣：《〈商标法〉第44条第1款评注》，载《知识产权》2020年第2期。

② 王莲峰：《新〈商标法〉第四条的适用研究》，载《政法论丛》2020年第1期。

③ 沪市监松处罚〔2021〕272021008322号。

的合理性和正当性。该商标申请行为已构成《商标法》第 4 条的恶意注册①。

第三节　商标侵权判定规则演进

2020 年之前，对于商标侵权案件的裁判，我国在立法上并未构建起一套完备的标准，在司法实践中也未形成统一的规则。我国以往采取商标侵权的两种主要标准是混淆标准与淡化标准。随着商标侵权行为类型的日益多样化，现有的混淆标准已经难以应付层出不穷的新的侵权形式，立法上标准的缺欠使得在某些商标侵权案件的裁判中，针对同一类型的行为，对于其是否成立侵权，在司法实践上并无定论。混淆标准和淡化标准的立足点并不相同，混淆标准以是否造成相关公众混淆为立足点，而淡化标准则以商标权本身是否受到损害为立足点。2020 年国家知识产权局新颁布《商标侵权判断标准》，回应了商标执法的热点和难点问题。

一、我国商标侵权判定中混淆与相似性的适用

1982 年《商标法》第 38 条第 1 项规定，“未经注册商标所有人的许可，在同一种商品或者类似商品上使用与其注册商标相同或者近似的商标的”，属于侵犯注册商标专用权的行为。根据该规定，我国的商标侵权判断标准可以概括为“商标相同或近似+商品相同或类似标准”，即相似性标准。自 1982 年《商标法》到 2001 年《商标法》，历经两次修改，尽管《商标法》所规定的商标侵权行为种类较为丰富，但法律中的商标侵权判断标准一直保持不变。

2013 年修法之前，我国《商标法》仅仅以“商标相同或者近似”作为侵权判断标准（有人称之为“近似原则”），2002 年 10 月发布的《最高人民法院关于审理商标民事纠纷案件适用法律若干问题的解释》中就已经规定了“来源误认”“容易混淆”的判断原则，但作为商标行政执法的规范性文件中始终没有明确规定混淆作为侵权判断标准。

二、对商标权人竞争利益的保护

在 2001 年《商标法》进行第二次修正后，其第 13 条第 1 款规定：“就相同或者类似商品申请注册的商标是复制、摹仿或者翻译他人未在中国注册的驰名商标，容易导致混淆的，不予注册并禁止使用。”尽管仅仅适用于未注册的驰名商标，混淆可能性标准第一次正式进入我国商标立法之中。

2002 年，最高人民法院发布《关于审理商标民事纠纷案件适用法律若干问题的解释》（以下简称《商标纠纷解释》），其第 9 条第 2 款及第 11 条第 1 款、第 2 款和第 3 款分别规定“商标近似，是指被控侵权的商标与原告的注册商标相比较，其文字的字形、读音、含义或者图形的构图及颜色，或者其各要素组合后的整体结构相似，或者其立体形状、颜色组合近似，易使相关公众对商品的来源产生误认或者认为其来源与原告注册商标的商品有

① 参见商评字〔2019〕第 0000251009 号《关于第 31473360 号“JOY@ ABLE”商标驳回复审决定书》。

特定的联系”，“类似商品，是指在功能、用途、生产部门、销售渠道、消费对象等方面相同，或者相关公众一般认为其存在特定联系、容易造成混淆的商品”，“类似服务，是指在服务的目的、内容、方式、对象等方面相同，或者相关公众一般认为存在特定联系、容易造成混淆的服务”，“商品与服务类似，是指商品和服务之间存在特定联系，容易使相关公众混淆”。根据这些规定，我国商标司法实践中的商标侵权判断标准已经由相似性标准演变成“混淆性近似标准”。即司法解释及实践、商标审查审理及行政执法实践中，判定类似商品、近似商标时已考虑了易使相关公众混淆的因素，即混淆性类似、混淆性近似。2014 年实施的《商标法》中首次提出了容易混淆的侵权判断标准(有人称之为“混淆原则”)，2014 年实施的《商标法》中首次提出了容易导致混淆的规定，在研究、分析行政规范性文件及司法解释的基础上，《商标侵权判断标准》规定了“容易混淆”包括以下两种情形：一是足以使相关公众认为涉案商品或者服务是由注册商标权利人生产或者提供的；二是足以使相关公众认为涉案商品或者服务的提供者与注册商标权利人存在投资、许可、加盟或者合作等关系。

典型案例 7-6

普拉达商标权及不正当竞争纠纷案①

东方源公司为获取有利的市场竞争地位，未经普拉达公司许可，在其广告内容中载明：普拉达(PRADA)，意大利时尚品牌，始创于 1913 年，全球顶级奢侈品牌进驻，引领国际奢侈生活潮流。该行为属于故意利用普拉达公司的商誉，借用“PRADA”的知名度，推介自己东方国际中心房产项目和推销店铺，以此吸引相关公众的视线，提升其店铺的品位和形象，将自己的店铺与时尚、高端商品密切联系。

法院认为，东方源公司在商业广告中使用“PRADAMILANO”及其“PRADA”注册商标，并非商标意义上的使用，不会使消费者对商品的来源产生混淆和误认，更不会对普拉达公司的商标识别功能受到损害，且该商业房产项目尚未开业经营，不存在使用商标的商品。故此，东方源公司在《华商报》商业广告中使用“PRADAMILANO”及其“PRADA”注册商标，推介东方国际中心商业房产项目及商铺招商广告宣传，不构成侵害商标权的行为。法院同时认为，普拉达公司认为东方源公司的行为借用了普拉达品牌声誉，违反了诚实信用原则和公认的商业道德，扰乱了正常的竞争秩序，非法地攀附和利用了普拉达公司商标及字号的声誉，有损普拉达公司的品牌形象，构成不正当竞争行为。

三、“商标使用”判定规则的增加

2013 年修订之前的《商标法实施条例》或《商标法实施细则》都有关于“商标使用”的规定，但均是从使用商标的方式来界定“商标使用”，比如 1983 年《商标法实施细则》第 20

① 参见陕西省西安市〔2013〕西民四初字第 00227 号民事判决书。

条第2款规定，“对商标的使用，包括用于广告宣传或展览”。该规定实际上是针对1983年《商标法》第30条所规定的“连续三年不使用撤销商标”中的“商标使用”。再如1993年《商标法实施细则》第29条第2款规定：“前款所指商标的使用，包括将商标用于商品、商品包装或者容器以及商品交易文书上，或者将商标用于广告宣传、展览以及其他业务活动。”该规定依然针对的是“连续三年不使用撤销商标”中的“商标使用”。这种模式不是对“商标使用”进行界定，而是明确使用商标的具体形式，是为商标权人应对“连续三年不使用撤销商标”的主张提供证据支持，本质上与商标侵权中的“商标使用”无关。

2002年《商标法实施条例》第3条将之前的“业务活动”调整为“商业活动”，以“商标法和本条例所称商标的使用”的表述将“商标使用”扩展到整个商标法中，但依然没有改变在使用方式上界定“商标使用”的模式，其表达为“包括将商标用于商品、商品包装或者容器以及商品交易文书上，或者将商标用于广告宣传、展览以及其他商业活动中”，这种模式一直持续到2013年《商标法》修订。该次修订将2002年《商标法实施条例》第3条的规定提升到《商标法》第48条，增加了“用于识别商品来源的行为”，要求前述所列的使用方式是“用于识别商品来源”，开始在商标立法中统一“商标使用”的概念与本质。

相对而言，在我国《商标法》商标侵权制度中，一直是将“商标使用”作为“来源识别”意义上的使用。尽管2013年修订的《商标法》第57条将最低为“两相似”的商标侵权独立出来，将混淆可能性作为该种商标侵权构成的条件，但在表述上都是采用“未经商标注册人的许可，在同一种(类似)商品上使用与其注册商标相同(近似)的商标”的表述①，表明被告对诉争标识的使用必须属于将该标识用作商标的行为。既然是“用作商标”，必然是在“来源识别”意义上的使用。因为只有如此界定，才契合《商标法》对商标所作的“来源识别”标志的定义②。如前所述，即便是到2013年《商标法》修订，立法上对“商标使用”的界定才开始实质上与商标侵权制度对“商标使用”的界定相一致，这并不妨碍在2013年之前将商标侵权判断中“商标使用”的本质界定为“来源识别”意义的使用。可以认为，2013年《商标法》第48条明确“商标使用”的“来源识别”本质，其更多的意义在于防止商标权人以象征意义上的使用应对“连续三年不使用撤销商标”的主张，并未实质上改变商标侵权中“商标使用”的本质。

为进一步明确类似商品、近似商标、容易混淆之间的关系，2020年《商标侵权判断标准》将商品类似情况、商标近似情况作为判定容易混淆需考虑的因素，以期解决容易混淆的重复判定问题。容易混淆的判定需考虑多种因素，包括商标的近似情况、商品或者服务的类似情况、注册商标的显著性和知名度、商品或者服务的特点及商标使用的方式、相关公众的注意和认知程度和其他相关因素。2020年制定的《商标侵权判断标准》第19条规定了“容易导致混淆”作为判断商标侵权的标准。此外，《商标侵权判断标准》在第20、21条

① 参见1983年《商标法》第38条第1项、1993年《商标法》第38条第1项、2001年《商标法》第52条第1项、2013年《商标法》第57条第1、2项以及2019年《商标法》第57条第1、2项。

② 除1983年《商标法》未对商标进行定义外，1993年《商标法》第7条要求商标便于识别，从2001年开始，《商标法》第8条一直保持将商标界定为“任何能够将自然人、法人或者其他组织的商品与他人的商品区别开的可视性标志”的定义。

明确了容易混淆包含的两种情形以及判定容易混淆需考虑的六个相关因素，弥补了不足。

典型案例 7-7

益海嘉里与天津丰美公司侵害商标权纠纷案①

益海嘉里公司系涉案“黄金比例”商标的商标权人，该商标核定使用范围包括食用油等。丰美公司生产、销售的5L桶装食用油，在包装上使用了与涉案商标相同的“黄金比例”标识，且该标识处于瓶贴中部，位于丰美公司自有的“香美来”商标下方，字体小于“香美来”字体；位于“食用植物调和油”上方，字体略微小于“食用植物调和油”字体。此外，“黄金比例”字体均大于瓶贴上其他标识的字体。益海嘉里公司主张丰美公司的行为侵害其商标权，要求停止侵权、赔偿损失和消除影响。

法院认为，丰美公司突出使用“黄金比例”标识在商品的显著位置，已经超出了一般描述性文字的表现形式，且并未提供充分证据证明在食用油领域已有国家标准、行业标准或行业惯例认定“黄金比例”为描述食用油产品的某一特征而能够正当使用。涉案“黄金比例”商标经过权利人的宣传使用，具有一定的知名度，丰美公司作为多年从事食用油生产的企业，理应知晓。即使丰美公司使用“黄金比例”仅是为了文字的字面含义，但其突出使用的“黄金比例”字体与涉案注册商标的字体几乎一致，且同时使用了与益海嘉里公司相似的两个半圆弧状的曲线围绕“黄金比例”四个字。因此，丰美公司对“黄金比例”的使用行为不属于正当使用，其未经益海嘉里公司许可，在相同商品上使用与涉案注册商标相同的商标，侵害了益海嘉里公司涉案注册商标专用权，应当承担停止侵权、赔偿损失的民事责任。

第四节　商标法与反不正当竞争法的竞合

一、商标法与反不正当竞争法保护对象的重合

商标法和反不正当竞争法的法律制度起源背景都是工业革命兴起，市场经济不断发展，市场交易繁荣的时期。法国在1803制定了《关于工程制造厂和作坊的法律》，这是对商标进行保护的最早的法律②。反不正当竞争法也起源于欧洲，在19世纪后半期的欧洲，工业革命兴起，社会生产力提高，商品经济得到发展，市场竞争处于自由和激烈的状态。随着自由竞争原则的推崇，市场的资源配置功能开始逐渐失灵，不正当竞争行为频发。欧洲各国开始重视对不正当竞争行为进行规制，法国利用《法国民法典》中规定的侵权之诉的方式，对不正当竞争行为进行规制，其中第1382条就是主要的规制条款。这一条款的

① 参见天津市第一中级人民法院〔2020〕津01民初695号、天津市高级人民法院〔2020〕津民终1331号民事判决书。

② 胡开忠：《商标法学教程》，中国人民大学出版社2008年版，第23页。

基本内容可以概括为："人的任何行为给他人造成损害时，因其过错致该行为发生之人应当赔偿损害。"与此同时，被称为现代注册商标制度的法国商标法，其法律制度的起源也是此条文。因而，商标法与反不正当竞争法同起源于侵权法，其基础就是欺诈、侵入和转化等。

商标法与反不正当竞争法保护对象的重合。根据我国《商标法》第 1 条的规定，其制定的根本目的可以概括为：通过保证注册商标的商品的品质，使商标在识别来源的功能基础上能够承载一定的商誉，从而让消费者和其他市场经营者的合法利益得到保障，进而使在社会主义制度基础上的市场经济得到进一步发展。由此可见，商标法的保护对象是消费者和生产、经营者的利益。根据我国《反不正当竞争法》第 1 条的规定，其制定目的与《商标法》也有相似之处，即"为了促进社会主义市场经济健康发展，鼓励和保护公平竞争，制止不正当竞争行为，保护经营者和消费者的合法权益，制定本法"。综上所述，商标法与反不正当竞争法的保护对象具有一致性，且通过不同的保护方式对消费者和经营者的利益进行保护，以促进市场竞争秩序的正常运转。

二、商标法与反不正当竞争法竞合的司法适用

商标法通过授权方式保障商标权人的竞争优势，规范商标的申请和使用，避免商标混淆行为的产生，从而保证商标与商品或服务间稳定的联系性，使消费者减少搜寻成本，保证消费者能够依照商标购买到自己所需要的商品或服务。而反不正当竞争法则通过行为禁止方式对不正当竞争行为进行认定，禁止如商标混淆行为等不正当竞争行为的产生，消极保护消费者和经营者的利益。因而当经营者等同于商标权人时，商标法与反不正当竞争法就会产生适用上的冲突，同一商标侵权行为既有适用商标法的可能，也有适用反不正当竞争法的可能。

（一）仅适用商标法

有些案件在原告既提出商标侵权又提出不正当侵权诉讼请求的情况下，在原告相关权利已通过商标法得到保护后，不再适用反不正当竞争法重复评价。如食品饮料公司诉实业公司、科贸公司侵害商标权及不正当竞争案中，一审法院认为反不正当竞争法调整范围虽然包括与知识产权相关的领域，但在与知识产权专门法关系方面，其起到的是有限的补充作用。原告食品饮料公司所主张的美×鲜味汁商品的装潢正面主体部分即为其涉案商标，对该注册商标的保护应优先适用商标法，该商标标识不再适用反不正当竞争法进行保护①。在认定商标被侵害，足以阻止侵权行为的情况下，不宜再适用反不正当竞争法对其做重复审查和评价。如原告四川好医生药业集团有限公司与被告平安健康互联网股份有限公司侵害商标权及不正当竞争纠纷一案②，法院认为对原告针对相同的被诉行为、基于相同诉讼目的所追加的涉案商标二、三被侵害的主张，以及所提起的侵害包含"好医生"字样的企业名称及特有商品名称的不正当竞争行为，因认定涉案商标被侵害已足以制止本案

① 参见北京知识产权法院〔2020〕京 73 民终 1554 号民事判决书。

② 参见四川省成都市中级人民法院〔2018〕川 01 民初 1608 民事判决书。

侵权行为，本院不再做重复审查和评价。

（二）仅适用反不正当竞争法

案件中也有只适用反不正当竞争法而不对是否构成商标侵权进行评价的情况。例如，叶子、慈溪衢味人家餐厅侵害商标权纠纷一案中，法院认为："衢味人家"作为商标使用在饭店、餐饮领域在浙江省已有一定知名度，被告应当知道其将"衢味人家"字样作为字号使用容易造成消费者产生其饭店与原告之间存在一定关联的误解，具有攀附"衢味人家"商誉的故意，损害了原告的合法权益，构成不正当竞争，但未对其是否构成商标侵权行为进行评价①。在原告华润知识产权管理有限公司与被告西安华润信息技术有限公司侵害商标权及不正当竞争纠纷中②，法院则明确表明被告使用"华润"字号的行为违背了公平竞争及诚实信用的商业原则，构成不正当竞争，其在商业活动中使用"華潤"商标系被告使用自身企业名称的行为，法院以不正当竞争行为进行评价，不再进行商标法上的评价。

（三）同时适用反不正当竞争法与商标法

针对同一侵权行为，也有不少法院运用商标法与反不正当竞争法对其进行共同规制。在新百伦案件中③，法院认为，被诉侵权标识中起到来源识别功能的主要部分"NB"与涉案商标相同，且两者"NB"两个字母中间均呈重合设计，区别仅在于被诉侵权标识"N"部分为实线而涉案商标为虚线，以相关公众的一般注意力判断，两者亦构成近似。且涉案商标经过新百伦公司的长期宣传和使用，在运动鞋领域具有很高的显著性和知名度，大麦百伦公司在运动鞋商品上使用与涉案商标相近似的被诉侵权标识，易使相关公众对商品的来源产生混淆误认，构成对新百伦公司涉案商标权的侵害。本案中，新百伦公司通过投入大量广告费用对其涉案商标及"NewBalance"品牌运动鞋进行宣传、报道，且其在销售、宣传其"NewBalance"品牌运动鞋时，将"新百伦"作为企业字号和涉案商标、"NewBalance"品牌联系在一起。"新百伦"字号经过新百伦公司持续使用和广泛宣传，在运动鞋产品领域已具有很高的市场知名度、为相关公众所知悉，系有一定影响的字号。大麦百伦公司作为同业竞争者，明知"新百伦"字号的知名度，仍在运动鞋产品吊牌、包装上使用"美国新百伦股份有限公司""美國新百倫股份有限公司"字样，其攀附他人"新百伦"字号知名度的主观故意明显，客观上容易使相关公众误认为其与新百伦公司存在关联关系，该行为侵害了新百伦公司的企业名称权，构成不正当竞争行为。故大麦百伦公司、张建成既实施了商标侵权行为，也实施了不正当竞争行为。

---

① 参见浙江省慈溪市人民法院〔2021〕浙 0282 民初 8459 号民事判决书。

② 参见陕西省西安市中级人民法院〔2021〕陕 01 知民初 152 号民事判决书。

③ 浙江省高级人民法院〔2021〕浙民终 1682 号民事判决书。